U0931217

作者简介

肖 锋 中国社会科学院研究生院文学博士，现为中国传媒大学文法学部副教授，硕士生导师。出版《中国古代文论元范畴论析——气、象、味的生成与泛化》（第二作者）（上海古籍出版社2015年），编著《叙事修辞与媒介融合》（中国传媒大学出版社2012年），参著《中西小说文体比较》（中国社会科学出版社2008年）。已在《文学评论》、《江海学刊》等学术期刊发表论文三十余篇。主持国家社科基金青年项目、北京市文化创意产业影视动漫等研发与人才培训基地项目、徐州新沂市文化发展规划等多项课题。曾参与《河北省曲阳县雕塑文化产业振兴规划（2011–2020）》、《河北省蔚县文化产业规划（2011–2020）》、《河北省清河县文化产业发展规划（2011–2020）》等十余项大型横向课题，所参与主笔的《河北省曲阳县雕塑文化产业振兴规划（2011–2020）》，被文化部评为国家级雕塑文化产业试验园区。

非物质文化遗产的保护与产业研发

肖　锋◎编著

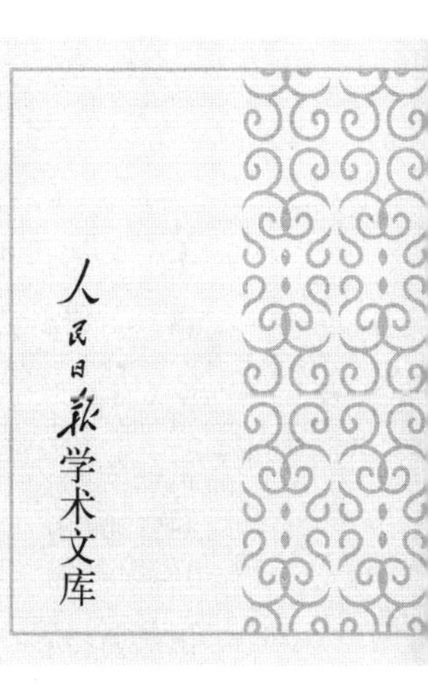

人民日报出版社

图书在版编目（CIP）数据

非物质文化遗产的保护与产业研发 / 肖锋编著. —
北京：人民日报出版社，2016. 4
ISBN 978 - 7 - 5115 - 3768 - 3

Ⅰ. ①非… Ⅱ. ①肖… Ⅲ. ①文化遗产—保护—研究
—中国②文化遗产—文化产业—技术开发—研究—中国
Ⅳ. ①K203②G124

中国版本图书馆 CIP 数据核字（2016）第 077960 号

书　　名： 非物质文化遗产的保护与产业研发
编　　著： 肖　锋

出 版 人： 董　伟
责任编辑： 袁兆英
封面设计： 中联学林

出版发行： 人民日报出版社
社　　址： 北京金台西路 2 号
邮政编码： 100733
发行热线： （010）65369527　65369846　65369509　65369510
邮购热线： （010）65369530　65363527
编辑热线： （010）65363105
网　　址： www. peopledailypress. com
经　　销： 新华书店
印　　刷： 北京欣睿虹彩印刷有限公司

开　　本： 710mm × 1000mm　1/16
字　　数： 329 千字
印　　张： 17. 5
印　　次： 2016 年 9 月第 1 版　　2016 年 9 月第 1 次印刷

书　　号： ISBN 978 - 7 - 5115 - 3768 - 3
定　　价： 78. 00 元

前　言

非物质文化遗产学科体系建设的问题域

【前言导读】世界范围内非物质文化遗产保护实践的不断发展催生了非物质文化遗产学的建立问题，学科体系建设需要多方面因素的参与。对现今国内外非物质文化遗产学的学科体系现状进行梳理分析，总结本学科的发展成果与问题域，可对未来学科体系建设提供借鉴。

当前，世界的全球化趋势已延伸到文化领域，从某种意义上来说，文化传播的全球化其实是一个文化竞争的过程，这是一场悄无声息的外来文化和本土文化的博弈，所以重视抢救和保护自己民族的传统文化已成为各个国家刻不容缓的重要任务。

在中国，非物质文化遗产毫无疑问是民族传统文化的精华，但是近些年来我们也不难发现，飞速发展的经济和现代化大潮强烈冲击着非物质文化遗产的生存，它们正面临着严重的危机，遭遇着不同程度的损毁和消亡。这一局面的出现导致了文化生态的不平衡，从而在一定程度上制约了经济的可持续发展和社会的全面进步。

面对着非物质文化遗产生存的危机，对它的保护工作也日渐被提上议程。国家和地方政府在不同层面出台了相关保护政策法规。2003 年 10 月 17 日，联合国教科文组织出台了《保护非物质文化遗产公约》。自 2003 年下半年开始，文化部在全国范围内启动了中国民族民间文化保护工程。2004 年，经全国人大常委会通过，我国正式加入联合国教科文组织的《保护非物质文化遗产公约》。2005 年 3 月，国务院办公厅印发了《关于加强非物质文化遗产保护工作的意见》，同年 12 月，国务院又下发了《关于加强非物质文化遗产保护的通知》，决定将每年 6 月第二个星期六作为我国的“文化遗产日”。2006 年 10 月 25 日文化部部务会议审议通过的中华人民共和国文化部令《第 39 号》关于《国家级非物质文化遗产保护与管理暂行办法》自 2006 年 12 月 1 日起发布实施,2007 年 4 月,文化部下发《第一批国家级非物质文化遗产项目代表性传承人的通知》,2008 年 5 月 14 日文化部下发了第 45 号令关于《国家级非物质文化遗产项目代表性传承人认定与管理暂行办法》。2011 年 6 月 1 日《中华人民共和国非物质文化遗产法》正式实施。在这些政策法规的推动下,非物质文化遗产保护迅速在全社会形成热潮,一系列保护机制的建立、政策法规的推进为保护工作持久有效地开展提供了保障。

据公开资料显示,截至"十二五"末期,我国初步形成了国家、省、市、县四级非遗名录体系,符合我国国情的非遗保护体系初步建立,设立了 18 个国家级文化生态保护实验区;38 个非遗项目入选联合国教科文组织非物质文化遗产名录,我国成为入选项目最多的国家。同时,国务院批准公布了 4 批共 1372 个国家级非物质文化遗产代表性项目,各省(区、市)批准公布了 11042 项省级非遗代表性项目;文化部命名了 4 批共 1986 名国家级非遗项目代表性传承人,每年通过中央财政拨付每位国家级传承人传习补助经费 1 万元,各省(区、市)批准公布了 12294 名省级非遗项目代表性传承人;中央财政设立了国家非物质文化遗产保护专项资金,截至 2015 年已累计投入 42 亿元。①

在全社会保护非物质文化遗产的共识下,随着国家对非物质文化遗产保护工作的开展及国家、省、市、县四级非遗名录的建立,对非物质文化遗产的相关学术研究也逐渐成为理论与实践教学研究的热点,随着理论建设研究的不断深入,非遗的教材、教学、学科属性、利用和开发及人才建设等问题日益凸显出来。

一般而言,一个学科的教学理论体系应当包含相关哲学基础体系、方法论体系、教材体系、教学体系、培养体系、学术评估评价体系及研究体系等多方面因素,具体到某一个学科建设上需涵盖基础理论建设、专业课程设置、专业教材编写、专业教师队伍建设及专业人才的培养,它们之间相互关联,联系紧密:基础理论建设是学科建设的基础和支撑,专业教材编写和专业课程设置是专业理论的表现,专业教师队伍是专业基础理论的研究制定与传播者,而学科体系建设的目的是为了培养专业人才。

---

① 薛帅:《传承保护合力已经形成——"十二五"时期非遗保护事业发展综述》,《中国文化报》2015 年 12 月 18 日。

一、国内外非遗学科建设现状

“非遗”是个外来名词，却在中国的土壤找到了生长之处，这与中国本身非遗资源丰富关系密切。但实践先于理论的特点使得许多实践中存在的问题无法找到理论的支撑，学科体系建设需要建立在大量的研究经验与成熟的理论基础上。对于国内非遗保护经验时间不长的特点，国外相关经验有必要了解与借鉴。在非遗保护的历史与现状的专题中，相关专著都介绍了世界上较早进行非遗保护国家的经验，如法国、意大利、美国，亚洲邻近的日本与韩国等，值得我们借鉴，但对于学科体系建设却少有涉及，自 2010 年中日韩三国合作建立亚太地区非物质文化遗产中心以来，三国间有关非遗保护工作方面的交流不断增多，我们也借此能进一步深入了解到走在非遗保护前列的日本相关经验。

1979 年，日本奈良大学文学部创办了文化财学科，这是日本大学中最早的文化遗产学学科。日本一些大学，如东京学艺大学、京都桔大学、吉备国际大学、东北艺术工科大学、奈良大学、大阪大谷大学、德岛文理大学、别府大学、鹤见大学等已开设了文化财学科、文化财保存修复、古文化财科学、历史遗产学等专业，设立了包括文化遗产学、文化财学、文化政策学、历史遗产、地域文化、考古学、美术史、文化财保存科学、史料学、博物馆学、世界遗产、文化财造型等在内的诸多研究方向，建立了从本科到硕士、博士的学生培养体系，开设了涵盖文学、历史、博物馆、建筑学、艺术等诸多学科的课程，当然“文化财”（即文化遗产）相关课程是必不可少的，在课程安排上，尽量借鉴其他相关学科（如民俗学、文化学），在通识教育的基础上突出非遗专业的特点与实践性。从这些专业归属学部来看，有的大学将“文化财”（即文化遗产）归属于教育学部，如东京学艺大学、奈良教育大学；有的将其归属于文学部，如京都桔大学、大阪大谷大学、德岛文理大学、奈良大学、别府大学、鹤见大学；有的将其归属于艺术学部，如东北艺术工科大学，另有金泽学院大学将其归属于美术文化学部，只有吉备国际大学单独设立了文化财学部，但也没有完全确立“文化财”（即文化遗产）的学科归属，同样呈现出对文化遗产学科归属认知的不确定，也只是在某些具有相关资源的大学开设，尽管如此，但已体现出“对文化遗产体系化、学科化的追求”①。

① 康宝成:《日本的文化遗产保护体制、保护意识及文化遗产学学科化问题》,《文化遗产》2011 年第 12 期。

国内的非遗学科体系建设方面，目前已有相关院校根据自身学科优势开设了以个别非遗种类为主的相关专业，从非遗专业培养的地域分布来看，北京地区、广东地区部分高校非物质文化遗产相关学科建设起步较早，发展也较快。目前，北京地区有10多所本科院校设置了相关院系，建立了从本科、硕士、到博士的30多个非遗专业或专业方向。这其中，中国戏曲学院在戏曲传承人才，中央美术学院在培养民间美术类非遗人才，中国艺术研究院在培养非遗理论人才等方面形成了自身的特色和优势。其中，中央美术学院曾于1980年建立民间美术研究室，2002年5月该校在联合国教科文组织亚太地区机构和教育部主导下成立非物质文化遗产研究中心，持续开展非遗研究，在人文学院建立了文化遗产学系，开展相关本科生与研究生教学，将非物质文化遗产与民间美术作为全院选修课程，举办了多场与民间美术相关的研讨会，非遗学科专业建设特色较为明显。而中山大学的中国非物质文化遗产研究中心于2002年成立，2004年12月被列为教育部人文社会科学重点研究基地，该中心设有传统戏曲、口传文艺与民俗、非物质遗产调查保护对策等三个研究室，在非遗学科建设上，该中心在全国率先开始了非物质文化遗产学专业的硕士、博士研究生培养，积极开展与海外高校及学术机构之间的学术活动及联系，主办了一批国际会议，目前已成为广东地区非遗人才培养的重镇。从目前国内非遗学科建设情况来看，同样存在学科归属的不确定性，比如中国戏曲学院将其设置在戏曲学，中央美术学院将其设置在美术学，哈尔滨师范大学将其设在美术教育系，中山大学历史学院设文化遗产类专业硕士研究生，北京联合大学在历史学下设文化遗产专业等，而相关培养非物质文化遗产项目传承人才的专业较少，大部分相关专业的培养集中在非物质文化遗产项目教育、研究、创作、管理、服务人才等方面，较多高校基本都依托当地资源，陆续开设了相关非物质文化遗产课程，系统的非物质文化遗产学科体系却一直未能建立。尽管如此，国内高校蓬勃兴起的非遗学科专业建设及人才培养实践已为非遗学科专业的进一步确立奠定了良好的基础。

与此同时，国内众多学者或通过撰文，或著书立说，从不同角度对非遗的教学、学科体系建设提出了自己的总结与设想，如苑利《非物质文化遗产学》（高等教育出版社2009年版），牟延林《非物质文化遗产概论》（北京师范大学出版社2010年版），康宝成《中国非物质文化遗产保护发展报告(2011)、(2012)》（社会科学文献出版社2011、2012年版），王文章《非物质文化遗产概论》（教育科学出版社2013年版）、《非物质文化遗产保护研究》（文化艺术出版社2013年版），向云驹

《非物质文化遗产博士课程录》（中华书局2013年版）等，学科理论开始建构，出现了结合本土非遗实践的研究成果。然而，要把非遗建设为独立的学科，就是要"建构非物质文化遗产的普通类型或模式"①，就目前现状而言，非遗保护实践是在政府的大力扶持下广泛推动的，结合中国非遗保护实践的本土分类体系、保护理论、教材教学、人才培养及学科建设则有待进一步深化。

基础理论对实践有重要的指导意义，相关教材及学术专著的出现标志着在实践经验上一定程度的理论总结。康宝成《中国非物质文化遗产保护发展报告（2011）、（2012）》是对各年度非遗工作成果的总结，分为几个板块：总报告、分题报告、当年年度热点、中国与国际非遗保护和各部各省大事记，从多方面全方位介绍当年非遗保护进程。王文章《非物质文化遗产概论》、牟延林《非物质文化遗产概论》、苑利《非物质文化遗产学》、向云驹《非物质文化遗产博士课程录》都是以教材的体例和形式进行编排的有关非遗的著作，其中，王、牟直接以《概论》命名，表达出对非遗的实践经验进行理论总结的意图，并且作为非遗专业的教材在实践教学中运用。向云驹《课程录》更是以非遗相关专业博士生为教学目标编写的教材类著作，更具理论深度和哲学高度，其在体例上大体分为以下几个部分：非遗的概念辨析与分类；非遗保护的重要性和迫切性；非遗的价值；非遗保护的传承主体与保护主体；非遗保护的历史与现状；非遗保护的原理与方法论以及非遗的法律保护机制等，为非遗实践活动建立了相关理论基础。作为教材的几部专著中，从概念辨析、分类标准、价值判断、核心主体等方面，为我们了解非遗、走出认识误区提供了依据，并为非遗学科的理论建设做出了自己的贡献。

二、非遗的相关概念

一般而言，概念的提出都在学科理论建设相对成熟之后，所以概念的确定是一学科基础理论研究的基石。非遗的概念比较特殊，是个外来概念，国内学界对非遗概念的解释不是源于本土学术的成果积累，而是来自于联合国教科文组织的界定，"它在汉语语境中缺乏天然的学术土壤"。② 由最初的"无形文化遗产"，到"民间传统文化"，再到"口头和非物质文化遗产"，名称几经变化，最后确定为"非

① 宋俊华：《非物质文化遗产研究的学科化思考》，《重庆文理学院院报》（社会科学版），2009年第4期。

② 牟延林、谭宏、刘壮：《非物质文化遗产概论》，北京师范大学出版社2010年版，第21页。

物质文化遗产"，其涵盖内容越来越全面与丰富，由此可见人们对非遗概念本身认识的深化。上述相关著作都上溯至非遗概念产生的源起，对这一变化趋势做了梳理，并对"非物质文化遗产"这一名词做了较为精细的解读，尤其是对"非物质性"这一容易引起人们误解的辨析，对非遗概念内涵的阐释，有助于加深对这一概念的理解。牟延林等从自我体认、非物质性、动态传承和人类创造力四个方面入手解释了非遗独特内涵①；王文章将与非遗的相关概念进行了解释与比较，包括文化遗产、有形文化与无形文化、文化空间以及非遗中的物质与非物质的关系等，得出结论"物质文化遗产与非物质文化遗产的区别只是相对的，非物质文化遗产有物质的因素，物质文化遗产中也有非物质的、精神价值因素……只是物质文化遗产更加强调实物保护的层面，而非物质文化遗产更为强调知识技能及精神的意义和价值。"②苑利在对非遗概念界定时，提出从传承主体、传承形态、传承时限、表现形态和品质者五个方面入手，缺一不可；非物质文化遗产与物质文化遗产的关系则是一事物的两个方面，互为表里，对非物质文化遗产的概念把握要以活态传承为核心。③ 向云驹从哲学意义上对非物质文化遗产的非物质性做出追问，从非物质的社会泛化、物质与非物质的悖论与关联度分析等方面试图进一步理清非物质文化遗产的概念所指。④ 由此可见，理解非遗概念的核心在于其"非物质性"，既不能脱离物质而存在，也不能犯"泛物质化"⑤的错误。

三、非遗的分类

非遗内容丰富，种类繁多，如何对其进行合理有效分类是非遗保护工作顺利进行的前提。现今对非遗的分类方法，有两套标准，一个是联合国教科文组织对非物质文化遗产进行的分类，即《保护非物质文化遗产公约》中的分类，具有国际标准的意义；另一个则是我国国内在原有民间文化分类基础上，按照非遗的特点，依据自身实际情况所做出的分类，并依照这种分类建立了《第一批国家级非物质文化遗产名录》（以下简称《名录》）。《名录》对非物质文化做了更为精细的划分，

---

① 牟延林、谭宏、刘壮：《非物质文化遗产概论》，北京师范大学出版社 2010 年版，第 22 - 24 页。

② 王文章：《非物质文化遗产概论》，教育科学出版社 2013 年版，第 42 页。

③ 苑利：《非物质文化遗产学》，高等教育出版社 2009 年版，第 7 - 12 页。

④ 向云驹：《非物质文化遗产学博士课程录》，中华书局 2013 年版，第 50 - 63 页。

⑤ 肖锋：《论非物质文化遗产的"物质性"与"非物质性"》，《广西社会科学》2013 年第 12 期。

大大方便了非遗的分类工作和保护工作，但随着非遗保护实践的不断发展，跨类别非遗项目的认定与增加、新的非遗形式被发掘，原有的分类方式开始呈现出一定程度上的不足之处。学者们看到了这些存在的问题，并提出了一些新的建议与方法。苑利在联合国教科文组织的分类基础上将非遗分为八类，并通过合并同类项的方式合并为四大类，即表演艺术、传统工艺艺术、传统仪式和文化空间。① 此种分类方法主要是考虑到非遗的世界遗产性质，尽量与国际社会接轨，但同时又考虑到我国非遗的特点。王文章认为现在所依照的非遗分类中存在不科学之处，可从非遗的“文化”和“遗产”的双重属性入手，希望借鉴与之密切相关的文化学和艺术学的分类，使之更具科学性和合理性，同时也看到非遗分类问题与人们认识实践水平之间的关系，以及非遗分类模式上的开放性，并在《名录》的基础上，对现有的非遗种类进行了补充和修正。向云驹从非遗保护的核心——以人为本出发，则将非遗引入身体哲学的场域，提出了非遗要以“人”即“身体”为核心的立场，由此提出将“身体”作为划分非遗种类的逻辑起点②。上述各学者根据不同的划分标准对非遗做了自己的划分，对分类标准的深入探究体现了对非遗研究的进一步深化。

四、非遗学的建立

由于非遗学出现时间较晚，且发展时间尚短，又与文学、民俗学、人类学、文化学、历史学、艺术学、社会学等学科有着天然密切的联系，因而呈现出典型的跨学科特点，但前期理论和方法大多借鉴民俗学、人类学、历史学等相关学科，具备跨学科的性质，所以对非遗能否成为一门独立的学科也存在争议。但非遗学又有着其他学科无法涵盖的独特性，这种独特性尤其体现在其具备的活态传承属性上，因此，学科体系建设中，必须内外结合，在吸收其他学科经验的基础上，结合自身特点，建设具有特色的非遗学科。鉴于各成熟学科的形成过程与非遗保护工作的不断发展，大部分学者对建立非遗学持肯定态度，并从不同方面给予肯定。王文章认为非遗是“人们对文化遗产中除文物、建筑群和遗址这些物质文化遗产以外的非物质文化遗产的存在及价值的发现、确认与概念上的概括、抽象与命名。它既是对非物质文化遗产认识上的飞跃及其理论思考的结晶，也是对整个人类文化

---

① 苑利:《非物质文化遗产学》，高等教育出版社 2009 年版，第 14 - 16 页。

② 向云驹:《非物质文化遗产学博士课程录》，中华书局 2013 年版，第 65 页。

遗产的内涵、外延、范围、形态、类型等问题在认识上的一次新的完善”,①借助其“非物质性”这一独特性质,看到其与民俗学、民族学、人类学、历史学甚至是关系密切的其他类遗产学的不同之处,并由此认为非遗作为全世界优秀文化的组成部分,对保存人类文化多样性具有重要价值,所以非遗学的建立具有重要的认识价值和科学意义。苑利则从非遗学建立的可能性与必要性以及非遗学独特的研究视野与研究方法等方面,点明了非遗学建立对非遗保护的重要意义。向云驹从非物质文化遗产概念的提出着手,将非遗的学术史纳入联合国的发展史,并追本溯源,从非物质文化遗产的源头——遗产学入手,认为其是遗产学的子学科②,论证了非遗学的学术源头和不可替代性。上述研究者从理论或实践等不同方面论述了非遗学科建立的必要性,最重要的是,非遗保护工作的不断推进必然会积累更多的经验,显示出越来越多与其他门类学科不同的特点,建立非物质文化遗产学会逐渐成为一种必然。

五、非遗的人才培养

同时,几本教材性质的专著都是从研究者的研究领域入手,介绍个别相关的非遗保护项目内容、过程及成果,呈现出个别而非一般的特点,如牟延林版《概论》以重庆文理学院的相关研究成果为依托,主要是介绍重庆地区非物质文化遗产的保护情况与经验,在一定程度上欠缺对国内其他地区的宏观观照;在非遗学的研究方法与学科体系建设方面,只列举了相关理论而有待进一步深入探讨。向云驹的《博士课程录》则是从作者多年的民俗学经验入手,以民间美术、木版画、民间节日作为成功案例,介绍非遗保护的方法与原则,而在方法论部分,尚有待完善为具体的方法论成果,以期对实践中的保护提供更为有益的借鉴。

在非遗的分类问题上,上述学者依据不同的分类标准做出了自己的划分,但实际上缺乏统一的分类标准,王文章通过对艺术学不同分类方法的介绍,得出结论:由于研究主体所持的分类方法和原则不同,因此会产生不同的分类标准,这是合理的。他从认识论的角度指出:“科学对于一定对象的分类研究,总是反映着人们一定的实践和认识水平,不存在僵死的一成不变的分类方法和分类体系”,③从

① 王文章:《非物质文化遗产概论》,教育科学出版社2013年版,第6页。
② 向云驹:《非物质文化遗产学博士课程录》,中华书局2013年版,第13页。
③ 王文章:《非物质文化遗产概论》,教育科学出版社2013年版,第253页。

而肯定了有关非遗分类标准的开放性和与时俱进的特点。但从理论对实践的重大指导作用来说，分类方式不统一，对实际的保护分类工作显然会产生影响，理论在一定程度上的不统一、不一致，必然会导致实际操作上的障碍。从非遗保护实践的发展来说，非遗分类的难度固然将一直存在，但我们显然更应以发展的眼光在非遗保护实践中对非遗作出更科学合理的分类。但如若这些模棱两可的问题得不到解决，在实际保护和分类工作中就会遇到麻烦，产生混乱，由此可见，在学科体系建设尤其理论建设方面，不确定因素仍旧很多，仍然需要非遗理论界展开进一步探讨。

学科体系建设的最终目标是要培养非遗方面的专业人才，除了教育、研究、创作、管理、服务等人才外，更需要培养具有现代意识的非遗传承人才，而这才是非遗保护工作中的重中之重。对于非遗学科体系建设中的人才培养体系这一环节，即专业教师队伍建设和专业人才培养方面，现今大多数从事非遗相关专业的教师都是"半路出家"，在相关专业中吸取经验转而投向非遗领域，许多高校如中央民族大学、南京大学等开设了非遗相关课程，培养不同层次的专业人才，但在专业人才即非遗专业学生的培养方面，还未形成系统的本、硕、博三级培养体系。向云驹的《非物质文化遗产学博士课程录》虽是以博士生为目标人群的一本教材，但多为其在天津大学冯骥才文学艺术研究院的演讲内容与讨论会上的发言，虽体现出学术争鸣的特点，但尚需在实践教学中进一步检验。

上述专著对非遗的一些基本理论问题进行了总结与概括，有利于我们理清非遗概念，增进对非遗相关理论理解，但由于非遗理论概念的提出不是出于学术自觉而是出于某种实用目的，且非遗保护时间较短，经验尚不丰富，所以在学科体系建设，尤其是理论体系建设上的争议仍旧很多，尚处于理论探究及尝试建立阶段。

2015 年 12 月 18 日国务院发布《国务院关于新形势下加快知识产权强国建设的若干意见》指出："加强对非物质文化遗产、民间文艺、传统知识的开发利用，推进文化创意、设计服务与相关产业融合发展。"这为非物质文化遗产的保护和利用指明了新的发展方向。

非遗保护实践的紧迫性促进了非物质文化遗产学这一学科的产生，并随着非遗保护实践和非遗理论建设不断深化和完善。目前国内非遗学科体系建设取得了较快进步，成果也较为显著，但对非遗庞杂的学科体系建设而言，尚显杯水车薪，仍然需要学界同仁的继续努力，在外借与内生的基础上逐步建立起既与世界接轨又具有本土特色的中国非遗之学。

目　录

CONTENTS

第一章

非物质文化遗产的“物质性”与“非物质性”

【本章导读】对非物质文化遗产概念的认识在世界范围内是一个逐步深化的过程,这一过程其实也是非遗概念由“物质”到“非物质”的过程,也可视为由“有形”到“无形”的过程。现今对非遗存在两大认知倾向,倾向一,非遗认知中的“非物质”倾向;倾向二,非遗认知中的“泛物质化”倾向。非物质文化遗产的“物质性”首先来自于非物质文化遗产本身所具备的“非物质”因素的认识,会颠覆传统上认为非物质文化遗产首先体现为“物质性”的认知;而认为“非物质”是非物质文化遗产存在的前提,会将非物质文化遗产的“非物质性”提升到非物质文化遗产的本体论认识高度,这样的认知有助于打破非遗认知中的“泛物质化”倾向。在“物质性”和“非物质性”之间建立非遗的“非物质间性”将有助于推动非遗的保护。

自2003年10月17日联合国教科文组织第三十二届大会在巴黎通过《保护无形文化遗产公约》以来,非物质文化遗产研究以其独特的文化遗产研究视角、综合性及实践性迅速在新世纪成为一门显学,不同学科的众多专家、学者开展了大量研究,非物质文化研究作为一门综合性很强的人文社会科学,与艺术学、人类学、文学、新闻传播学、民俗学、社会学、宗教学、历史学、语言学、考古学、戏剧表演、建筑学、体育学、图书馆学、旅游学等传统学科产生了相当密切的学术关联,据不完全统计,在中国知网上公开发表相关非遗研究的文章已达一万二千余篇。毫无疑问,非物质文化遗产与各个学科之间的融合交叉将成为未来数十年学术界新的学术增长点。

综观国内近十年的研究,或从概念、理念出发强化对非物质文化遗产的深化理解;或从研究范围内容出发,将非物质文化遗产与文化生态环境结合起来考察,深化拓展非物质文化遗产的研究理念,这点尤其与国家设立的文化生态保护区密切相关;或从多学科交叉融合角度出来,各自选取切入点,各得一隅,从而获得本学科新的研究视野。在这些研究中,保护、传承、开发是最重要的三组关键词,而如何更好保护、传承、开发非物质文化遗产都与对该概念的理解密不可分。

第一节 从"文化财产"到"无形遗产"

对非物质文化遗产(以下简称非遗)概念的理解,应当将其做两个部分的切分,将其分解为"非物质"和"文化遗产"。先看"文化遗产",法国历史学家皮埃尔·诺拉说:"在过去的大约20年间,'遗产'的概念已经扩大,——抑或爆炸——到如此程度,致使概念都发生了变化。较老的词典把此词主要定义为父母传给子女的财产,而新近的词典还把该词定义为历史的证据,整体上被认为是当今社会的继承物。"①文化遗产"是在一个社区内发展起来的对生活方式的一种表达,经过世代流传下来,它包括习俗、惯例、场所、物品、艺术表现和价值。"②

无形或有形是文化遗产的两种表现形式,1972年,联合国教科文组织在巴黎通过了《保护世界文化和自然遗产公约》,该公约明确指出了自然与文化遗产保护所面临的日益严峻形势,同时明确将"文物"、"建筑群"、"遗址"纳入了文化遗产的范围③,显然,这里还是将自然和文化遗产纳入了"物质"类的范畴。尽管受特定历史语境的限制,非物质文化遗产尚未纳入相关保护体系,但从相关文化遗产的定义中我们仍能寻找到非物质文化遗产的踪影。比如对"文物"的定义:"从历史、艺术或科学角度看突出的普遍价值的建筑物、碑雕和碑画、具有考古性质成分或结构、铭文、窟洞以及联合体",对"建筑群"的定义:"从历史、艺术或科学角度看,在建筑式样、分布均匀或与环境景色结合方面,具有突出的普遍价值的单立或

---

① 苑利:《文化遗产与文化遗产学解读》,《江西社会科学》2005年第3期。

② 国际古迹遗址理事会:《国际文化旅游宪章(重要文化古迹遗址旅游管理原则和指南)(1999)》,见国家文物局等编:《国际文化遗产保护文件选编》,文物出版社2007年版,第187页。

③ 联合国教科文组织:《保护世界文化和自然遗产公约(1972)》,见国家文化局等编:《国际文化遗产保护文件选编》,文物出版社2007年版,第71页。

连接的建筑群”，对“遗址”的定义：“从历史、审美、人种学或人类学角度看具有突出的普遍价值的人类工程或自然与人联合工程以及考古地址等地方”①，深入思考一下，我们会发现，对“文物”中的“建筑物、碑雕和碑画、考古性质成分或结构、铭文、窟洞”的研究必然会涉及这些“文物”的来源、形成、演变的层面，而这些思考层面显然会涉及这些文物中的“非物质”层面，比如建筑技艺、生活环境、表演艺术等。而“遗址”则涉及后来非遗中的“文化空间”等。值得注意的是，直到该《公约》通过13年后即1985年11月22日我国才在第六届全国人民代表大会常务委员会第十三次会议予以批准。

通过梳理有关国际文化遗产保护文件可知，文化遗产的概念首先来自于“文化财产”，在1954年联合国教科文组织《武装冲突情况下保护文化财产公约(海牙公约)》及1968年《关于保护受公共或私人工程危害的文化财产的建议》中都分别提及了“文化财产”，1968年《关于保护受公共或私人工程危害的文化财产的建议》中将“文化财产”划分为“不可移动之物体”和“具有文化价值的可移动财产”，“不可移动之物体”主要以建筑为主(包括地下、地上遗存及财产周围环境)。事实上，“文化财产”的概念来自于日本，在明治四年(1871)，日本政府就颁布了太政官公告《古器具保护方案》和《古寺雇保护法》(1897)，对“文化财”(即文化遗产)开展制度化保护。

再看“非物质”，在英文中与此相对应的词为“Nonphysical”或“Intangible”。物质是指独立于人的意识之外的客观存在，而“非物质”按词面则可理解为对“物质”的否定，即人的意识，就这点而言可与“精神”一词相通，但显然又不能等同，因为某些“非物质”“无形”的非遗是独立于人的意识之外而客观存在的。无形指不具备某种事物的形式，名义，而有类似作用。联合国教科文组织曾经对“物质遗产”(Physical Heritage)与“非物质遗产”(Nonphysical Heritage)加以区分，后来则用“有形遗产”(Tangible Heritage)和“无形遗产”(Intangible Heritage)用以区分两类不同的文化遗产。无形的文化遗产“可以被定义成包含所有传统的或流行的民间文化形式，在特定社区中产生的以传统为基础的集体成果。这些创造通过口头或手势被传播，经过岁月的修炼和一个集体再创造的过程。它们包含口头传统、习俗、语言、音乐、舞蹈、宗教仪式、节日、传统医药和药典、流行体育项目、饮食艺

① 联合国教科文组织：《保护世界文化和自然遗产公约(1972)》，见国家文化局等编：《国际文化遗产保护文件选编》，文物出版社2007年版，第71页。

术，以及所有和文化的物质方面相关的特殊技能，比如工具和生活环境。”①

有形的文化遗产“包括大量的人类创造的作品，包括人们居住的地点、村落、城镇、建筑、结构、艺术品、文件、手工艺品、乐器、家具、衣服和个人装饰品、宗教、仪式和安葬物品、工具和设备以及工业系统。”②

在非遗概念变迁的过程中，联合国亦曾经使用过“民俗”的概念，民俗（或传统的大众文化）是“文化团体基于传统创造的全部，通过群体或个人表达出来，被认为是就文化和社会特性反映团体期望的方式；其标准和价值是童工模仿或其他方式口头流传的。其中，其形式包括语言、文学作品、音乐、舞蹈、游戏、神话、仪式、习俗、手工艺品、建筑及其他艺术。”③“民俗”概念的界定后来基本与联合国教科文组织相关文件中“非遗”的定义相符。

1950 年日本颁布《文化财保护法》第一次提出了“无形文化财”的概念，这成为现今“非物质文化遗产”概念的重要渊源之一。后来日本将每年的 1 月 22 日定为“文化财保护日”。

2003 年 10 月 17 日，联合国教科文组织第三十二届大会通过的《保护无形文化遗产公约》对非物质文化遗产进行了如下定义：“所谓无形文化遗产，是指那些被各地人民群众或某些个人视为其文化财富重要组成部分的各种社会活动、讲述艺术、表演艺术、生产生活经验、各种手工艺技能以及在讲述、表演、实施这些技艺与技能的过程中所使用的各种工具、实物、制成品及相关场所。无形文化遗产具有世代相传的特点，并会在与自己周边的人文环境、自然环境甚至是与已经逝去的历史的互动中不断创新，使广大人民群众产生认同，并激发起他们对文化多样性及人类创造力的尊重。当然，本公约所保护的不是无形文化遗产的全部，而是其中最优秀的部分—包括符合现有国际公约的、有利于建立彼此尊重之和谐社会的、最能使人类社会实现可持续发展目标的那部分无形文化遗产。”④

---

① 国际古迹遗址理事会：《国际文化旅游宪章（重要文化古迹遗址旅游管理原则和指南）（1999）》，见国家文物局等编：《国际文化遗产保护文件选编》，文物出版社 2007 年版，第 188 页。

② 国际古迹遗址理事会：《国际文化旅游宪章（重要文化古迹遗址旅游管理原则和指南）（1999）》，见国家文物局等编：《国际文化遗产保护文件选编》，文物出版社 2007 年版，第 188 页。

③ 联合国教科文组织：《保护传统文化和民俗的建议（1989）》，国家文物局等编：《国际文化遗产保护文件选编》，文物出版社 2007 年版，第 131 – 132 页。

④ 联合国教科文组织：《保护非物质文化遗产公约（2003）》，国家文物局等编：《国际文化遗产保护文件选编》，文物出版社 2007 年版，第 229 页。

2005 年,国发【2005】42 号《国务院关于加强文化遗产保护的通知》文件则对非物质文化遗产做出了比较详尽的叙述:“非物质文化遗产是指各种以非物质形态存在的与群众生活密切相关、世代传承的传统文化表现形式,包括口头传统、传统表演艺术、民俗活动和礼仪与节庆、有关自然界和宇宙的民间传统知识和实践、传统手工艺技能等以及与上述传统文化表现形式相关的文化空间。”①

考察非物质文化遗产概念的变迁,我们可以知道该概念其实是在日本“无形文化财”一词上逐渐发展演变而来,从“无形文化财”到“无形文化遗产”,到“民俗”,再到“人类‘口头和非物质遗产’”,最后到“非物质文化遗产”,可以看出各国对该概念的认识是一个逐步深化的过程,这一过程其实也是非遗概念由“物质”到“非物质”的过程,也可视为由“有形”到“无形”的过程。

第二节　非物质文化遗产认知中的“非物质”倾向

现今对非遗的“非物质”存在两大认知倾向,倾向一,非物质文化遗产认知中的“非物质”倾向;倾向二,非物质文化遗产认知中的“泛物质化”倾向。

倾向之一,从字面上看,“非物质文化遗产”中的“非物质”比较容易让人产生歧义,以为非遗其实是没有物质表现形式的,但实际上如果没有物质作为载体,非遗所蕴含的技能技艺则显然无法具体呈现出来,比如剪纸技艺作为非物质文化遗产,剪纸所使用的纸张就是剪纸技艺的载体,没有这个载体,单纯靠观念的传递是无法理解这种技艺的。

非物质文化遗产所指向的“非物质性”包括技艺、知识、技能和文化空间等,它们尽管在一定程度上属于精神层面,但它们要完全脱离物质的属性是不可能的。非遗的“非物质性”需要通过“物质性”的东西来体现,物质的东西具有不可再生性,而“非物质”的属性则可通过传承的方式不断延续下去,甚至某些失传的技艺还可得到恢复。温家宝指出:“非物质文化遗产也有物质性,要把非物质文化遗产的非物质性和物质性结合在一起。物质性就是文象,非物质性就是文脉。人之文明,无文象不生,无文脉不传。无文象无体,无文脉无魂。文化文化,文而化之,化

① 国务院:《国务院关于加强文化遗产保护的通知》[2005－12－22],http://www.gov.cn/gongbao/content/2006/content_185117.htm。

而文之，两者要很好地结合起来。”①

非遗的“物质性”集中体现在各种器具、工具、实物、制成品及相关场所等方面，尤其体现在非遗的制作材质及相关载体上。对民间文学类遗产而言，其“物质性”集中体现在对民间文学记录的文本资料上，传统戏剧、舞蹈、音乐类等表演艺术类遗产的“物质性”则集中体现在记录表演艺术类的文本资料及演出中行头、演出布景和演出乐器方面，工艺美术类遗产的“物质性”则集中体现在工艺美术所使用的材质及制作这些工艺所使用的工具上。由于工艺美术类遗产范畴较多，每一种类采取的材质和工具几乎都是不一样的，如书法艺术的材质是宣纸或丝织品，毛笔则是书写的工具；镂刻工艺中皮影的材质则分为驴皮、羊皮、牛皮、纸张等多种；传统雕刻工艺的材质则有石、砖、木、竹、玉、动物角、骨头等多种，由于工艺不同，自然所采取的工具也是不一样的。

对于文化空间类遗产其“物质性”则需要充分考虑其举办的特定地域或场所。《人类口头和非物质遗产代表作申报书编写指南》中，对非物质遗产类别做出说明时对“文化空间”这一概念做出了如下阐述：“宣布人类口头和非物质遗产代表作针对的是非物质文化遗产的两种表现形式：一种表现于有规可循的文化表现形式，如音乐或戏剧表演，传统习俗或各类节庆仪式；另一种表现于一种文化空间，这种空间可确定为民间或传统文化活动的集中地域，但也可确定为具有周期性或事件性的特定时间；这种具有时间和实体的空间之所以能存在，是因为它是文化表现活动的传统表现场所。”②

非遗“物质性”的另外一种表现则体现在其所具有的经济价值方面。经济价值是非遗时代价值的重要体现。非遗的经济价值既体现在对经营各类非遗产品所获得的直接收入上，如相关门票、纪念品等，还体现在与其他产业相互融合所取得的间接经济效益上，比如同旅游业、餐饮业的结合。甚至某些非遗门类的产业经营还成为某些地方政府的重要经济支柱，比如河北曲阳石雕，入选了第一批国家级非遗项目，2011 年在曲阳雕刻业的基础上当地申请了国家级雕塑文化产业实验园区，2012 年产值已达 50 亿元，带动就业人员 10 余万人，使曲阳石雕成为富民

---

① 李斌：《温家宝、李长春参观中国非物质文化遗产专题展》，《光明日报》2007 年 6 月 10 日。

② 人类口头和非物质遗产代表作申报书编写指南，中国非物质文化遗产网：http://www.ihchina.cn/inc/detail.jsp? info_id = 89。

强县的重要抓手①。又如河北蔚县剪纸,入选了国家级和世界级非遗名录,近年来,当地以剪纸为突破口,引领当地文化产业迅猛发展。目前全县有16个乡镇、96个行政村分布着剪纸艺人,形成了28个剪纸专业村,剪纸从业人员3.8万人,2012年,剪纸产业增加值达5.08亿元,产品畅销欧洲、美国、日本、东南亚等100多个国家和地区②。通过对国家非遗分类研究,我们认为,在非遗转化为产品,带来经济效益的过程中,工艺美术类遗产和表演艺术类遗产最能带来直接的经济价值,因为蕴含在其中的技能和技艺需要通过具体的物质性载体(产品)才能充分体现,相对而言,民间文学类、生产生活知识类遗产、仪式类、节日类,以及文化空间类遗产经济价值的转换则较难,它们的开发需要借助其它的载体,尤其是现代传媒才能充分体现。比如可将民间文学类遗产通过编辑、出版、展示的方式转换为商品;或者借助现代影视传媒将这些遗产进行改编,开发影视动漫产品,从而带来经济价值,比如20世纪的老电影《刘三姐》、《阿诗玛》、《五朵金花》、《梁山伯与祝英台》,90年代的《新白娘子传奇》,新世纪以来的美国动漫电影《花木兰》等堪称民间文学类产业开发的典范。根据我们的调查,目前这方面的研究尚处于非遗研究中比较薄弱的环节。需要注意的是,由于现代媒介的巨大影响力,对民间文学类遗产的改编是否会带来故事情节的固化而失去民间文学的活态传承则需要进一步展开研究。

非遗的"物质性"还体现在其保护方式上的"物质化"。国务院2005年下发的《关于加强文化遗产保护的通知》中明确指出在国家层面的非遗保护工作主要分为:1. 开展非遗普查工作;2. 制定非遗保护规划;3. 抢救珍贵非遗;4. 建立非遗名录体系;5. 加强少数民族文化遗产和文化生态区的保护。其中普查、认定登记工作,采取有效措施,征集具有历史、文化和科学价值的非遗实物资料,这些都是非遗"物质性"的重要体现。在普查方面,尤其需要注重利用现代多媒体技术进行科学的文本记录,这些文本记录包括CD、DVD在内的原声影像资料、完整的非遗文字资料、传承人口述史资料、相关制作工具的收集整理等。因此,我们可以这么认为,如果没有物质性的材料作为支撑,非遗的"非物质性"(技能、技艺及知识)是无法完整得到保护的。

---

① 杨晓宁:《曲阳石雕文化产业发展的内驱动力——〈河北省曲阳县雕塑文化产业振兴规划〉出台》,《石材》2012年第6期。

② 张进宝:《剪纸带动蔚县文化产业蓬勃发展》,张家口新闻网:http://www.zjknews.com/news/2013-07/08/content_122324.htm。

第三节 非物质文化遗产认知中的“泛物质化”倾向

物质是客观世界的存在,物质文化遗产和非物质文化遗产的分类与有形文化遗产与无形文化遗产的分类体现了不同的分类标准,总体而言,物质的一定是可看、可感知的,而无形的则是“看不见”、“摸不着”的,是蕴含在物质形式中的特殊技艺。这些“非物质的”尽管会反映出人们的道德、思想、信仰等精神,但它们之间不能等同,与道德、思想、信仰等精神重要的区别在于它们是传统文化表现形式。

由此我们不能就认为非物质文化遗产就完全不需要物质的表现形式。物质性文化遗产和非物质文化遗产二者之间是相互依存的关系,不可分离。有不少物质文化遗产都蕴含非物质的因素和内涵,比如福建南靖土楼是世界文化遗产,但土楼所蕴含的古建筑技艺则是非物质文化遗产,如果没有这些古建筑技艺,土楼也就失去了世界文化遗产的重要内涵。“物质文化遗产与非物质文化遗产的主要区别是:物质文化遗产强调了遗产的物质存在形态、静态性、不可再生和不可传承性,保护也主要着眼于对其损坏的修复和现状的维护;非物质文化遗产是活态的遗产,注重的是可传承性(特别是技能、技术和知识的传承),突出了人的因素、人的创造性和人的主体地位。”①

与此同时,我们需要对非遗认知中的“泛物质化”倾向保持清醒的认识,“在非物质文化遗产界定过程中,泛‘物质化’是其中最主要的问题。因为,无论是此前的联合国教科文组织,还是国内学术界,几乎都将‘在讲述、表演、实施这些技艺与技能过程中所使用的各种工具、实物、制成品’列入了非物质文化遗产之列。这种做法值得商榷。”②考察国际、国内对非遗的定义,我们会发现“泛物质化”是非遗概念目前存在的主要模糊地带,“从定义上而言,非物质文化遗产与特定的纪念物或场所无关,而是存在于传承者和社区的头脑之中,并在持续的实践中得以保存。”③从非遗概念演变可以看出,世界各国对该概念的认识是一个逐步深化的过程,这一过程其实也是非遗概念由“物质”到“非物质”的过程,“遗产保护从业者

---

① 王文章主编:《非物质文化遗产概论》,教育科学出版社 2008 年版,第 40 页。

② 苑利、顾军:《非物质文化遗产学》,《高等教育出版社》2009 年版,第 12 页。

③ 联合国教科文组织:《会安草案——亚洲最佳保护范例(2005)》,国家文物局等编:《国际文化遗产保护文件选编》,文物出版社 2007 年版,第 349 页。

一定要谨记,不能过分强调某一资源的材质或实体物质的真实性,因为在活文化的环境里,物质性组成要素的缺失并不代表一个现象没有存在过。”①这也就指出了非遗所存在的环境是一个活文化的环境,其所蕴含的技能、知识或技艺所传递的是时代的理念、精神、意识,这些技能、知识或技艺可以超越物质的载体而存在,但如果没有活态的传承,这些技能、知识或技艺也只是存在于历史的记忆中,非遗最重要的特征就是以活态方式传承至今,而这其中传承人起到了重要作用。我们不能否认非遗所具有的“物质性”,但同时也不能将非遗“泛物质化”。毕竟那些看得见的实物固然对非遗传承有益,但不能就此将它们等同于非遗,尽管我们可以用物化的方式来保存非遗,但活态保护仍然应当是非遗保护的前提。所谓非遗的保护是指“采取措施,确保非遗的生命力,包括这种遗产各个方面的确认、立档、研究、保存、保护、宣传、弘扬、承传(主要通过正规和非正规的教育)和振兴。”“文化遗产的物质性文化表现源于非物质性文化表现,我们需要颠覆传统的文化遗产保护模式,寻找文化遗产的非物质性表现形式,为保护包括物质性遗产在的文化遗产提供指导。”②

因此,基于非遗活态传承的理念,在保护和传承非遗的过程中,我们需要在思想意识上建立文化遗产的“物质性”表现首先来自于文化遗产本身所具备的非物质因素,或者可以说是“非物质”的意识及其文化表现,而这样意识的建立显然会颠覆我们传统的认为文化遗产首先体现为物质性的认知,而认为“非物质”是非物质文化遗产存在的前提,这样就将非物质文化遗产的“非物质性”提升到了文化遗产的本体论认识高度,这样的认知有助于打破非遗认知中的“泛物质化”倾向,即不是非遗的“物质性”决定非遗,而是非遗的“非物质性”决定非遗,甚至决定其他文化遗产。显然地,如果建立这样的认知模式,将改变我们以前单纯强调文化遗产保护中的“物质性”因素,而将文化遗产中的传承者、保护者提高到前所未有的高度,会更加注重对传承者以及非遗诞生、存活、传承、延续环境的保护。从这个角度而言,文化空间的建立可以视为这种认知的转变。文化生态保护区的设立也成为这种认知的重要实践,如福建南音文化生态保护区、四川羌族文化生态保护区、青海热贡唐卡文化生态保护区等。

---

① 联合国教科文组织:《会安草案——亚洲最佳保护范例(2005)》,国家文物局等编:《国际文化遗产保护文件选编》,文物出版社 2007 年版,第 349 – 350 页。

② 联合国教科文组织:《会安草案——亚洲最佳保护范例(2005)》,国家文物局等编:《国际文化遗产保护文件选编》,文物出版社 2007 年版,第 350 页。

综上,在保护非遗的过程中一方面要充分认识“非物质性”和“物质性”之间的辩证关系,从而实现二者的良性互动,“非物质性”和“物质性”之间所形成的“非物质间性”是保护和传承非遗的有效途径。这里所谓的“非物质间性”是指非遗中“物质性”与“非物质性”所形成的有机关系,“非物质间性”本质上还是以活态传承为特征,不单纯强调其“非物质性”,亦不否认其具备的“物质性”,从而将二者视为一个整体,推动非遗的保护。

另一方面,在保护非遗和传承上要注意“非物质性”和“物质性”之间的差异,要充分重视保护传承人活态传承的特质,将其技能、技艺或知识传承下来,通过物质的载体可以实现“无形”到“有形”的转变。

第二章

非物质文化遗产传承人

【本章导读】非物质文化遗产的保护和传承离不开传承人，他们是非物质文化遗产得以生存下来的关键。近年来，随着政府和社会各界的重视，非物质文化遗产的传承人才培养取得了不小的进步，但是仍然存在着许多令人忧虑的问题和不足。对此，我们需要不断探索、借鉴别人的经验来不断完善传承人的培养和保护制度。

非物质文化遗产的最独特之处在于它的"非物质性"，这在一定程度上决定了它的传承和延续没有固定的物质凭依，它是人对"无形文化"的传承，"所谓'非物质文化遗产传承人'，是指直接参与了非物质文化遗产表演、制作等传承工作，并愿意将自己所知道的相关知识与技能传授给后人的自然人和群体。"①传承人有个人、群体和团体之分，不管怎样，其传承的事项必须具有较高的文化、历史、艺术等价值，他亲自参与了传承的事项，并愿意将这些知识、技艺和技能传授给他人。但目前非物质文化遗产的传承人由于传承连续的断裂，传承人的"老年化"等因素而使得一批非物质文化遗产传承面临着难以为继的局面。

新华社记者周清印在《在文化认同下共栖中华精神家园》的报道中指出：中国艺术研究院提供的数据显示，20 世纪 50 年代末 60 年代初，全国当时有 367 个戏曲剧种，但时至 2009 年，仍在演出的剧种仅为 267 个，50 年以来我国各类剧种消亡了 100 种。而据中国工艺美术协会常务副理事长张红透露，从 1979 年到 2006 年，我国共评授了 365 位中国工艺美术大师，目前已有 1/5 相继去世，在世的大师平均年龄约 58 岁。截至 2006 年，我国共有 3025 名高级工艺美术师，仍从事工艺

① 苑利、顾军：《非物质文化遗产学》，高等教育出版社 2009 年版，第 67 - 68 页。

美术的只有1693人，仅占55.9%，其中从事传统工艺美术的600多人，约20%。普查还发现，我国764个传统工艺美术品种中，52.49%的品种因后继乏人等原因而陷入濒危状态，有的甚至已经停产。福建省文化厅在2008年七八月间所做的调查清单显示，该省首批省级传承人232人（含国家级55人）中，平均年龄59岁，61岁以上的占47%，最高年龄为90岁。而且，大部分传承人处于中低收入状态，年收入在1万元以下的约占32%，在1万到3万的约占47%，3万到5万的仅占12%。45.5%的传承人没有社保，27.6%没有医保。1983年丽江知名东巴还有62个，现在已不足10人，多至垂暮之年。2003年8月，东巴古籍被联合国教科文组织列入"世界记忆遗产"时，10多位东巴大师早已离世。①

《湖南日报》2012年6月9日《多项国家级非物质文化遗产濒危》的报道也指出："后继无人、人亡艺绝是这些项目普遍的问题，如长沙弹词传承人彭延昆老先生现已74岁，苗医药癫痫症疗法传承人龙玉年已是80高龄。传承人年事已高，传承起来力不从心，而年轻人对传统文化丧失兴趣，愿学之人甚少。"②

另2015年5月《文化部关于开展国家级非物质文化遗产代表性传承人抢救性记录工作的通知》中亦指出："截至2015年1月底，文化部公布的4批1986名国家级非物质文化遗产代表性传承人中已有235人离世，在世的国家级非物质文化遗产代表性传承人中超过70周岁的已占到50%以上，开展传承人抢救性记录工作已刻不容缓。"③

面对这样严峻的形势，我们必须运用适当的手段阻止或延缓"传承"的中断，换言之，保持文化传统和传统文化的延续和可持续发展，就成了非物质文化遗产保护的最终目的。而这一系列手段中最重要，也是最迫在眉睫的，就是非物质文化遗产的传承人培养。

第一节　非物质文化遗产传承人的定义

"传承人"是非物质文化遗产保护中的重要概念之一，其在官方正式文件中的

---

① 周清印：《在文化认同下共栖中华精神家园》，《半月谈内部版》2009年第6期。

② 李国斌：《多项国家级非物质文化遗产濒危》，《湖南日报》2012年6月9日。

③ 《文化部关于开展国家级非物质文化遗产代表性传承人抢救性记录工作的通知》，文非遗函〔2015〕318号。

使用始于2005年国务院发布的《关于加强我国非物质文化遗产保护工作的意见》。联合国教科文组织《人类口头和非物质遗产代表作申报书编写指南》中"口头和非物质遗产的保护"的第1项指出要"保护掌握民俗传统的人员",这个"掌握民俗传统的人员"即"传承人"。祁庆富认为:"传承人是在有重要价值的非物质文化遗产传承过程中,代表某项遗产深厚的民族民间文化传统,掌握杰出的技术、技艺、技能,为社区、群体、族群所公认的有影响力的人物。"①2006年颁布的《国家级非物质文化遗产保护与管理暂行办法》中对国家级非物质文化遗产的代表性传承人的规定为"完整掌握该项目或者其特殊技能;具有该项目公认的代表性、权威性和影响力;积极开展传承活动,培养后继人才"。

非物质文化遗产的保护和传承需要大量的人才,这是保护和传承工作得以持久进行的保障。事实上,非物质遗产传承人不应该仅指那些直接传承非物质文化遗产项目的人员,还应该包括帮助非物质文化遗产传承的人员,这些人积极开展传承活动,充当辅助和后备的角色,非物质文化遗产的传承同样离不开他们,他们一起担负着"传"与"承"的双重任务,我们可以把他们归为"服务类传承人"。

现如今,文化如果需要生生不息而不被淹没在时代的大潮中,只靠政府人为的保护并不是长宜之计,最理想的状态其实是将文化与时代结合在一起。比如很多地方将本区域的非物质文化遗产与旅游、博物馆、教育及城市形象宣传结合等等,这些举措都力图结合媒介和区域发展的现实,在传统文化中重新注入新鲜载体,让其重新呼吸,焕发生气。这些结合都需要除掌握非物质遗产文化技能之外的诸如营销、策划、宣传、旅游、服务等领域的多方面人才,如何吸收或者培养这些方面的人才?可以采取两种形式:一是通过政府的支持或者依靠非物质文化遗产本身的魅力将这些领域的人才吸纳进来,向他们进一步介绍非物质文化遗产的状况和保护意义,让他们参加并学习相关非物质文化遗产,使他们承担起一定的非物质文化遗产的传承使命;二是让本身已是非物质文化遗产传承的人才通过学习和培养,掌握如营销方面的技能和观念,使他们一方面不放松对技艺的传承,另一方面又可以将自己掌握的非物质文化遗产传播出去,让其他民众受益非物质文化遗产,造福社会。

这两种形式都需要加强对人才的培训和培养,将非物质文化遗产和其他产业结合并非是一件容易的事情,毫无疑问,在结合的过程中会出现矛盾、冲突和不

① 祁庆富:《论非物质文化遗产保护中的传承及传承人》,《西北民族研究》2006年第3期。

合，这需要不同领域的人才互相沟通和理解，决策者也需要用长期战略的眼光和冷静理性的思考，做出正确的决策。

第二节 非物质文化遗产传承方式的分类

非物质文化遗产可根据文化的性质和表现形式，将其传承分为三种形式：社会传承、家庭（或家族）传承和群体传承。

一、社会传承

在我们要保护的非物质文化遗产中，有相当数量的门类或形式是为群体所创造和拥有，并通过社会传承的方式世代相传至今天的。社会传承，有的时候是指在一个文化区（圈）的范围内，有的时候则是指在一个族群的范围内，众多的社会成员（群体）共同参与传承同一种非物质文化遗产门类或形式，或反过来说，某一种众多社会成员（群体）参与其中的非物质文化遗产，显示了组成这个群体的共同的文化心理和信仰。① 运用社会传承方式的非物质文化遗产通常知识性比较强，个人比较容易学习和记忆，相应地，其传承人的数量也比较大，如传统民俗、知识技术、语言文学等。如中国传统的婚礼有一整套的流程：新娘乘轿（骑马），盖红盖头，下轿时要新郎背着，传席（地毯）、跨马鞍、跨火盆、陪嫁、闹房等等，其中包含着与婚姻和生育相关的文化内涵，如用大枣、花生、桂圆、莲子来比喻"早生贵子"，从而构成一个从母家家族进入夫家家族具象征意义的过渡仪式。传统婚礼习俗就是很典型的社会传承。

社会成员参与度较广的社会传承的非物质文化遗产传承人培养相对比较困难，它多依靠社会成员的自觉性，不能人为地强制传承，而需要日常生活习俗的潜移默化来引导。通常情况下，政府和媒体是传承这些传统文化的主要倡导者，如国家把春节、清明节、端午节、中秋节等传统节日选定为公假日就是传承传统习俗的重要举措。

---

① 刘锡诚：《传承与传承人论》，《河南教育学院学报》2006 年第 6 期。

二、家庭（家族）传承

所谓家庭传承或家族传承，指在有血缘关系的人群中进行的传授和研习，主要表现在手工艺、中医以及其他一些专业性、技艺性比较强的行业中，这些行业由于自身的专业性，其传子不传女，传家人不传外人的传承链构成了这些传承本身的封闭性和保守性。如小说《穆斯林的葬礼》中的玉制艺术品的创作工艺就有传男不传女、传自家不传外人的特点，这就是非常典型的家庭传承。

在家庭（家族）传承中的传承人可能是家族传承中承上启下的继承者，也可能是社会传承中承上启下的继承者。在家庭（家族）传承中的非物质文化遗产比较适宜个人技艺发挥和个性化创造，而这些技艺的活动则需要另一个传承者一步一步、长年累月地调教，短期内则无法获得这些技艺，同时客观上还需要当事人自己天赋和个性，有聪明的心智和卓越的动手能力，在这类非物质文化遗产的传承中，传承人的传承作用占据举足轻重的地位，没有了这些传承个体，这类非物质文化遗产的传承将面临极大的困难。但不可否认，这样的传承方式在现代社会也存在天然的缺陷，比如独生子女政策的实施，如果传承人的后代是女儿，那么家族传子不传女的规则就不得不面临挑战，在现代社会中，一旦传承链条被打断，那么这些非物质文化遗产就将面临失传的危险，因此，在急剧发生变化的社会环境中，一方面我们需要尊重这类家庭（家族）的传承方式，另一方面也要求我们积极寻求应对的举施。

三、群体传承

所谓群体传承，大体可分为两类情况：一是师傅带徒弟的方式传承某种非物质文化遗产，如某种需要多人配合的表演技艺、戏剧曲艺、传统音乐等；二是没有拜师，而是常听多看艺人或把式的演唱、表演、操作，无师自通而习得的。群体传承，在戏曲和曲艺界相对比较常见，例如北京天桥中幡的传承路线：

清朝末年，天桥老艺人王小辫从宫中要执事的哥哥处学得此艺，并将原来宫中八大执事的旗上绣的龙、凤、虎、豹（各两对）的图案，改为中华民族一帆（幡）风顺，并将大执事改名中幡，传入民间，变成卖艺的表演。由于王小辫在天桥与跤王宝三共用一个场地，每天收入不多，宝三帮他收钱。时间一久，王小辫就收宝三为徒。王小辫去世后，宝三就既表演中幡又摔跤。后宝三收经常在跤场帮忙的傅顺禄为徒，傅遂成为中幡的第三代传人。傅顺禄的儿子傅文刚刻苦演练中幡，1986

年在首届北京龙潭湖民间花会大赛上获得“个人表演大奖”，成为第四代传人。① 天桥中幡的四代传承人中，情况颇不一样，有的是有所师从的，有的是通过“看”学会的，有的起初只是看客，后来才拜师从艺。

随着时代的变迁，群体传承的非物质文化遗产通常会和商业联合起来才能得以继续维系下去，如果与商业结合得好就自然不乏传承者，但毫无疑问有些不适合时代新环境的非物质文化遗产会面临缺少新鲜传承血液的危机。因此，从这层意义上来说，传承者们也应该想办法尽量地与时俱进，将传统文化和当今社会人们的兴趣点有机地结合起来，从而达到非遗传承振兴的目的。

第三节 非物质文化遗产传承人的保护和培养

一、政府高度重视非物质文化遗产传承人的保护

近年来，中国政府高度重视非物质文化遗产的保护工作，制定了“保护为主、抢救第一，合理利用、传承发展”的保护方针，稳步推进相关工作，成效显著。在国家级非物质文化遗产名录申报和评审的同时开始了国家级非物质文化遗产项目代表性传承人的认定和命名工作。截止到“十二五”末期，文化部命名了 4 批共 1986 名国家级非遗项目代表性传承人，每年通过中央财政拨付每位国家级传承人传习补助经费 1 万元，各省（区、市）批准公布了 12294 名省级非遗项目代表性传承人；中央财政设立了国家非物质文化遗产保护专项资金，截至 2015 年已累计投入 42 亿元。

为了加强对非物质文化遗产传承人的保护，2014 年起，文化部陆续对国家级非物质文化遗产代表性传承人开展抢救性记录工作，截至 2015 年底，已支持各地对 318 名代表性传承人开展抢救性记录，超额完成“十二五”规划设定的 300 人目标。同时，各地纷纷设立与生产性保护相关的基础设施，据不完全统计，全国已建传习所、展示馆 8720 余所②。全国各省、市、县纷纷参照文化部相关管理规定制定

① 《北京文化地图之非物质文化遗产 · 天桥中幡三丈三》，《北京日报》2006 年 5 月 4 日第 2 版。

② 薛帅：《传承保护合力已经形成——“十二五”时期非遗保护事业发展综述》，《中国文化报》2015 年 12 月 18 日。

了本级传承人的认定与管理办法,众多各级传承人受到了各级地方政府的高度重视,社会地位得到了提高,改善了生活条件,传艺授徒活动由此也更有成效得以开展。

二、传承人的培养

1. 传承人研习培训

非物质文化遗产的保护中,传承人的保护处于十分关键的位置。为扩大传承人群基数、提高其传承水平,2015 年 5 月文化部启动了"中国非物质文化遗产传承人群研修研习培训计划"试点工作,以传统工艺为切入点,委托一批高等艺术院校、综合性大学、研究机构以及职业技术学校对非物质文化遗产传承人群进行研修、研习和普及培训。2015 年 7 月,受委托的高校如清华大学美术学院、中央美术学院、上海大学等 23 所院校开展非遗研修和普及培训工作。该计划通过系统研修、研习和培训,可以帮助非遗传承人群强基础、拓眼界,提高当代实践水平和传承能力,不断扩大传承人群,振兴传统工艺,从而全面提高非物质文化遗产保护传承水平。①

2015 年 11 月,文化部、教育部在前期试点的基础上正式下发《关于实施中国非物质文化遗产传承人群研修研习培训计划的通知》,该计划着眼于"强基础、拓眼界",旨在通过组织非遗传承人群的研修、研习、培训,帮助非遗传承人群提高文化艺术素养、审美能力、创新能力,在秉承传统、不失其本的基础上,提高中国传统工艺的设计、制作水平,促进传统工艺走进现代生活,促进现代设计走进传统工艺,促进就业增收。该计划对于推动相关高校加强中华优秀传统文化教育、更好发挥文化传承创新功能、服务地方经济社会发展具有积极作用。

根据培训不同对象,研修研习培训计划分为研修、研习和普及培训三个层次:研修指委托相关高校对具有较高技艺水平的传统工艺传承人或资深从业者进行研修培训,推动跨界交流,提高其文化艺术修养、审美能力和创新能力;研习指组织中青年传承人进入高校工作室、实验室及设计企业研究学习,通过手工实践与设计、学术、高新技术的跨界交流,开阔眼界,互汲营养,解决非遗保护传承中的瓶颈问题;普及培训指委托相关高校对传统工艺项目学徒或从业者进行普及培训,

---

① 屈菡:《文化部召开第三季度例行新闻发布会》,《中国文化报》2015 年 9 月 24 日。

以提高其文化素养、学习和领悟能力，提高传统工艺的审美水平和实用程度。普及培训采取本省（区、市）培训与异地培训相结合的方式，各省（区、市）文化厅（局）在组织学员省（区、市）内培训的同时，可集中组织部分学员到北京、上海、成都、杭州等地进行异地培训。

研修、研习、普及培训时长1—2个月，具体时间由各高校或企业根据实际情况确定。各高校每年组织3—5期。研修班每期不少于20名学员，普及培训班每期不少于60名学员，研习每期不超过8名学员。目标用5年时间，培训10万人次。

课程要求方面要求各高校应充分发挥相关学科专业优势，构建"通识课+专业课+参观交流+实践"的教育教学体系，完善课堂教学、实践训练、考察观摩、交流研讨、作品展示的培训模式。课程安排要充分考虑受训人群的实际情况，因人因事施教，坚持问题导向、作品导向，坚持案例教学，保证通俗易懂。专业课程要把握好非遗自身的传承发展规律，尊重文化多样性，尊重地方和民族文化。

截至2015年12月，共有23所试点院校举办了33期研修班和普及培训班，培训学员1700人。随着非物质文化遗产传承人群研修研习培训计划的逐步推进，相信会有越来越多的高校和企业加入到培训的行列中，使传承人群的研修、研习和培训成为非遗保护的常态化工作。

2. 高校研究机构参与非物质文化遗产人才培养

随着我国对非物质文化遗产研究工作重视程度的不断加强，近年来，国内许多高校、科研机构、地方社团充分认识到非物质文化遗产保护及理论研究的重要性，纷纷开始设立专门研究机构和配备专业研究人员从事非物质文化遗产的保护咨询和理论创新研究，其中文化部门和高校联合设立的相关研究机构成为其中的主力。粗略统计2004年以来，国内高校明确提出加强非物质文化遗产保护和学科建设的相关单位超过50家，高校及科研机构参与非物质文化遗产的保护和人才培养主要体现在科学研究、设立学历教育、学科建设、社会服务、决策咨询等方面，其中学历教育则涵盖了本科生教育、硕士研究生培养、博士研究生培养以及传承人才的培训、进修。如内蒙古大学将长调、呼麦、马头琴等非遗项目纳入本科专业，从全区选拔优秀学生进入班级学习，每届每班30人左右，这些学生毫无疑问未来将成为蒙古族非物质文化遗产保护的生力军。福建艺术职业学院则开启了"校企合作、工学结合"的创新人才培养模式，学校与企业合作，开设了木雕、玉雕等非遗工艺学科，直接为非遗企业培养技术人才，成为一种全新的培养模式。

再如中央美术学院、中山大学、浙江师范大学、湖北美术学院等明确招收“文化遗产学”方向硕士研究生，南京艺术学院等招收非物质文化遗产保护研究方向研究生等。中国艺术研究院自2013年起设置由国家级非遗传承人担任导师的“传统技艺研究”方向和由资深专家学者担任导师的“非物质文化遗产保护实践研究”方向，并探索性地将“师徒相传”的传统教育方式纳入艺术硕士、博士研究生教育序列，为进一步在学院环境下培养高素质、科学研究型人才提供了更加畅通便捷的途径。

此外，中国艺术研究院还是首批艺术学一级学科博士授予单位，现设有8个博士点和博士后科研流动站，其中大部分涵盖非遗的相关门类。而中国社会科学院则招收民俗学博士生，中央民族大学培养民俗文化学博士研究生，北京大学、中山大学、北京师范大学等一些高校院校的系（所）均招收与非遗专业相关的博士研究生，为培养更高层次的非遗研究人才创造了条件。

同时，高校还成为非物质文化遗产传承人培养的生力军，2015年7月，文化部启动的“中国非物质文化遗产传承人群研修研习培训计划”，其中就有清华大学美术学院、中央美术学院、上海大学等23所院校参与开展非遗研修和普及培训工作。截至2015年10月，共有18所试点院校举办了21期普及培训班，培训学员1300人。

三、传承人保护与监督方面的不足

尽管近年来国家在传承人的培养方面做了大量细致的工作，如制订了评审规则和代表性传承人的认定标准和条件，同时还制定了十个不同专业门类具体的评定标准，并成立了代表性传承人评审委员会负责国家级传承人的认定、评审工作，国家级传承人的认定同时还需通过鉴别、复查、验证、确认等多个环节，但不可否认，在传承人的认定上各个省市县的规范性则存在较大的差异，有的认定比较科学规范，有的则相对含糊。

在传承人的保护方面，国家每年给予每位国家级非物质文化遗产项目代表性传承人每年1万元的传承资助经费，但各省市县在具体配套资助方面的标准和金额却很不一致，有的是每年给予一定数额生活补助，有的则是给予一次性资助经费，有的则需要传承人自行提出申请，经评选和认定后再发放，甚至有的根本就既不发放保护项目经费，也不给予资助经费。同时不可忽视的是，很多传承人大多处于老年，既没退休工资，又没相关养老医疗保险，生活长期处于极度窘迫之中，有的传承人尽管身怀绝技，但却没有相应的社会地位，还有的在知识产权方面经常被人侵犯。

在传承人动态监督管理方面，文化部令（第45号）《国家级非物质文化遗产项目代表性传承人认定与管理暂行办法》第十三条规定，国家级非物质文化遗产项目代表性传承人应承担以下义务：

（一）在不违反国家有关法律法规的前提下，根据文化行政部门的要求，提供完整的项目操作程序、技术规范、原材料要求、技艺要领等；

（二）制定项目传承计划和具体目标任务，报文化行政部门备案；

（三）采取收徒、办学等方式，开展传承工作，无保留地传授技艺，培养后继人才；

（四）积极参与展览、演示、研讨、交流等活动；

（五）定期向所在地文化行政部门提交项目传承情况报告。

第十六条规定：国家级非物质文化遗产项目代表性传承人无正当理由不履行传承义务的，经省级文化行政部门核实后，报国务院文化行政部门批准，取消其代表性传承人资格，重新认定该项目的代表性传承人。国家级非物质文化遗产项目代表性传承人丧失传承能力的，经省级文化行政部门核实后，报国务院文化行政部门，重新认定该项目的代表性传承人。

但实际情况上，很多地方文化部门由于人力物力的诸多因素，缺乏对本地传承人情况的及时掌握，在要求国家级传承人每年履行传承义务的考核方面各个地方并没完全展开，取消不合格的国家级传承人资格更无从实施，从而造成监管相对较弱的现实情况。而第十五条规定的“国务院文化行政部门对做出突出贡献的国家级非物质文化遗产项目代表性传承人，给予表彰和奖励”则显然尚未走入常态化。

四、完善传承人保护与传承机制新举措

从2006年至今，我国的非物质文化遗产保护迄今已经走过了十个年头，过去的十年也是非物质文化遗产保护与传承机制不断完善的十年，但不可否认，随着时间的推移，许多非物质文化遗产的传承人发生了重要变化，在分类标准和借鉴国际经验的方面，我们还有许多路要走。从国家层面保护传承人的新举措包括：

一是借鉴国际规范修订现行的分类体系。组织专家参照国际规范，遵循非遗恒定和流变特性，挖掘文化内涵，对10个门类的划分进行部分修正和调整，研究

规律,列出标准,制定管理规范。

二是完善代表性传承人制度。量化传承活动的内容、方式和社会影响等标准,定期组织相关领域专家对传承人进行考核评定,对成绩突出的师傅和成绩优异的徒弟进行奖励;同时加强对传承人的教育培训,更新知识结构,提高素质觉悟。

三是完善四级名录体系。发挥政府的权威认定和示范引导作用,遵循项目传承规律,项目和传承人有进有出,保持队伍适当规模和梯次结构,真正实现科学评价和动态管理。①

当然,保护非物质文化遗产是一个系统漫长的工程,以上的举措还远远不够,但可喜的是一些探索正在努力实施中,如通过举办节庆,激发全民对非物质文化遗产保护的热情;授予一些国家级传承人"全国非遗保护先进工作者"称号,享受省部级劳模待遇;探索引入民间资本进入非遗领域,采取资金补贴、政府采购和后期奖励等多种形式,在传承场所规划用地、材料购置税赋减免和选徒带徒方面真正关心传承人,扶持一批具有重要示范和引导带动作用的传承人等,此外,诸如河北省组织相关专家实施对传承人的资格认定工作和北京市出台针对非遗项目集聚区和传承人的扶持办法,都是有益的尝试和探索。② 由此我们完全有理由相信,非物质文化遗产传承人保护的未来将更加光明灿烂!

第四节　非物质文化遗产代表性传承人抢救性记录③

抢救性记录就是利用数字多媒体等现代化技术手段,全面、真实、系统地记录代表性传承人掌握的非物质文化遗产知识和精湛技艺,为后人传承、研究、宣传、利用非物质文化遗产留下宝贵资料。对国家级非物质文化遗产传承人进行抢救性记录是《文化部"十二五"时期文化改革发展规划》重要内容,《文化部关于开展国家级非物质文化遗产代表性传承人抢救性记录工作的通知》(文非遗

① 王福州:《多元构建传承人保护与传承机制》,《中国文化报》2012 年 7 月 12 日。

② 同上。

③ "非物质文化遗产代表性传承人抢救性记录"部分根据《国家级非物质文化遗产代表性传承人抢救性记录工作规范(试行稿)》(2015 年 4 月)整理编写,特此说明。

函〔2015〕318号）指出，截至2015年1月底，文化部公布的4批1986名国家级非物质文化遗产代表性传承人中已有235人离世，在世的国家级非物质文化遗产代表性传承人中超过70周岁的已占到50%以上，开展传承人抢救性记录工作已刻不容缓。

根据《通知》，抢救性记录的对象包括所有国家级非物质文化遗产代表性传承人，优先记录年满70周岁以上的、不满70周岁但体弱多病的国家级代表性传承人。2015年，启动300名年满70周岁以上及不满70周岁但体弱多病的国家级非物质文化遗产代表性传承人记录工作。2016年，开展70周岁（以2015年到龄为准）以上的其他国家级非物质文化遗产代表性传承人记录工作。2017年至2020年，开展70周岁（以2015年到龄为准，含70周岁）以下的国家级非物质文化遗产代表性传承人记录工作。

同时，传承人的抢救性工作也有具体的工作要求：

1. 抢救性记录工作要区分轻重缓急，根据传承人的年龄、身体状况，统筹规划、分步实施，有力有序地开展抢救性记录，增强工作的针对性和时效性。

2. 抢救性记录工作要采用数字多媒体等现代信息技术手段，全面、真实、系统地记录代表性传承人掌握的非物质文化遗产丰富知识和精湛技艺。

3. 抢救性记录工作要避免重复记录，要把抢救性记录工作与已经开展的数字化工作全面对接。已经对国家级代表性传承人进行过记录拍摄的，要对已有的音像资料进行整理，符合《国家级非物质文化遗产代表性传承人抢救性记录工作规范》要求的，不必进行再次拍摄，按工作规范进行必要的素材加工或数字化加工即可。

4. 抢救性记录成果要纳入各省（区、市）非物质文化遗产数据库，待国家非物质文化遗产数据库建成后，统一录入国家数据库。

5. 抢救性记录工作由各省（区、市）非物质文化遗产保护中心具体负责实施。各省（区、市）非物质文化遗产保护中心要成立专门工作组，安排专职人员，明确职责分工，保障有关抢救性记录工作顺利进行。

6. 各省（区、市）文化厅（局）要高度重视，切实负起监督管理责任，指导本省（区、市）非物质文化遗产保护中心按照工作规范做好抢救性记录工作。

在具体实施上，《工作规范（试行）》主要分为4个流程：

1. 记录准备工作。包括确定记录对象、组建记录工作小组、准备好记录设备。

（1）记录对象主要根据项目濒危情况和传承人身体状况来确定。

小组成员包括项目负责人1人（应为非遗中心工作人员），专家顾问至少1

人,导演1人,摄像2-3人(其中包括图片摄影1人)、录音1人,后期1-2人。如果是少数民族语言使用区或重方言区,需专门翻译人员1人。分工可兼顾,并根据项目规模、工作量适当增减人数。

(2)项目负责人:负责传承人相关资料的搜集、整理,调查提纲设计;拍摄记录过程中的提问、记录;填写工作日志;后期转录、校注、编辑、整理。

专家顾问:负责项目拍摄的专业指导,如果条件允许,可担任口述采访者。需是项目相关领域的学术或民间研究专家,全程参与项目工作。若专家年龄较大,在尊重其个人意愿的前提下,充分考虑身体、健康等因素,适量参与工作。若专家担任采访者工作,建议其年龄不高于60岁。

导演:负责整体拍摄内容及质量,统一指导现场拍摄、录音、用光以及后期剪辑等。要求至少有两年以上工作经验或具备一定的拍摄基础。

摄像:负责数字化影像记录,现场摄像、摄影,完成导演及项目拍摄要求,填写场记单、工作日志中相应内容。要求至少有两年以上工作经验。

录音:负责拍摄现场录音,要求熟悉录音设备,能准确判断现场录音环境并做出解决方案,至少有两年以上此类工作经验。

后期:负责文献片、综述片的剪辑制作,影片制作过程中的调光、调色、艺术化处理等工作内容。要求至少有两年以上相关工作经验。

翻译:负责为采访者和被访者之间翻译少数民族语言或方言,促成访谈双方交流顺畅。要求最好为采访地本地人,精通当地语言,文化程度较高,对项目有一定了解。

如需委托第三方,上述人员配置也可供参考。所有工作人员应签署保密协议,保证抢救性记录工程内容的安全。

2. 记录工作。包括已有资料的调查搜集、抢救性采集和相关技术标准。

(1)资料搜集包括纸质文献(分为正式出版物和非正式出版物,包括有关传承人的史志典籍、研究论文、论述论著、申报文本、申报辅助材料等)、数字及音像文献(包括有关传承人的电子书、电子图片,以及申报片、宣传片、电视专题片等音频、视频资料)、实物文献(有关传承人的各类实物,原则上不要求搜集,但需进行拍摄或扫描等数字化保存并登记)。资料来源可分为非遗保护工作系统(包括各级非遗处、非遗保护中心、项目保护单位等)、社会文献保存机构或个人(包括图书馆、档案馆、博物馆、群众艺术馆或文化馆、展览馆、地方文史办、科研机构、民间收藏组织或个人等)、媒体机构(包括电视台、广播电台、报社、杂志社、出版社、网站等)、传承人、其他途径等。资料搜集方式包括缴送、协调获取、接受无偿捐赠、购买、其他方式(如:网络下载)、无法获取的已知资源的登记。资料使用权限说明包括使用权的授权、著作权转让(赠予)、著作权和使用权的共享、无法获得使用权的需做免责声明和使用权征集、有著作权争议的需做标注。

(2)抢救性采集以视频采集为主,并辅助以录音、拍照、文字记录等多种方式,采集内容主要包括传承人口述、传承人项目实践活动和传承人传承教学等。在拍摄之前应与传承人详细沟通,使其深入了解采集工作的目的、内容、意义,并签订有关声明和协议。

传承人口述

包括对传承人口述进行科学记录,对传承人的师傅、徒弟、家人、同事、研究者、受众等进行访谈,重点关注传承人的人生经历、个人风格特色、技巧经验,及其背后的民俗背景、文化生态、文化记忆等。

访谈提纲:根据前期资料搜集内容,整理出受访者年表,制定采访提纲。具体提纲需根据项目和传承人特点进一步充实完善,工作完成后放入工作卷宗。

传承实践经历与人生经历:传承人基本信息;家族史及传承人成长历程;传承人的师承关系、学艺经历和心路历程;对传承人的从艺有重要影响的人物和事件;开展的传承活动及建立工作室(传习所)的情况;培养的主要继承者;传承人目前生存状况,所获得的荣誉及收益情况;传承人对保护工作的希望与要求;传承人师傅、徒弟、家人、同事、研究者的访谈。

项目背景:传承人所在地区的人文自然环境;传承人对本项目的历史沿革、基本内容、价值特征等的认识和评价;本项目目前的传播情况;产品销售情况、作品演出情况;相关信仰与禁忌。

技艺(传承人)流程与特色:传承人对技艺、工艺、表演、说唱、演示活动全过程逐个环节(包括其功能、意义)的详细描述;活动时间和场所的说明;掌握的核心技艺或绝技、技巧心得、创造性发明;使用的原料、工具、道具、乐器、服装等的说明;传承人代表性作品的内容和形式介绍。

采集要求:整个口述访谈应在一个双方均可接受的时间跨度内,分次进行。每次的访谈时长不宜过长,应考虑口述者的年龄及身体状况,安排合理的访谈时间。采访地点宜选择口述者熟悉的环境,如:家、工作场所或其他长期处所,以便口述者以较为放松、自信的状态进行讲述。采访背景中应尽量包含与口述者有关的元素,如:口述者的作品、与口述内容有关的历史场景或纪念物等。访谈流程:

访谈时，访谈者应与口述者相向而坐，坐高相仿，视线相对；访谈开始前，访谈者应面向镜头说出以下信息：时间、地点、访谈者姓名、口述者姓名、第几次访谈；访谈过程中，访谈者应本着“聆听与追问”的原则，掌握访谈的节奏、话题的走向与整体访谈时间。访谈结束后，访谈者应向口述者约定好下次的访谈时间和内容。用光要求：为了尽量避免引起口述者的不适与紧张，拍摄中应优先使用自然光，如自然光照不理想，再考虑全部或部分使用灯光。摄影机分配：如仅有一台摄影机，摄影机应拍摄口述者。景别为中近景，人物主体应在画面中央稍稍偏左或偏右的位置（视构图需要而定），而视线应与偏移方向相反。访谈者应坐于摄像机一旁，与口述者视线同侧。

如有两台摄影机，可考虑两种情况：（1）如访谈采用类似对话的形式，即口述者与访谈者话语量相仿，则一台拍摄口述者，一台拍摄访谈者。两台摄影机都应位于访谈者——口述者轴线的同侧。景别为中近景，访谈者在画面中的位置应与口述者相对，故视线也相对。（2）如访谈以口述者为主导，而访谈者仅负责提问，无过多交谈，两台摄影机均可拍摄口述者，一台拍摄中景、一台拍摄近景，两者构图原则相同。

如有三台摄影机，可以安排其中两台拍摄口述者，一台拍摄访谈者，构图原则相同。

照片拍摄：在不影响采访进程拍摄的情况下（一般为采访前后，中间间歇期），拍摄不同景别的采访工作照，包括工作环境、采访者、被采访者、工作团队，以及传承人的肖像照、生活照。时长要求：传承人口述采访时长根据项目规模、访谈体量进行设定，上不设限，一般不低于 3 小时，建议时长为 5 小时以上。访谈过程中，应尊重口述者的民族习俗、宗教信仰、生活习惯、个人隐私等。

传承人项目实践

主要采集传承人的项目实践活动，包括时间、地点、场地、环境、过程、受众等，以及传承人的项目实践能力，包括传承人的技艺绝活、经验思想、风格特征、代表作品等。若传承人因身体、年龄等原因无法完整演示，可通过传承教学部分将其所掌握的技能尽量完整呈现。

民间文学：在相关民俗事象和环境中完整、全面地讲述作品及其来源；传承人口头语言的艺术特色、表演技巧；相关信仰、禁忌与民俗。原则上应保证传承人口述文本的完整、全部录制。

传统音乐：作品拍摄以稀缺性（包括生僻曲目、只有传承人掌握的曲目、传承人表演得最好的曲目)、传统性、代表性为选取原则,在相关民俗背景或原生环境下作品的全程拍摄;代表性作品的室内录制;传承人示范、讲解特殊的唱法、演奏的技巧、绝活;歌曲的歌词、曲谱;器乐曲的曲目、曲牌、曲谱;相关信仰、禁忌与民俗。歌曲类不低于20首(必须含稀缺曲目),器乐曲类不低于10首(必须含稀缺曲目)。

传统舞蹈:相关民俗事象和环境中的全程表演;具体的舞蹈套路、队形、动作;传承人示范、讲解独特的跳法,掌握的绝活、技巧和要领、歌诀、口诀;传承人的角色、服饰、乐器、道具、舞谱等;相关信仰、禁忌与民俗。原则上应保证传承人所掌握舞蹈的完整、全部录制。

传统戏剧:相关民俗背景或原生环境下代表性作品的全程录制;传承人示范、讲解经典片段的动作要领、唱腔等,唱念做打的技艺特点、表演特色与技巧;剧目曲谱、行当角色、服饰、乐器、道具;行规、行话、口诀、谚语;相关信仰、禁忌与民俗。选择传承人代表剧目3-5出完整录像;采集3-5部剧本,除汉语版本外,少数民族地区要提交本民族语言的版本。

曲艺:在传统人文、自然环境中的表演过程;传统曲目、书目的室内录制;代表性表演技巧的重点录制;传承人示范、讲解表演技巧、唱腔等;乐队编制、伴奏乐器(特制乐器);行规、行话、口诀、谚语;相关信仰、禁忌与民俗。代表性作品完整录像1-3段,代表性曲本文本1-3部。

传统体育、游艺与杂技:相关民俗事象在环境中的全程录制;整体规则、流程、器具、形式、人员、道具;传承人示范、讲解高难度动作、核心技艺、招式要领、歌诀、口诀;相关信仰、禁忌与民俗。

传统美术:传统工艺流程、制作步骤方法的全程录制;原材料及其加工、核心工艺、手艺、方法、工具及特殊工具的制作、器具、作品的分别拍摄;传承人亲自示范、讲解操作要领、艺诀、作品的造型、色彩、题材、寓意、用途;特有技法的演示,经验的传授,相关传说、民谣、谚语、行规;相关信仰、禁忌与民俗。至少拍摄1-2件代表性作品的完整制作过程,至少拍摄5件以上代表作品(标明作品是否原创或复制)。

传统技艺:传统工艺流程的全程录制;原材料及其加工、辅料、核心工艺、手艺、方法、工具及特殊工具的制作,器具、设备、设计图纸、作品及其用途的分别拍摄;传承人亲自示范特有技法、操作要领、术语、艺诀,注重传承人的绝活、创造性发明和经验的传授;衡量制作水平标准的演示;相关传说、民谣、谚语;祖传师训、家训,传统行规行话;相关信仰、禁忌与民俗。至少拍摄 1 – 2 件代表性作品的完整制作过程,至少拍摄 5 件以上代表作品(标明作品是否原创或复制)。

传统医药:工艺和诊疗的全程拍摄和录制;中药制作的原材料及产地、核心工艺;诊疗技法、工具、器具的分解拍摄;传承人亲自示范药品的完整制作过程及独特的炮制工艺;特有技法的演示,经验的传授;相关信仰、禁忌与民俗。

民俗:在特定时间空间中活动的完整过程;传承人在民俗活动中的任务;传承人在文化空间中对文化空间、时间、特殊工具、习俗、绝活、核心知识的详细展示和介绍;传承人亲自示范、演示和讲解;相关信仰、禁忌与民俗。

采集要求

作品要求:根据前期搜集的该传承人的影像资料,进行补充或重新拍摄。对于民间文学、传统音乐、传统舞蹈、传统戏剧、曲艺等类别的传承人,尽可能全面、完整地记录其所有作品,如有条件限制,至少记录其代表性和稀缺性作品。

环境要求:尽可能在相关民俗背景和环境下的文化空间中对传承人实践进行拍摄;如果某些表演类项目现场录音效果欠佳,还需在剧场、演播室进行全面录制。

机位要求:传承人项目实践拍摄时应使用双机位拍摄,如条件允许可进行多机位同步拍摄。剧场舞台录制可采用四机位现场导播形式拍摄,包括 1 个全景机位、2 个中近景机位、1 个乐队机位。

画面要求:对拍摄对象要准确、如实予以记录,严禁虚构,避免艺术化、商业化倾向。注意所拍摄素材的画面质量,要求画面稳定,整体考虑用光、构图、画面运动、节奏等综合性因素,原则上拍摄者的画面和声音都不入镜。拍摄景别采用大全、中景、特写。大全景交代场面、环境,中景强调表演、表现实录,近景、特写突出人物、细节。

照片拍摄:传承人项目实践记录的照片拍摄,应参照内容与量化要求,在项目进行的重要节点拍摄,须注意避免干扰视频拍摄。若条件允许,传承人可重复操作关键步骤另行拍照。对于重要环节、场景、实物和场所要进行俯视、平视、侧视三个角度照片拍摄,重要的局部要进行特写拍摄,亦可手绘。

拍摄日志与场记单:拍摄日志、场记单须客观、真实记录现场采集情况,以便掌握工作进度,方便日后资料的查询和整理。

传承人传承教学

本部分记录传承人以口传、项目实践演示、现场指导的方式,教授徒弟、学生的完整过程。可以某一个故事、一出戏、一套舞蹈、一个作品的制作流程等为例,展示项目传授、学习及其实践的全过程。拍摄内容与采集要求参照"传承人口述史"、"传承人项目实践记录"部分。

技术标准

照片:拍摄照片要求为清晰的数码图片,像素在1000万以上,放大至12寸后不模糊;格式一般要求为JPEG,关键环节要求RAW格式;照片应保持原真性,不做任何修改。

摄影:摄影机应采用1080p的分辨率拍摄(或所用机型的最高分辨率),码率应为50Mb或35Mb每秒(或所用机型的最高码率),用PAL制25帧录制。画幅比例应为16:9,如无此画幅比例,应设为4:3。摄影应使用手动光圈、手动白平衡、手动对焦。

录音:应使用外接麦克风进行录音,最好选择领带夹式无线麦克风。摄影机在连接外界麦克风的同时,也要保留一路参考音。一般情况下,参考音应在一路,外界麦克风应接二路。每次访谈开始前,应调整录音电平,在-12db~-16db之间。如有条件,可考虑同时用一部数字录音机(录音笔)进行参考音录制,格式要求为WAV或MP3。

3. 整理编辑

新采集的资料与搜集到的资料共同构成原始资料。搜集的资料按《搜集资料清单》分类填写并保存,清单放入工作卷宗。

(1)采集资料整理:采集的资料按照文本、照片、音频、视频进行分类、整理、编辑,填写《采集及整理资料清单》,清单放入工作卷宗。

对受访者口述进行文字转录:对所有口述内容进行文字转录,内容忠实于讲述者口述,不做润色与修饰,讲述中涉及的时间、地点、事件、人名、作品名等需参考相关资料,进行核实,做好校注,按访谈的时间顺序形成一篇口述通稿。口述通稿需经受访者查验,放入工作卷宗。注意:若受访者除传承人外不止一人,则分别进行口述转录,形成口述通稿,以"人名+与传承人的关系"为文件名。

照片整理要求:对重复的、与主题无关的、因操作失误等原因影响画面效果的照片进行筛检和删除。其余按照肖像照、项目实践、传承教学、代表作品、环境照片等主要内容分类保存。需精选传承人个人照至少3张,展现非遗实践能力的照片至少8张，表现传承活动及社会影响的照片至少8张，代表作品至少5张，放入工作卷宗提交。

注意：

A个人照包括肖像照和工作照，重点突出人；

B展现非遗实践能力的照片，突出独特的工艺、技艺或表演活动、重要动作；

C表现传承活动及社会影响的照片，突出师徒传承及参加的社会活动；

D代表作品不适合用照片形式表现的，如民间文学、民俗类，此处可省略；

E照片图注要求：名称＋内容＋场所，如薛生金，堆鼓工艺，薛生金工作室。并根据照片性质增加其他标注信息，如传承照片，需注明徒弟身份及姓名；参加活动或现场表演照片，其他重要人物需标明身份及姓名；代表作品照片需标明名称、创作时间、合作创作者姓名、尺寸及材质等内容。

视频整理要求：采集的视频资料按受访者口述、项目实践、传承教学、空镜进行分类整理。

注意：

A若受访者除传承人外不止一人，则以"人名＋与传承人的关系"进行分类，列入受访者口述文件夹内。

B在受访者口述文字转录工作中生成的音频文件，同样按照受访者口述视频资料分类方法进行整理。

C若空镜拍摄不止一个地方，则以"地点"进行分类，列入空镜文件夹内。

原始资料复制备份：将分类整理好的原始资料进行复制，要求至少一式两份，其中一份作为文献片、综述片的制作资料，另一份作为备份需妥善保存。

制作文献片：文献片是在尽量保留原始素材基础上进行剪辑，以传承人口述、技艺操作、表演等实践活动的先后顺序为主线，最大限度地完整展现传承人口述、项目实践、传承教学的纪录片样式。

影像中的黑屏、镜头严重抖动、因操作失误造成的无关影像等在不影响节目内容判读的原则下删除处理，以符合浏览惯例。影像的色彩饱和度、亮度和对比度影响视频效果的，需进行色彩饱和度、亮度、对比度处理，以达到更为清晰的视频效果。添加片头和片尾文字信息。片头包含：采访主题、受访人、采访人。片尾包含：项目主办/协办单位、收藏单位、拍摄时间。片头片尾字幕底色为蓝色或黑色，字为白色。

口述片：口述片是对访谈者口述进行编辑整理形成的影片。

首先,对双机位或多机位拍摄的传承人口述视频,根据口述访谈的内容或技术需要,将不同机位拍摄的画面剪辑在一起。以拍摄的次数为中间结点,保留每次访谈开场对访谈时间、地点、传承人、受访者的介绍,除去中间休息、噪音打断等无关内容,尽量完整地按多次访谈的时间顺序形成一条线性口述视频。

其他与传承人相关的比如传承人的徒弟、家人等的访谈,以名字加与传承人的关系命名,分别单独剪成口述片。制作方式参照传承人口述片的制作。

将经过校注的速记稿用于视频剪辑中的唱词字幕,最后对画面、字幕等进行审查校对,确保画面和相关信息无误。字幕采用挂接的方式,字幕的出现和消失需与原始视频中字幕的出现和消失在时间线上保持一致。字幕含多语种的,需挂接多语种字幕。

项目实践片:经过蒙太奇手法,把多机位拍摄的画面剪接整理,按照项目实践或者表演、讲述的先后顺序,以实践活动的基本步骤或者表演的关键环节为单位,完整体现以传承人为中心的项目实践活动的影片。

在影片中根据基本步骤或者曲目、段落采取加小标题的方式予以说明和分段,比如仪式开始前的准备工作,仪式过程中的请神,某一味草药的准备等。同样除去黑屏、抖动、无关内容等部分,完整记录传承人项目实践活动。如不同的步骤和环节在不同空间同时进行,在项目片的排列中可标注说明。

传承教学片:是经过蒙太奇手法,把多机位拍摄的画面按照教授的时间顺序剪接整理,体现传承人授徒、对徒弟具体实践指导,关键技艺演示等内容的影片。可以通过一个故事、一出戏、一套舞蹈、一个作品的完整指导及学习实践过程体现。影片中体现的技艺绝活、专业术语等需加字幕说明,同样可以参照项目实践片,以小标题的方式分段,尽量全整、全面地体现传承过程。

制作综述片:是对所拍摄内容经归纳、精选、艺术化处理,运用蒙太奇手法剪接形成的,综合性体现以传承人为核心的技艺、表演、民俗活动等独特魅力的影片。

它是在上述三个文献片的基础上,选取不同景别、不同拍摄方式中最具美感、最有代表性的镜头,内容包含所处的文化空间、技艺、绝活、师承、传承人口述,是对传承人及其项目的特色展示,可进行调光、调色、配音、配乐、特效、加解说等艺术性处理,时长以0.5—1小时为宜。

画面剪辑完成后进行基本包装,包括开头结尾的标题字幕和制作方信息字幕、唱词字幕、视频中的人名字幕、标识或水印等。

(2)形成工作卷宗:是指从工作开始、进行到结束后形成的工作内容全套记录文本。它包括以下内容:

复制保存:将分类整理好的原始资料,制作完成的文献片、综述片,工作卷宗,统一复制,一式三份。

保存建档:建档以“传承人名称+项目名称”命名一级目录,一人一档;原始资料、文献片、综述片、工作卷宗为并列二级目录,其中原始资料所包含的资源按“3.1 分类管理”的要求进行归档。对于搜集并保管在省非遗中心的纸质文献、实物等非数字化资源,省非遗中心需专设人员统一保管。

(3)管理和使用:省非遗中心参照《中华人民共和国档案法》和文化部关于文化艺术档案管理有关规定,配备档案用房和柜架器材,安装防火、防盗、防渍、防有害生物等安全设施,并定期检查检验。设置档案管理岗位,配备专职或兼职档案工作人员,并编制检索工具,以便查找和利用。

(4)验收:验收内容包括文献片、综述片及工作卷宗。严格按照拍摄技术标准审查文献片、综述片,内容须具备基本的摄影、录音、拍照等艺术水准。验收由省级文化行政部门派专人进行,验收人员和资源采集建设人员不能为同一批人。验收分为通查和抽查两部分。通查为项目提交以后,从资料是否齐全、各部分是否符合技术标准、时长、内容完整度、法律和著作权的核实等多方面进行全方位检查,并撰写验收报告,确定项目是否合格。不合格的提出补充材料意见。

通查之后,文化部非遗司将组织人员采取抽样合格率的方法进行随机抽查,检查抽查部分内容质量及完成度,抽查比例不低于20%,并撰写抽查意见。抽查合格则项目基本结束,将每个传承人项目纳入总库。

形成验收报告:文献片、综述片、工作卷宗及验收报告一式三份,一份由省非物质文化遗产中心留存,其余两份分别上交至文化部非遗司、国家非物质文化遗产保护中心。

第三章

非物质文化遗产的产业化

【本章导读】对非物质文化遗产的保护单纯依靠政府的力量目前已经显示出诸多的不足,要让这些文化遗产能够永续流传下去,还需要让非物质文化遗产自身有造血功能,通过一些商业化甚至产业化的举措,获得发展的资金和动力。非物质文化遗产的商业化不等同于产业化,商业化是对非物质文化遗产的商业经营,而产业化则意味着大规模和批量的生产。

第一节　非物质文化遗产自身的特质与产业特质的结合点

事实上,对非物质文化遗产进行商业化或者产业化开发的争议一直以来就没有断过,苑利、顾军在联合署名的文章中指出:“必须分清商业性经营与产业化开发这两个概念。所谓商业性经营,就是将某种非物质文化遗产成品作为商品所进行的商业化营销;而产业化开发则是指将某种非物质文化遗产作为开发项目,而对其实施的大规模的机械化生产和产业化经营。这两种情况对非物质文化遗产的影响是不尽相同的,应该具体问题具体分析。”①我们可以从联合国教科文组织对非物质文化遗产概念界定中的一些关键词中得到非物质文化遗产自身的特质,从而可以更加具体的对非物质文化遗产做出界定,获得其产业化特征及在保护前提下所进行的产业开发的可行性论证。

---

① 苑利、顾军:《非物质文化遗产开发应遵循传承规律》,《中国知识产权报》2009 年 7 月 3 日。

一、非物质文化遗产本体特性

(1)从时间上来讲,非物质文化遗产群体性的实践表达必须经过一段较长的时间,要具有悠久的历史,在历史传承的过程中具有相对稳定的母题。所以,各国的非物质文化遗产在遴选过程中,都有一定的时限要求,这一时限上的要求基本上能够满足对非物质文化遗产品质和稳定性的保障,尤其是中华文化具有五千年的悠久历史,造就了形态种类丰富的非物质文化遗产。并且,那些能够流传下来的非物质文化遗产也都经历了百年乃至千年的千锤百炼。

因此,在历史积淀和总体上数量质量都有所保障的基础上,我国的非物质文化遗产在种类上、品质上都表现出了明显的优势,在保持其文化母题的内核上因时代和历史经验而产生了诸多外延含义,使得非物质文化遗产具有时代性和优胜劣汰的选择性,从这种意义上来说,很多非物质文化遗产都具有丰富的可供挖掘的内涵与相当的外延,这就为产业化运作提供了可能的结合点。

(2)从表现形态上看,非物质文化遗产一般能附会于某一具体表现形式。从现有申报的世界级、国家级非物质文化遗产名目来看,所申报的非物质文化遗产,均是附着某些理念、文化内涵的"看得见、摸得着"的传统表现形式①。尽管这些文化遗产被定义为无形文化遗产,但是真正"看不见、摸不着"的道德、理念、信仰等纯精神的东西,是不能被认定为非物质文化遗产的。如"孝"作为中华民族的传统美德,在道德层面不能被单纯的定义为非物质文化遗产,但是一些"孝道"的表现形式,如花甲宴,还有具有"孝道"母题的民间故事,如天仙配则都可以被认定为非物质文化遗产。另外诸如宣纸制造技艺、客家土楼营造技艺等无形文化遗产可以转化为实物和实践表现形式的,也均属于非物质文化遗产的范畴。

基于这一特质,无形文化遗产终究要通过一定的表现形式得以实现,这就为产业化尝试提供了出路,如厦门漆线雕技艺,形成于明末清初,2006 年被列入国家级非物质文化遗产名录。其附着了漆线雕工艺的漆雕产品融合了漆线雕工艺线条美的审美特质,以线条的盘结合浮雕的形式制成的工艺品,精细之处毫厘不爽,产品销售全国各地,已经形成了一个年产 35 万件左右、年产值超过 5 千万元的漆线雕产业。其中蔡氏漆线雕年产值已达 805 万元,供不应求,吸引了大批高等院

① 苑利、顾军:《非物质文化遗产学》,高等教育出版社 2009 年版,第 11 页。

校的学生前来就职，成为最有影响力的漆线雕企业之一。①

(3)从品质上看，非物质文化遗产是传统文化的精髓，但并非所有的传统文化都可以视为非物质文化遗产，在概念界定时必须要摒弃那些传统文化中落后的，甚至是糟粕的东西，如裹小脚、抽大烟、民间的封建迷信或者是群众参与度较高的行酒令等。非物质文化遗产之所以能成为全人类的宝贵遗产，是因为它具有重要的历史认识价值、文化价值、艺术价值、科学价值与社会价值，优秀的文化遗产应该具有历史承继性和创造性，是一种历史的和发展的互动，能够使人们从中获得历史文化的认同感，如孟姜女哭长城的民间故事传说，最初这个故事只是反应在繁重徭役之下老百姓困苦的生活和悲惨的命运，随着儒家文化的逐步浸染，在历史流传的过程中，“孟姜女哭长城”的故事逐渐浸入“忠孝”的文化因素，而成为忠贞爱情的典范。

这种在历史流变过程中能够顺应时代和文化的变迁而变迁，但是又保持相对稳定的非物质文化遗产，具有丰富的挖掘潜质和内在生命力，如果在此基础上进行适当的产业化运作，借助其文化母题在产业的平台上进行操作，有可能挖掘出更深的文化内涵，获得文化遗产保护与产业开发的双赢。非物质文化遗产优秀的文化品质，也为其产业化提供了可能性。

二、非物质文化遗产的演变传承特点

在传承上来讲，首先应该依托杰出传承人，以他们作为非物质文化遗产的传承载体。非物质文化遗产的濒危，说到底是传承人的濒危；非物质文化遗产的消亡，说到底是传承人的消亡。因此有没有传承人，事实上已经成为判断一个传统文化事项能否成为非物质文化遗产的基本标志。② 如北京天桥的绝活中幡招式，曾令无数京城百姓流连忘返；时过境迁，惜日热闹的老天桥胜景早已不复存在，偶尔在周末有几位中幡爱好者聚在这里练习表演的，也都是一群年过中旬的业余爱好者。从目前现状来看，现在中幡绝活面临传承困境，年轻人对这一老北京的绝活知之甚少也毫无兴趣，因为中幡技艺的学习和练习过程很苦，并且没有固定收入，没有父母愿意送自己的孩子来学，所以这一技艺在一定程度上也就变成了一些年纪较大的老北京人对往昔天桥胜景的怀念。表演者和欣赏者的老龄化趋势

---

① 陈秀梅、池玉玺：《福建淘出“非遗”真金》，《中国文化报》2009 年 1 月 11 日。

② 苑利、顾军：《非物质文化遗产学》，高等教育出版社 2009 年版，第 9 页。

就突显出一个重要的现实:许多非物质文化遗产的创造与传承,都需要凭借雄厚的经济实力,没有国家固定的扶持和稳定的经济收入,就不能得到最为有效的传承。所以这也为非物质文化遗产的产业化尝试提供了现实的迫切要求,如果产业化操作得当,一定程度上可以使那些因没落而没有经济效益失去传承人的非物质文化遗产重新获得生机。

其次,非物质文化遗产的本质特征就是在历史流传的过程中表现出的动态性和活态性。非物质文化遗产的表现是通过口头讲述及亲身行为等来实现的,那种曾经存在但现只存在于博物馆图书馆的文化遗产不能被界定为非物质文化遗产,因为作为一种活态传承,它的生命已经终结。如泰山封禅,早期戏剧踏摇娘等,尽管在历史上真实的存在过,但由于目前已经消失,所以理论上均不能被认定为非物质文化遗产。非物质文化遗产的活态性特质,一方面如上文所言,具有历史的和现实的流变性,为产业化运作提供了一定意义上的文化挖掘潜质;另一方面,这种活态性的特性,也在当今社会要求产业化为非物质文化遗产的传承保护注入活力。

3. 在非物质文化遗产的受众方特点

人总是生活在一定群体中的,文化是维系和巩固群体团结和谐的粘合剂,是一定地区民族凝聚力的载体,非物质文化遗产则是一定群体性的实践体现。从某种意义上来讲,非物质文化遗产是民间文化、大众文化、底层文化的代表,而不属于主流文化、上层文化、精英文化或官方文化,它是为一定区域和范围内的群众所掌握的与生活息息相关的文化,具有自娱自乐的大众功能。由于贴近大众生活,具有广泛的受众,这种大众性使得非物质文化遗产的产业化尝试具有广阔的市场前景。在现代社会中,大众对文化艺术的需求与日俱增,文化艺术逐渐从早期的仪式崇拜中脱离出来,通过大规模机械化复制而为普通大众接受。而处于现代社会中的非物质文化遗产同样不再高不可攀,它们倾向于接近日常生活,满足大众的需求,如景德镇瓷器烧制技艺,尤其是御窑厂烧制的瓷器,最初多供皇室贵族或者达官显贵专有,普通百姓却难有机会接触,而在现代社会里景德镇瓷器显然已经脱离了从前专供贵族把玩的范围,而逐渐走入寻常百姓生活中。当然,商品社会大规模复制生产也在一定程度上对非物质文化遗产的原真性造成了巨大的破坏,这就要求在产业化过程中要有所取舍,有所控制,不至于使传统文化遗产淹没于应接不暇的复制商品中。

第二节 非物质文化遗产产业化类别

事实上,从近年来非物质文化遗产的经营利用现状来看,不同类别的开发和经营都结合自身的特点,走出了一条符合自身发展的道路。在一些政府鼓励和经济发展较好的地区,非物质文化遗产的产业化状况比较好,不乏一些成功的或者良性运行的产业化实例。而在一些少数民族地区,或者经济欠发达地区,对非物质文化遗产无论是保护还是产业化运作都相对缺乏行之有效的措施,在产业化的过程中也显得比较盲目和混乱。根据对现有较为成型的非物质文化遗产的产业化现状调研,可以将非物质文化遗产的开发分为两类:一类是以非物质文化遗产为依托的产品开发;另一类则是结合其他产业进行的产业融合开发。

一、以非物质文化遗产为依托的产品开发

就非物质文化遗产本体而言,最简单也是最直接的开发就是以非物质文化遗产为依托的产品开发。这主要体现在传统美术和传统手工技艺类遗产的开发上。产品类的开发首先需要进行规模化经营,其次是对产品本身内涵和外延进行多层次、多梯度开发。苑利和顾军在专著《非物质文化遗产学》中,就将这种产品开发划分了五个不得不考虑的梯度①:

产品开发一度是依照原来的样子进行原汁原味的复制过程,如无锡惠山泥人中的阿福、凤翔泥塑、杨柳青剪纸等,还有传统医药中的中药配方,这种一度开发主要是将产品从家庭作坊式生产纳入规模化经营中,使其获得统一的标准和质量品质的保障。

产品二度开发,是指在产品制作原料不变的条件下,根据市场需要和审美需要,实行的变量开发。如一些戏剧脸谱被制作成工艺挂件,以满足现代人对室内装潢的需要,如阿福作为无锡市地域标志性文化,可以通过放大的方式,作为大型城市雕塑,使之成为无锡的城市符号,还有传统中药因为其熬制不便,而通过现代科技将其制作成冲剂形式,直接冲泡饮用而丝毫不影响药效。又如可将甘肃庆阳的香包在原有基础上放大,与现代装饰相结合,成为家居的挂件。

---

① 参见苑利、顾军合著《非物质文化遗产学》,高等教育出版社 2009 年版,第 142 - 143 页。

产品三度开发，是指在保留原有形态的基础上，对产品的制作材料以及体积大小进行同时改造。这种改造可以解决一些因原料不足或者出于环保角度的考量，而不得不对其材料进行的更换；或是因为产品体积的携带不便，如某些泥塑、石雕产品，而造成的销售困难。同时这样的改造也有效的更改了产品生产的成本价，使其在价值上发生变化。比如传统的象牙雕刻，由于对野生动物大象的保护，则不得不以其他动物的骨骼来替代象牙。

产品四度开发，是根据“去粗取精”的原则，在保留遗产精华部分的基础上，对其实施选择性开发。这类在民间文学方面表现尤为突出，比如迪士尼电影《花木兰》并没有完全依照原版故事情节进行编剧拍摄，而是截取原故事中的木兰形象和“孝道”的文化母题，进行了故事的再创作，这样既保留了非物质文化遗产中的文化母题和文化内涵，也使其制作出的影视产品更具有大众传播时代的时代性和消费性，更容易为人们所接受与喜爱。

产品五度开发，是对非物质文化遗产所进行的深度开发，这种开发在理论上没有离开原有产品，但事实上新产品已经同原产品相去甚远，这就需要专家学者在产业开发过程中，对非物质文化遗产内涵和外延进行更深度地挖掘，以期在原有的文化内涵中获得新的文化元素和新的视角，非物质文化遗产和创意产业的结合正是在此方面进行的尝试。如对钧瓷开片声音的录制。

二、结合其他产业进行的产业融合开发

在非物质文化遗产的产业开发过程中，结合其他产业进行的产业融合开发是一条重要的途径，这样的融合开发不但可以使非物质文化遗产在更多的领域展现出自己的文化魅力，同时可以为非物质文化遗产产业化寻求到更多的可能性和更广阔的发展空间，使产业化呈现出多元化的魅力，加大其领域覆盖面，促进资源的优化配置，获得更好的社会和经济效益。

（一）同影视产业的结合

在非物质文化遗产中，有诸多种类与视觉文化和听觉文化相关，这些类别的非物质文化遗产有极强的观赏性，并易于向视听结合的表现形式转换，譬如民间故事传说、民间舞蹈、民间音乐，杂技竞技，甚至是一些仪式、节庆类非物质文化遗产。

首先，这些文化遗产同影视产业结合，通过电影院中大屏幕及电视等方式可让人获得的巨大的视觉和听觉的冲击，从而使非物质文化遗产得到更大的展示空

间和多元的展示平台，面向的受众也更为广泛。

其次，借助同影视产业结合，拍成的电影、电视剧、动漫、纪录片，可以有效地扩大非物质文化遗产的影响力，获得广泛的认识和受众。

再次，这种影视传播解决了地域性和背景性要求对非物质文化遗产表现的限制，通过电影电视等的拍摄录制以及拷贝放映，可以使身处各地的人们都完整的认知和感受非物质文化遗产。

最后，非物质文化遗产进入影视剧或者纪录片的过程也是一个艺术再加工的过程，现代的拍摄技术和剪辑技术会使非物质文化遗产在展现过程中获得了原本不具备的魅力。在同影视产业结合的过程中，除了影视剧作的上映和播放，还可以利用发行 DVD、VCD、音乐原声碟等相关文化产品的来进行推广，扩大非物质文化遗产影响力。如迪士尼电影《花木兰》在全球范围内的上映，随之的衍生品包括 DVD、玩具、游戏等系列产品也应运而生。

（二）同旅游产业的结合

文化是旅游资源的重要内涵，是旅游业的依托，而许多非物质文化遗产都具有浓烈的地域文化特色，这既成为其直接走上市场的限制，又为其同旅游业的结合提供了得天独厚的条件。如民间舞蹈、民间音乐，尤其是节日仪式类非物质文化遗产，更是自觉的同旅游业结合，成为当地旅游的重要项目，甚至成为地方的文化名片。各地在开发旅游项目的时候，都不忘关注非物质文化遗产，它可以使游客获得最直接的文化体验，如我国的京剧、昆曲、少数民族歌舞和一些民间表演艺术等都是重要的旅游吸引物，既可以丰富游览内容，又可以满足游客的精神文化需求，延长游客逗留时间和提升旅游产品档次，使旅游活动的主体需求性和审美性要求都得到充分满足；一些传统手工艺品则是重要的旅游商品，可以制作为以观光游客为消费群体的非物质文化遗产旅游商品；还可以打造一些以民间传说故事为依托的大型主题演出、民俗园、旅游节，这样既是以文化符号吸引大批的旅游者，又可以使游览的过程附加上文化历史追寻的印记。一个成功的非物质文化遗产旅游项目的打造，可以带动起相关的旅游行业，带来丰厚的经济收益，还可以成为一个地方的文化名片，扩大地方影响力。如《印象刘三姐》大型山水实景演出。

（三）同演艺产业的结合

非物质文化遗产要走入市场，就必须尝试多方位的表现方式，在同旅游业结合的基础上，对一些特定类别的非物质文化遗产如民间舞蹈、民间音乐、杂技竞技等，则可以采用演出方式进行表现，使观众和旅游者对这些非物质文化遗产进行直接的视听体验。可以通过演艺平台的搭建,将非物质文化遗产同演艺产业、旅游产业的结合纳入一个完整的产业链中,形成固定的演出模式和团队,规范的演出内容。通过多方面的合作配合,规范管理和推广,从演艺节目策划、剧本编写,演员组织与排练,再到舞台表演,以及文化公司、剧场等单位的合作配合,包括负责场地、组织以及推广品牌,媒介传播宣传,品牌打造等,实现同地方旅游业的深度结合如《宋城千古情》和《印象·西湖》借助白蛇娘子的传说,《印象·刘三姐》借助刘三姐的传说都是同演艺产业结合的经典案例。以国家级非物质文化遗产刘三姐传说打造的《印象·刘三姐》不仅成为民间传说类非物质文化遗产产业化的经典案例,使刘三姐的艺术形象更加深入大众生活,同时也极大地推动了当地的旅游,形成了非物质文化遗产与旅游之间的良性互动。自《印象·刘三姐》公演之后,阳朔当地的游客每年递增20%,阳朔的旅游收入也从2004年的4.06亿元,激增到2011年的38.6亿元,2012年实现旅游总收入50.2亿元,接待入境游客171.2万人次。2014年接待游客1230.9万人次,增长5.1%,其中入境游客198.1万人次,增长5.3%;旅游总收入83.4亿元,增长30.4%;游客人均消费677元,增长31%。①

另外,同演艺产业的结合,可以通过在舞台上的特殊展现,对非物质文化遗产进行超一流的现代化舞美、灯光、印象、道具、服装的包装,使原本在民间自发随机表演的项目获得更多的艺术效果,从而给观众带来强烈震撼。例如《云南映像》的成功,不仅仅凭借着艺术内容上的优势而取胜,其还离不开现代舞台技术的包装。舞台布局上,《云南映像》从营造立体舞台效果出发,大量使用可移动、升降转换的装置,突破了以往舞台艺术的均衡布局,使用高达五六百盏的舞台灯,使光线呈现多元交叉,全方位展示服装的质地和纹理,制造亦真亦幻的舞台效果,给观众形成强大的视觉冲击力。2012年该公司的演出净利润达1000万左右,2013年则高达1500万左右。《印象刘三姐》大型山水实景演出则建立了全景开放式剧场,以山峰为背景,田园江河为舞台,构造梯田式的观众座席,形成180度全景视觉,采用当地壮族、瑶族、苗族等特色服装,形成了梦幻般的舞台实景效果,给观众以全新的视觉体验。

还需要注意到一点,就是在非物质文化遗产走入演艺产业的过程,其实也是

---

① 相关数据来源参见阳朔政府门户网历年政府工作报告:http://www.yangshuo.gov.cn/zfxxgkzl/gzbg/index.htm。

一次对非物质文化遗产再生产、再塑造的过程，通过演艺的产业化运作，可以尝试适度的对非物质文化遗产原有的文化母题和文化内涵进行挖掘和丰富，使它更具时代性，更具在现代社会的竞争力，符合当代人的审美眼光和审美需求，如白先勇的青春版《牡丹亭》，走入校园，红遍中国，进而走向世界，被誉为中国版的《罗密欧与朱丽叶》，使得昆曲《牡丹亭》不但在老一辈人那里获得共鸣，也得到了年轻人的喜爱和认同。

再者，一些民间音乐、民间舞蹈不仅可以走大众演艺的道路，还可以尝试走入剧院、音乐厅，将民间艺术和高雅艺术有机结合，在特定的感官环境中，使观众消费一种文化符号，获得一种文化心理的满足，这也成为非物质文化遗产产业化研发的一个可行方向。

（四）非物质文化遗产与现代媒介

非物质文化遗产产业化同其他产业一样，它的产业化运行的各个环节都离不开大众传媒的参与与宣传包装，在大众传媒当道的时代，如何充分利用这一资源保护并开发我们的非物质文化遗产，也成为产业化过程中一个绝不能忽视的重要问题。

1. 广告与非物质文化遗产

广告，作为大众传播的一个重要现象，通过其独特的传播特性，对文明的传播、文化的创新产生了深远影响，在展示民族和地域文化特征方面与非物质文化遗产存在着千丝万缕的联系。一种文化对人的价值观念、思维方式等的影响是潜移默化的，作为广告目标消费对象的受众的生活方式、消费理念、价值观念、审美取向等深受其所处民族、地域文化的影响。如今，在广告中已经出现了诸多非物质文化遗产：

（1）产品名称或者 logo 中的非物质文化元素，图腾或者民间工艺美术图案；

（2）在广告语和广告歌曲中也存在着非物质文化遗产的文化元素，如 CCTV－4 的形象广告和“康师傅江南美食方面便广告之水乡篇”，都不约而同地采用了中国传统民族音乐“茉莉花”作为广告曲，作为面向海外华人的 CCTV－4，一首具有中国历史文化特色的《茉莉花》，拉近了人们空间上的距离，在共同的历史文化中获得认同，而康师傅方面便的这一系列定位是江南口味，伴随着具有明显江南特色的《茉莉花》的悠长曲调，使人不自觉地就联想到江南小桥、流水、人家的意境，而提升了人们对这一系列方面便的期待值；

（3）非物质文化遗产同广告创意的结合。这主要是指在广告创意过程中，撷取和利用非物质文化遗产中特有的文化符号、文化母题，如民族精神、民族信仰、民族风俗风情等来进行创意活动，一方面可以增加广告内容的文化内涵，增强广告产品同受众在历史文化上的认同与共鸣；另一方面，在消费符号时代，广告的推广不但要强调产品的使用价值，还要着力营造产品的审美文化价值，使广告受众获得审美心理需求的满足，在推广产品使用价值同时，吸引人们消费产品的符号价值。如金六福酒的“过年回家篇”则是非物质文化遗产节日——春节的展现，四合院、青瓦屋檐、大红灯笼、团圆饭……这些元素无一不是极力营造一种团圆的意境，其中蕴含着中国传统文化中的合家团圆以及“孝道”的文化符号。

2. 网络与非物质文化遗产

20 世纪末，出现基于互联网的“第四媒介”，迅猛发展的网络使整个社会信息系统发生了革命性的变迁，互联网在大众传播方面扮演中不可替代的作用。网络时代的到来，为非物质文化遗产的传播提供了现代化的技术支撑，非物质文化遗产产业化在媒介推广这方面，不容忽视的就是网络为之提供的广阔而巨大的传播平台。

(1)非物质文化遗产产业化信息资源库及特色非物质文化遗产网站

首先可以建立基础信息库，尽量容纳多的非物质文化遗产介绍、传承人、保护方式和传承信息，让数据库作为向人们宣传推广非物质文化遗产的基地。

其次就是建立理论科研数据库，由于杂志专著等发行周期相对较长，造成许多最新的关于非物质文化遗产保护与开发的研究成果在一程度上不能得以及时的宣传和推广，所以打造这样的数据库尤其是针对非物质文化遗产产业化研发的数据库，发表最新的关于非物质文化遗产保护与开发的相关专著、论文，能够有效地填补和拓宽非物质文化遗产理论领域，为理论科研者提供一个“科研数据库”，扩大科研成果交流，也可以吸引更多的百姓和遗产传承人从理论层面上了解非物质文化遗产，并且有可能创造更多的商机。

再次是建立商业信息数据库。非物质文化遗产产业化不仅仅包括非物质文化遗产经营活动，还包括与非物质文化遗产直接有关的一切经营和生产活动。如上述，非物质文化遗产产业开发不仅仅是依赖于产品的开发，它还涉及与其他产业、领域的互动，所有这些都是非物质文化遗产的商业信息，建立这样一个数据库，就是为了将与非物质文化遗产相关的商业信息收集进来，相当于为非物质文化遗产建立了一个大型的广告投放和发布的平台，有利于非物质文化遗产在保护和产业化开发都受益。

(2)非物质文化遗产及其产业化管理规范平台

通过互联网的推广,力图使更多的人了解到非物质文化遗产,以期更好的保护和开发非物质文化遗产,这个管理规范平台的打造,就是更加具体的将非物质文化遗产相关信息进行再加工,提高相关信息的利用率。

并且可以通过这个平台发布政府相关保护和产业化政策,普及人们对非物质文化遗产产业化的认知,正确引导产业化的实施。还可以在此打造互动平台,在此发布和交流非物质文化遗产产业化相关信息等。

(3)充分利用一切网络资源,制作和发布非物质文化遗产视频短片、flash 动画,或者举办网络非物质文化遗产庙会、普及非物质文化遗产知识的竞猜等活动。将网络作为非物质文化遗产同旅游产业、演艺产业、影视产业、会展产业结合的发布宣传辅助平台,如开辟专门的特色旅游网站,影视剧作的在线观看,以及利用网上购物平台进行非物质文化遗产产品的销售等等。

(五)非物质文化遗产的文化体验活动

非物质文化遗产产业化可以尝试在文化空间举办活动的方式,开展文化体验,扩大消费群体。这种开发模式通过群众参与直接让他们走入文化,近距离接触非物质文化遗产,直接感知到非物质文化的内涵和魅力,增强人们对非物质文化遗产的了解和兴趣,吸引非物质文化遗产的潜在消费群体,扩大非物质文化遗产的影响力,有助于品牌的打造,同时带动其他相关产业的发展。例如 2010 年 1 月 28 日,陶然亭街道与宣武区文化馆举办了“剪纸迎新年 窗花庆佳节——非物质文化遗产体验日活动”。剪纸艺人王维昌与 24 名青少年一起体验非物质文化遗产的魅力。宣武区剪纸艺人王维昌老先生在活动中展示了精湛的剪纸技艺,并进行现场传授。这一文化体验使青少年在学习剪纸的同时,也深深地感受到中国年文化的内涵,感受到宣武悠久而深厚的历史文化底蕴。再如 2009 年 10 月至 11 月,“张家界文化体验月”就举办了从大庸府城到土家风情园,从土家风情园再到老院子的文化体验活动,活动合计到场人数超过 800 人,公众论坛网友也对之显示出极大的热情。

这种文化体验活动除了让人们亲自参与到非物质文化遗产技艺的制作中,直接体验到原生态的文化样式,还可以通过博物馆、文化生态园区等方式进行,将非物质文化遗产的宣传同产业化运作推广相结合,扩大非物质文化遗产的影响力,为产业化寻求到更广阔的发展空间。

第三节　非物质文化遗产保护与开发的辩证关系

非物质文化遗产本体、传承模式以及受众三个方面的特点指明了非物质文化遗产产业化的可能性,现代产业化运作需要非物质文化遗产为其带来深厚历史和民俗的文化母题,而非物质文化遗产在保护和传承过程中也需要产业化带来的资金、社会效应和文化活力。但是在操作层面上,如何处理好非物质文化遗产的保护和产业化关系,一直是一个敏感而棘手的问题。

非物质文化遗产保护运动是在全球化的时代背景下应运而生的,工业化与城市化过程是导致非物质文化遗产出现普遍危机的主要原因,在全球化浪潮冲击下,面对地域文化和传统文化的式微,现存的主要有两种方式,一种是政府直接注入资金进行保护,还有一种是走生产性保护的道路。

政府投入资金对非物质文化遗产进行保护,体现了国家对非物质文化遗产的重视程度,在资金的推动下,能较为迅速地收到保护的成效,但同时亦不可忽视这种以行政及经济手段的保护会使一些非物质文化遗产对政府的政策和资金形成依赖,一旦政策面发生改变,就会使一些非物质文化遗产逐渐丧失原来的活态传承特性,而沦为毫无生命力的博物馆展览物。同时对传承人传承意识的忽略,会使一些传承人在没有经济保障的条件下放弃非物质文化遗产技艺。与此同时,带有强烈行政色彩的保护会在保护的过程中掺杂一些日常生活意识形态,进而影响到非物质文化遗产的内涵和外延,有些甚至会破坏文化遗产的精神核心。当然,不可否认,政府还是非物质文化遗产保护的最重要主体,但上述的消极影响亦不可忽视。

与政府保护并行的另外一条渠道就是对非物质文化遗产进行生产性保护,所谓生产性保护指以保持非物质文化遗产的真实性、整体性和传承性为核心,借助生产、流通、销售等手段,将非物质文化遗产及其资源转化为文化产品的保护方式。这种保护方式在政府引导下,引入市场机制,将非物质文化遗产的保护推向市场,以市场这双无形的手来影响非物质文化遗产的保护,这种做法,有其天然的合理性,因为一些非物质文化遗产自产生之初就同人们的生活和日常消费紧密相关,比如稻田养鱼技术、桑蚕种植技术、酒类制作技艺、一些食物小吃制作技艺等,因此将这些非物质文化遗产引入市场竞争机制有其合理性,也能让它们在商品经济环境下获得良性发展。如杨丽萍《云南映像》,不仅在国内产生轰动,并且顺利进军美国市场,征服了观众和评论家同时也斩获了巨大的票房效益。《云南映像》是一部将东方经典与现代技术完美结合的大型歌舞集锦,重新整合了云南原创乡土歌舞与民族舞,展现出彝、苗、藏、傣、白等 9 个少数民族原生态生活和艺术,表达了人类对鸿蒙初成、生命起源的原始想象,对繁衍生息的礼赞以及对圣洁宁静世界的期盼与向往。《云南映像》之所以取得如此大的成功,不仅在国内赢得好评和经济效益,并且能够成功地走出国门,就是因为其成功的将原生态艺术、古老民族神话传说,以及洪水、生殖等文化母题同成熟的商业化运作相结合。从灯光舞美和舞台包装,演出阵容,到品牌树立,与国际化接轨的策略,再到强大的后援支持,合理的收益分配,这一系列因素共同造就了《云南印象》的成功。

然而,在进行生产性保护的同时,需要注意进行分类,有些非物质文化遗产适合做生产性保护,有些可能就不适合生产性保护,有些适合大规模生产性保护,有些则适合小众化的生产性保护,这些都需要进行非常具体的研讨。不加辨别的全盘引入生产性保护这种做法会让非物质文化遗产的保护受商业化冲击而忽视保护的初衷,从而对非物质文化遗产形成更大的破坏。

与此同时,还存在着一种强烈而明显的声音,就是从根本上质疑非物质文化遗产是否应该进行产业化运作,虽然我们在前面分析了非物质文化遗产自身特点中具备着诸多可进行产业化的潜质,但毕竟一种文化遗产同现代产业的结合,还是存在着风险和争议的。文化是一个民族或群体在长期生产实践活动中自发形成的意识形态、精神信仰和生产生活经验等等,而产业化是商品经济时代的产物,它的核心是市场化,是追逐利润。且不说在产业化运作过程中,有些投资者往往急于赚钱,而忽视了非物质文化遗产的可持续发展,在追求非物质文化遗产短期经济效益的驱动下,不少地方在开发非物质文化遗产资源与产业化过程中引发了许多有违保护初衷的新问题。① 就是在产业化的开发运作过程中,是否应该将产业化策略运用于非物质文化遗产就存在着很大的争议声音,其反对的根本原因就是现代产业化操作破坏了非物质文化遗产的文化原真性,甚至对文化遗产和其生态环境造成不可逆转的严重破坏。以民间歌舞为例,原本作为民俗组成部分的被独立出来,被看作艺术形式。舞台艺术在向民间艺术学习之后,已经以非常强势的姿态反过来影响民间歌舞的发展,其风情化和装饰性深深改变了民间歌舞的本

---

① 王松、廖嵘:《产业化视角下的非物质文化遗产保护》,《同济大学学报》2008 年第 2 期。

性。几年前在央视歌手大赛中以海菜腔一举成名的云南彝族姐弟和获得全国十大歌王称号的山西羊倌石占明,如今都已经是舞台上经验老到的演员,歌声依然还是那个歌声,但熟悉他们的观众已经能够明显感觉到其中缺失了初出茅庐时的乡土气质。因为舞台,他们作为民间艺人有了改变人生的际遇,而对于他们所承载的艺术形式来说,却可能是一种损失和伤害。

还有一些折中的观点,在浙江省非物质文化遗产的保护工作会议上,专家吴露生认为:“活态文化遗产的传承不是博物馆保存,保护是在保存的基础上发展传承的。现在一些产业的操作方式是一柄双刃剑,一方面将这些传统文化的东西导入现代社会,一方面又因为经济利益的驱动形成了一种建设性破坏,让这些东西失去了本色。”面对这种两难的状况,吴露生认为可以找到一个合适的方式“在保持这些传统文化的基本因素的基础上融入符合当代审美情趣的因素,这样的保护才是真正的发展和传承,譬如浙江长兴的百叶龙,必须要是荷花龙并且有突变性,在保证这两个基本因素后在做到符合现代市场需求的创造,这样就能起到一举两得的效果。”①

不可否认,长期以来对民族文化遗产商品化的批评与对原真性的关注如影随形。在非物质文化遗产保护语境中,商品化是带贬义的词汇,但是,由于非物质文化遗产自身是一种活态性和流动性的文化遗产形态,它在本质上是不可能脱离生产者和使用者而独立存在的,它是存在于特殊群体生活之中的活态内容,是发展着的传统行为,正如专家吴露生所说,它无法也不能被以博物馆的固态方式凝固保存。所以,基于非物质文化遗产这种特点,就保护非物质文化遗产的原生态而言,产业化运作不见得是最好的选择,但是,是否原生态是保护非物质文化遗产的终极目标,还有待进一步商榷。因为非物质文化遗产反映的是人类过去、现在以及将来的创造力,而不是一成不变的博物馆遗产。由此我们相信,产业化运作并非洪水猛兽,只要运用得当,相信一定能够达到非物质文化遗产保护传承和经济价值实现的双赢。

当然,在产业化进程中,的确存在着诸多问题和误区,如对非物质文化遗产的特性认识不足,在开发过程中,政府热情很高,但企业和传承人参与热情不够。由于缺乏总体性规划,与其他产业融合不够,易造成条块式开发,从而造成对非物质

---

① 吴露生:《非物质文化遗产的产业化之惑》,《社会文化周刊》,2006 - 02 - 23,http://www.nnlib.com/readnews.asp? newsid = 2602。

文化遗产自身的损害和产业化尝试的失败。但问题的存在确实不能完全否认保护和产业化并存的道路，而应该针对存在的问题，积极进行探索和改善，寻求到最合适、最优化的方式进行产业开发，全方位处理好政府、企业、学界、媒体和传承人等相关方面的关系。

政府应当通过制定政策、保护立法、整体规划等方式，全方位对非物质文化遗产进行保护，加强传承人的传承意识，对于传承人生活经济上的困难要予以及时有效的帮助，加大政策宣传力度，树立传承人对非物质文化遗产的保护和传承的信心，同时建立人才保护和教育培养体系，通过多种媒介手段对非物质文化遗产保护和经营工作开展大力的教育宣传，并适度引导相关企业进入非物质文化遗产生产性保护领域，对发展良好的企业进行支撑和鼓励，从而实现非物质文化遗产的可持续发展。

第四章

民间文学类非物质文化遗产保护与开发

【本章导读】民间文学是非物质文化遗产中的重要类别，包含内容广泛，集体创作、流变性和混杂性是其主要特征。对民间文学的保护可以通过多媒体设备进行声音和图像的记录，建立数字档案等方式进行；在进行产业开发的过程中，一是要注重同其他文化遗产结合这一特征来进行全方位的综合开发，丰富其形式和表现方式，还可以通过同影视产业、旅游产业的结合来进行开发。

第一节　民间文学概述

民间文学又称口头文学，是非物质文化遗产中的重要类别。民间文学是一种集体创作、口耳相传的语言艺术。它最早起源于原始社会时期的口头文学活动，原始社会时期的民间文学并非单纯的文学活动，而是与人们的劳动、语言、宗教、游戏、风俗和集体生活紧密联系在一起的。经过漫长的历史时期，民间文学作为一种既定民族人民的生活、思想和感情的表达而流传下来，既是人们关于历史、文化、宗教及其他生活生产知识的总结，也是他们审美观念和艺术情趣的表现形式。

民间文学的文化渊源来自各种民间传说，民间故事，人生礼俗等精神传承，兼有我国儒道思想和民俗文化的地域特征。作为一个学术名词，它产生于“五四”之后，主要指劳动人民的口头创作。民间文学包含内容广泛，它既有神话、民间传说、民间故事，还包括歌谣、长篇叙事诗、说唱文学、谚语、谜语等体裁的民间作品。它是普通民众长期社会生活的产物，反映了普通民众各方面的生活和思想感情，此外它也直接地或间接地为他们的生活服务——给民众以知识、教诲、鼓舞和希望，其中有些本身就是生活的构成部分。口头性、集体性、变异性和传承性是民间文学突出的形式特征，这就决定了民间文学在进行产业研发时所具备的自身优势，同时也使得民间文学在产业研发时可能遇到诸多问题。近几年，文化产业的迅猛发展也波及了民间文学。民间传说、神话、民间故事这三个领域是民间文学产业化的主要构成元素。

民间文学作为非物质文化遗产中的重要类别，除了具有非物质文化遗产的普遍特性，还有一些独有的特征，首先是群体创作性，这主要是说民间文学在创作和传承过程中，一般是群体创作而非个人。群体是包括种族、部落、氏族、村庄等形态的各种人群集合体。民间文学创作的群体性，是指民间文学并非依赖个人的智慧和灵感完成的，而是由一个民族或者社会群体在长期生产生活中集体创作并由该群体传承发展的产物，它所表达的思想感情往往也具有该群体范围内的普遍性。在流传过程中，从诞生之地流传到其他地区，再经由该地区人民接收和再创作，形成了符合当地人民生活、情感和文学艺术传统的新民间文学作品。民间文学从产生到发展流传基本上都是群体性的活动，个人在传播和表现民间文学作品的过程中一般也融入了群体共同体的认同，基于民间文学的这一特性，一方面是其内容和形式以及思想感情在长期的流变过程中愈加的生动丰富且带有当地特色，另一方面也导致如果要认定具体作者几乎是不可能的。

其次，民间文学相较于其他非物质文化遗产，具有更强的流变性。因其在产生之初主要是口头传播，语言为载体的文化形式更利于表达人们的生活和感情，除了具有诞生地的独特民族生活文化特征外，往往也能够反映一些人类共同的情感追求心理因素，如爱情、亲情和友情，死亡、恐惧、痛苦、迷惑等，这是其在地区间、民族间的流传获得认同和接受的基础。而且在传统社会中娱乐活动相对较少，信息主要是通过口头讲述，再就是文字记录的方式在人际间传播，所以人们对民间文学中的传说、故事的接受就极为自然和普遍，并且在长期社会生活中一直占据着人们娱乐活动的主流。基于这一特征，民间文学就具有更强的流传性和变异性，在传承过程中也可以是多条线索并行。那些作品中的母体、原型被接受地区的人民接纳，经过漫长的社会生活传承逐渐被吸收到本民族地区人们的精神、心理和文学文化传统中故而民间文学在属地认定中也时常存在争议。现在经常可见到几个地区同时为某一民间故事的起源地、故里进行争夺，这种属地的含混性很大程度上是由民间文学自身在起源和传承过程中的特殊性造成的，一个主题或者一个传说故事可能同时出现在几个地区，它们有共同的母题，但又各具当地民族文化的特征。

不如进行跨地区的联手保护与开发,既能够避免无谓的争端对民间文学本体造成的伤害,也能够结合多地区共同的文化因素,丰富民间文学的内涵,使其更加丰富生动和多元化;还能产生规模化、集群化效果,多方位保护与开发,既保持着地方特色,又形成开放性的文学艺术形式,还能够增强民间文学故事在全国范围内的知名度。

再次,民间文学具有同其他文化艺术形式结合的混杂性,例如传统戏曲、曲艺中很多故事原型都来自民间传说,很多唱词都是在说书画本基础上经过艺术加工创作而成的;还有一些传统手工艺品、民间美术作品在创作中往往也选取民间传说故事为母本,在其基础上进行创作;甚至一些舞蹈、音乐也汲取了民间文学中故事传说的主题,对其进行形象的、艺术表现上的再创作,通过声音和肢体艺术表现出民间文学故事中的情感主题。在讲故事传统日趋式微的现代社会中,人们接收信息的方式除了人际间的交流外,主要是通过各种多媒体媒介进行信息的接受和发送,从收音机到电视,再到网络已经深刻地改变了人们的生活方式,而民间文学的这种混杂性特征为其在现代社会中继续生存和发展提供了极为有利的条件,它不再以单纯的讲故事、传说的方式存在,而是更多的借助同其他非物质文化遗产的结合表现出来,通过以各种多媒体媒介为载体传播开来。

在对民间文学这一文化遗产进行保护的时候,可以通过多媒体设备进行声音和图像的记录,建立数字档案;在进行产业开发的过程中,一是要注重同其他文化遗产结合这一特征来进行全方位的综合开发,丰富其形式和表现方式,还可以通过同影视产业、旅游产业的结合来进行现代化开发,使民间文学以适应当代社会生活的方式继续留存在我们的生活和心灵中。

对民间文学保护和研究,一方面要依靠立法和行政法规的制定,采取行政手段进行规范、管理和保护。另一方面还要依靠民间各种团体、组织和个人的力量来对其进行保护,组织专业人员进行民间文学的田野调查,对民间文学进行整理、收集和研究,使用多媒体设备对其进行影像记录,有条件的地区建立多媒体数字保护库。

第二节 民间文学类的产业研发

民间文学在各地都是地方上一种独有的民间文学遗产,拥有自己独特的风格,鉴于民间文学所包括的内容的广泛,现阶段对它进行探索与开发实践也相当普遍。在现阶段,民间文学的开发模式主要呈现出非物质性和物质性两方面。非物质性方面,主要是影视剧、曲艺演出的母本应用和民间文学的出版发行;物质性方面主要凸显在民间文学源地的文化产业园的开发,主要是通过进行物质性的园区建造来进行旅游产业开发。民间文学的产业开发渠道和其盈利模式是相符的。影视剧、曲艺演出和出版发行模式的盈利渠道主要是通过一定的出版传播媒介进行盈利,其盈利渠道比较多元化,可以从中吸取广告费和民众进场、阅览费。民间文学源地文化产业园开发的盈利渠道主要是通过宣传招徕旅客从中赚取民众的旅游费用。

一、影视剧拍摄和发行

民间文学包括大量的民间传说、民间故事,这些传说故事又带有强烈的地域特色和民族文化,它们来源于民间人们共同生活,是对人们生活、生产和心理机制体验的浓缩,在人民群众中通常有着广泛的普及性和认同性,它既满足了人们日常审美需求,也成为交流和娱乐的绝佳方式。这就为其改编成影视剧提供了故事文本和市场接受的可行性。

现代社会与传统社会在各种体验上表现出的强大差异,各种多媒体设备和技术广泛地进入人们的日常生活并且成为普及,人们在对文化艺术的内容和表现形式都有了新的需求。这就成为民间文学被改变成影视剧的必要性。

传统社会是以口头叙述故事为民间文学的主要传播方式,讲故事的人或者说书人在传统社会中的重要位置几乎完全被各种媒介所取代,从录音带、广播的听觉媒介到现今无处不在的电视、电影、网络等多媒体视觉媒介,人们的接受方式也从口耳相传和纸质阅读发展到了声、光、影的多元化融合方式,甚至在3D技术的发展基础上,触觉也逐渐进入了人们日常的文化体验中。人们的感官在现代社会中经历了充分的解放,这就使得民间文学这种从传统社会产生和发展起来的文化艺术形式需要同现代媒介结合起来进行传播。

同样,在对民间文学的传播形式要求的基础上,在内容上也需要在保持原先故事母题的基础上进行现代性的融合,能够同现代人的心理机制与审美追求大体符合。这也是非物质文化遗产流变性的要求,在传播流传中融入时代和社会的因素,不断丰富其内涵,在一定程度上的流变保持了民间文学得以继续流传下去的旺盛生命力,在民间文学内存在的一些带有封建落后的意识也将在流变中自觉地被淘汰掉,这也使民间文学始终能够保持一种自净。

以民间传说《白蛇传》为例，对其进行的产业化开发主要体现在影视剧、文艺演出方面，以白蛇传为原型的故事已经成为舞台剧、影视剧一个重要题材，自20世纪20年代开始，80多年来被不断搬上舞台和荧幕，并且随着影视剧的上映和发行VCD和DVD剧集、原声录影带和图书，形成了一个巨大的产业链，白蛇传的故事也在讲述白、许两人的爱情故事的基础上经历着一次次改编，到了世纪之交时期的影视剧已经开始转变单纯强调世俗传统和道德对人妖之间爱情的禁锢，在展现爱情悲剧同时，强化了其爱情纯粹的悲剧性审美，在原有爱情主题上开拓出了青白二蛇之间的同性情谊，法海和白蛇之间的隐秘情愫等现代性主题。

1926年，由上海天一电影公司出品的《义妖白蛇传》以及1927年《仕林祭塔》，由中国第一位电影皇后胡蝶扮演白娘子，吴素馨扮演小青；1939年，明星公司出品《白蛇传》，陈燕燕扮演白娘子，童月娟扮演小青；1953年，香港导演王风推出《白娘娘借尸还魂》；1956年，日本拍摄《白蛇传》（又名《白夫人的妖恋》）由李香兰扮演白娘子；1962年，由邵氏出品的林黛版电影《白蛇传》，由岳枫执导，林黛演技精湛，扮相美艳，堪称经典；1975年，台湾地区的《白蛇大闹天宫》，由嘉凌、江彬、张琴主演；1978年，林青霞版电影《真白蛇传》，与秦祥林配戏，是林青霞的早期电影，不算有名，也不是很成功，但林的白素贞扮相很美；1982年，林青霞版电影《新白蛇传》，讲述的是雷峰塔倒掉后的事情，那已是个没有许仙的世界了；1982年，汪明荃版舞台剧《白蛇传》，这是由罗文独资监制的香港首部粤语歌舞台剧，罗文饰许仙；1990年，陈美琪版电视剧《奇幻人世间》，陈美琪饰白蛇，吴岱融饰许仙，邵美琪饰青蛇，这个故事改编了很多情节，纯粹讲求娱乐性；1992年，由赵雅芝主演的电视剧《新白娘子传奇》在中国播出，该版本是观众最为熟悉和追捧的版本，也是最受欢迎的版本，讲述了白素贞及其子许仕林两代人的感情经历；1993年，王祖贤版电影《青蛇》，王祖贤饰白蛇，张曼玉饰青蛇，情节重点不再是许白二人的人妖情，着重突出表现了青、白二蛇之间的同性感情，并且暗示了法海在收服蛇妖过程中隐含着对白素贞的爱慕之情；1995年，刘秋莲版电视剧《白蛇后传之人间有爱》，这是新加坡拍的白蛇传续集，主要讲半蛇半人的许仕林的故事；2001年，则有范文芳版《青蛇与白蛇》；2006年，有刘涛版电视剧《白蛇传》。

二、同旅游产业的结合

可以将民间文学类非物质文化遗产同旅游结合起来，兴建或修复关于民间传说的遗址公园，打造地方文化品牌，通过吸引旅游人口实现赢利；将旅游同民间文学类非物质文化遗产的结合，开发工艺品、纪念品等旅游产品进行推广和销售；举办关于民间文化的艺术节，发展民间文学的衍生产品，定期举办民间文化艺术节，把各地民间文学打造成为城市品牌和城市文化名片。

例如民间文学中的《梁祝传说》，它与《孟姜女》、《牛郎织女》、《白蛇传》并称我国四大民间传说，而其中又以梁祝传说影响最大，无论是其文学性、艺术性和思想性来说都居各类民间传说之首。2006 年国务院公布第一批国家非物质文化遗产时，梁祝传说为 4 省 6 地所共有（浙江宁波、浙江杭州、浙江上虞、江苏宜兴、河南汝南、山东济宁）。目前，全国各地对梁祝文化保护和开发力度不断加大。浙江宁波成立了中国第一个梁祝文化中心，出版了包括《梁祝文化大观》等多部著作；在梁山伯古墓遗址与梁山伯庙遗迹处建成梁祝文化公园，创办了梁祝婚俗节。浙江上虞开发祝家庄英台故里旅游风景区，修复开发了祝氏祖堂、玉水河、井空泉等和祝英台相关的古迹。宜兴市政府对善卷风景区及周边地区与梁祝传说有关的遗址，也采取了多种保护开发措施，在善卷风景区设立了“梁祝文化博物馆”，编辑出版了《宜兴梁祝文化——史料与传说》、《宜兴梁祝研究论文集》等资料。在杭州，万松书院更是因梁山伯、祝英台在此“同窗共读整三载”的美丽传说而闻名，成为著名的旅游景点，重修时按照民国初期样子修复了照壁和平台，重刻了孔子像，牌坊和供桌，还有传说中十八相送的栈别之处。

但是在民间文学作为旅游资源开发的过程中要时刻注意对文化本身的保护，尤其是近些年对于一些民间传说故事故里之争愈演愈烈，对此应该达成地区间的协调，搁置争议，共同保护和开发，从不同角度对文化遗产进行发掘、保护和开发，相互配合，形成地区之间的互动，力争实现跨地区、多方位的文化旅游链条，避免在地方利益分歧中产生对民间文学文化的过度开发而造成的文化破坏、文化误读以及恶性竞争。

三、举办关于各地民间文学的学术研讨会

在学术领域不断探索民间文学类非物质文化遗产的文化内涵和价值，避免对民间传说故事在改编利用过程中的误读，为产业化奠定理论基础，同时也能够扩大宣传力度，吸引资金。民间文学目前呈现出存在现状难以满足时代需求的矛盾，各种民间文学基因虽然引起越来越多学者和其他行业的关注，其日益扩大的影响力使得政府、社会各界对其寄予越来越多的希望，但民间文学大多年代久远，传承人大为老人，且创作巅峰正在逐年逝去，其传承正受到现代文明的强烈冲击，

人们理想中的民间文学的传承与发展同时面临着信息时代的强烈挑战。近年来，农村青壮年人口逐步汇入打工经济的潮流，民间文学面临新生代民间传承续接断档的严重局面，同时因信息时代多元文化的冲击，民间文学（包括民间故事、民间传说）已经出现审美疲劳的趋势，不再被 80 后人群接受，如不建立切实有效的抢救、保护机制，民间文学将会脱离历史轨迹，逐步消亡。

第五章

传统音乐类非物质文化遗产保护与开发

【本章导读】音乐类非物质文化遗产是非物质文化遗产的重要组成内容,本章从音乐社会学与音乐传播的理论视角梳理了非遗音乐的保护概况,深入分析了非遗音乐濒临消逝的三大原因,即生存悖论、技术双刃、受众变迁,从而引发了运用产业研发动态保护手段对非遗音乐进行有效保护的探索性思考,同时强调了数字化等现代信息手段应用对非遗音乐保护与产业研发的重要意义。

第一节　非遗音乐概况

音乐类非物质文化遗产在非物质文化中占有较大的比重,除了传统表演艺术以外,口头传统、民俗活动和礼仪与节庆、有关自然界和宇宙的民间传统知识和实践、传统手工艺技能等都或多或少地会有古老音乐元素的伴随,因此对音乐类非物质文化遗产的保护对其他非物质文化的传承也起着一定的积极作用。

非遗音乐是人类社会发展历程的印证,是人类文化传承的记忆,如果我们任凭非遗音乐慢慢消逝,那么所丢失的不仅是灿烂的艺术珍宝和现代音乐艺术创作的素材宝库,还有我们人类自身身份认同的根源。

一、我国非遗音乐的保护历程

我国是历史文化积淀极为深厚的文明古国,在这幅员辽阔的土地上,随处都隐藏着珍贵的音乐艺术珍宝。但是近现代时期连年的战争使得这些民间音乐艺人流离失所,一同伴随的就是被纷飞战火所掩埋的音乐艺术瑰宝。直到新中国成立后,通过对流浪艺人阿炳(原名华彦钧)的二胡曲以及琵琶曲的抢救性记谱录音,才逐渐揭开了非遗音乐保护的序幕。

1950 年 9 月中央音乐学院的杨荫浏教授等几人提着学校配发的携带式钢丝录音机记录下了阿炳用毕生的时间雕琢而成的二胡名曲《二泉映月》,以及二胡曲《听松》、《寒春风曲》,和琵琶曲《大浪淘沙》、《昭君出塞》、《龙船》等著名乐曲。同年 12 月阿炳就带着他的艺术病逝了。当初简易的录音设备抢救了一朵音乐奇葩,但是也留有很大的遗憾,阿炳最得意的《梅花三弄》却因为还要录制梵音锣鼓,怕录音机的钢丝不够,便抹掉了。

虽然留有遗憾,但是《二泉映月》的保护传承是成功的。二胡经过刘天华的改良,结合西方的音乐教育方法被纳入音乐院校的教学体系中,从而得以传承并发扬光大,尽管没有被纳入非物质文化遗产的名录之中,但是这一次乐曲抢救记录确实值得深思和警醒。此后,我国的音乐院校始终从学术研究的角度,自发地对民间音乐进行搜集整理,对我国音乐类非物质文化的记录保存起到了较大的积极作用。

直至 1998 年,联合国教科文组织通过决议设立非物质文化遗产评选,并于 2003 年通过了《保护非物质文化遗产公约》,我国的非物质文化遗产保护正式进入政府层面的有组织、规模化的系统工程:2002 年中国文联首先在本系统内开展“中国民间文化遗产抢救保护工程”;2003 年 1 月 20 日文化部宣告启动“中国民族民间文化保护工程”;2003 年 2 月 25 日“中国民族民间文化保护工程国家中心”在中国艺术研究院正式挂牌成立,我国民族民间文化保护工作进入更加统一协调的全面发展阶段;2003 年 3 月,文化部、财政部联合国家民委和中国文联,启动“中国民族民间文化保护工程”,我国民族民间文化保护工作进入正式运行阶段;2004 年 4 月 8 日,文化部、财政部下发《关于实施中国民族民间文化保护工程的通知》,为中国民族民间文化保护工程在全国各地的顺利开展提供了政府财力支持;同年,全国人大常委会批准我国加入联合国《保护非物质文化遗产公约》,并开展了一系列以“非物质文化遗产”为题的宣传与保护工作;2005 年 3 月,国务院办公厅下发《关于加强我国非物质文化遗产保护工作的意见》,12 月又下发《关于加强文化遗产保护的通知》,并决定从 2006 年起,每年 6 月的第二个星期六为我国的“文化遗产日”;2005 年 6 月文化部相关工作部署中,明确要求全国各地自 2005 至 2008 年期间,开展全国非物质文化遗产普查,并第一次要求在全国范围内,按照联合国教科文组织《保护非物质文化遗产公约》所规定的类型进行普查,普查成果将建立起全国性遗产档案和数据库,绘制编辑地图集,建立国家和省市县四级代表作名录体系。①

由此可见,非物质文化遗产的保护,包括非遗音乐的保护,经历了从点到面,从个人到组织,从民间到政府的发展过程,逐渐走向了正规化、专业化统一管理的道路。

二、我国非遗音乐的保护现状

我国的非物质文化遗产保护已经形成了“国家 + 省 + 市 + 县”的四级保护体系,以“保护为主、抢救第一、合理利用、传承发展”的工作方针,切实做好非物质文化遗产的保护、管理和合理利用工作。② 我国首批和第二批申报成功的世界级非物质文化遗产均是音乐类非物质文化遗产,分别为昆曲、古琴艺术、新疆维吾尔木卡姆艺术和蒙古族长调民歌。

通过各级非物质文化遗产的申报和保护,非遗音乐在某种程度上得到了全国各界人士越来越多的重视。大量的民间音乐得到了很好的保护和重生。例如昆曲在沉寂了近半个世纪之后,又开始走入人们的视野,原汁原味的昆曲频频登上舞台。被改编却也保留了昆曲精髓韵味的青春版《牡丹亭》走入全国各地的大学校园,受到现代大学生年轻人的追捧,同时青春版《牡丹亭》还走出国门进行世界巡演,每到之处场场爆满,可以说在全世界都掀起了一股昆曲热。另外古琴艺术也越来越得到人们的理解,这种文人圈内的“雅乐”被越来越多的人所接纳,跟随古琴艺术一同,国学热开始出现。这些都证明了我国音乐类非物质文化遗产保护还是非常有成效的。

但是,面对现代社会快节奏的生活方式和无限的信息海洋,中国丰富璀璨的民间音乐艺术中像昆曲和古琴这样的幸运儿实在太少了,还有大量的民间音乐处于不为人知的消失的边缘。

完善的政策体系支持是非遗音乐保护的前提,而先进的科学技术则是非遗音乐保护的质量保证。数字技术的出现无疑为非遗音乐的保护增添了更多的可能性。

从最初的文字记录和记谱,到后来的钢丝录音、磁带录音、碟片录音录像,直到现在的数字信息化记录,非遗音乐能够被记录下来信息量越来越丰富。文字记

① 参考许响洪《中国非物质文化的非常态研究》,百家出版社 2008 年版,第 2 – 3 页。

② 根据国务院发布的《关于加强文化遗产保护的通知》。

录只能描述音乐表演的场景以及记录音乐表演的方式、用途、意义等,其非直观性带给受众太多的自由想象空间,同时也无法让受众很好地体会到音乐主体的韵律。而记谱方式至今仍旧是音乐记录的重要方式之一,它的优点在于记录的精确性,以及对重复再现音乐带来了方便和可能。但是非遗音乐特殊的即兴性特点却给记谱记录出了道难题,它无法把非遗音乐所有的可能一一记录,并且也很难体现出来非遗音乐那种天生的洒脱和自然。直到能够直接捕捉记录音乐音响等设备的出现,才某种程度上弥补了不足。从钢丝录音到磁带录音再到碟片录音,音质音效越来越好,保存时间越来越久。可是我们通过之前的分析知道,非遗音乐的魅力不能够只由它的音响来诠释,而是文学、历史、绘画等"多维度"为一体的音乐艺术形式,它们的背后承载着厚重的文化积淀。仅仅将它们的音乐音响记录下来,仍旧不足以完整地复原和保留它们的原貌。因此非遗音乐的保护就需要文字、记谱以及声音记录,再加上图片、影像在内的一整套措施综合起来加以诠释。如此看来,其资料的丰富复杂和数量的庞大,很难形成系统工程。

但是,数字技术的出现却能够很好地解决这一系列的问题。

首先,从简单的层面来说,数字技术具有方便、保真的声音记录功能和存储功能,同时也能够生成数字格式的曲谱与之相匹配,另外文字部分的数字化史实资料的保存也远比纸媒体更便捷,保存得更久。

其次,数字技术能够抽取文化特征或者音乐旋律信息等作为关键词,从而提供简便准确的音乐信息检索功能,使得再庞大的音乐数据库也能够做到条理清晰,搜索简便。

再次,数字技术可以实现全息影像再现,直接将非遗音乐的创作及演唱环境进行数字模拟再现,将非遗音乐的综合信息完整地表达出来,保持非遗音乐的原生性和其重要的文化环境和底蕴。

总之,只有将非遗音乐的所有信息全都保存和再现才能达到非遗音乐最真实的保护,而这在目前而言,只有数字技术有可能达到。

第二节　濒临消逝——非遗音乐的传播纹理

音乐类非物质文化遗产之所以称之为遗产,主要因为它们大多呈现出较为原始的艺术形态,也就是说从现代的审美视角来看,非遗音乐无论是在表演形式、表演内容、表演技法，还是在表演品质上都显得较为粗糙。但是正是音乐艺术形式的粗线条，才形成了它独特的音乐传播学特征，同时，这也是非遗音乐较难在现代社会流传下去的原因所在。

一、生存悖论——"依心而乐"撞车"机械复制"

非遗音乐产生于人类社会发展过程中最为原始质朴的生活劳作之中，具有极强的即兴特征，应时创作、即时表演，没有完全固定的调式调性、旋律走向、歌唱或演奏内容，更谈不上准确的乐谱记录。音乐依随人、事、景、情的变化而不断地改变，形成不同的情感陈述和表达。由此，非遗音乐重要的特点之一就是它的不可复制性，没有任何一次的表演是相同的，甚至也不相近，每一次的表演都有它特定发生的理由，而不是简单的重复。用古希腊哲学家赫拉克利特的名言"人不能两次踏进同一条河流"来形容非遗音乐的独一无二性，真是再恰当不过。

但是对于信息社会而言，信息的复制是最为简单和平常的事情，面对大量"机械复制"出来的信息海洋，让创作者与受众之间的传递距离越来越远，可复制性也就成为信息在现代社会中能够得以生存的基本要素，而这恰恰与非遗音乐拒绝"机械复制"的本质相悖。因此，一来依心而乐的本质消失，二来机械复制的感情冗余，这两点因素使得非遗音乐在现代社会中的延续受到了根本的阻碍。

二、技术双刃——现代传播里的"水土不服"

纵观历史过程中非遗音乐传播方式的变化，我们可以发现，非遗音乐始终保持着人与人之间面对面口口相传的自然传播状态，包括非遗音乐的表演技术传承、相对固定的音乐艺术模式风格的继承，都是通过古老的传教方式延续的，它已经成为自然传播方式的典型艺术案例。

之所以非遗音乐至今都没有或者很少改变最原始的自然传播方式，并不是它刻意地拒绝现代化传播手段，而是当非遗音乐进入现代传播渠道的时候，受众接受环节就会出现自然阻隔，大部分的受众都较难接受或者对非遗音乐产生审美期待。由此，人们易简单地将非遗音乐通过现代传播渠道却"传而不通"的原因归结为非遗音乐本身已经无法适应社会发展的速度，认为在当前快餐式、娱乐之上的社会中非遗音乐无法与当前受众产生审美共鸣。但是实际上，人们忽略了非遗音乐的本质属性特征，那就是这类古老音乐艺术"多维度"为一体的艺术表现以及它们背后厚重的文化承载，所有的这一切加在一起，才能完整地演绎和理解非遗音乐。

而对于现代的音乐传播手段而言，将音乐的音响完全剥离出来，甚至脱离了最基础的空间和时间纬度，使音乐这个原本镶嵌在自然社会、历史文化中的珍宝脱离了原生的母体，几乎切断了文化的血脉，剔除了应有的绚丽背景，只剩下一连串的声响。而非遗音乐的声响又不如现代精致乐器或精密仪器演绎出来的声响那么纯净悦耳，甚至噪音本身就是某些非遗音乐的特有韵味，比如古琴音乐中的走手音。这些特有的噪音在一个真空的环境中无法给受众群体带来任何艺术的享受，所以这样的音乐传播无法通达就并不奇怪了，因为现代的音乐传播手段本身就在一点一点地抹杀非遗音乐，直到只剩下了已不成其为精华的精华。

三、受众变迁——“能指专有”碰撞“形式整合”

非遗音乐的创作带有极强的即兴性，根据不同的接受对象、不同的音乐用途或者不同的演奏环境，非遗音乐在不停地进行再创作或者约定俗成的表演规定。这一“能指专有”的特征较为突出的是民歌类的音乐，有的可能是专门为了某一位受众或者某几位受众而演唱，从而来表达对她们的爱情等，比如民歌中的“对歌”形式，它们的传播模式就是小众的甚至是一对一的受众指向性自然传播，在演唱的同时，歌词会随着想要表达的情感内容以及对方的身份、名称而改变，就连音乐旋律也不是完全一成不变的。被收入世界非物质文化遗产名录的蒙古族长调民歌，就是一种具有鲜明的游牧文化和地域文化特征的独特演唱形式，它以草原人特有的语言文学述说着蒙古民族对历史文化、人文习俗、道德、哲学和美学的感悟。在其中，长调就有专门对牛羊演唱的歌曲，在一般情况下牧民们不会接受邀请为人演唱，只有在放牧的时候才会对着牛羊们深情地演唱，这也是非遗音乐受众指向性较为极端的例子。

由以上我们可以看到，非遗音乐的这种受众指向性特征完全与现代大众音乐传播的受众广泛性相背离。大众传播是将音乐的传播面扩大到最大的范围，以期达到最广泛的影响，在这样的音乐传播环境下，音乐艺术内容的主体发展方向逐渐趋于两极化，一是立足民族性，一是立足全球性，但是其使用的音乐语言越来越单一，形成世界性的国际语言，以达到让全世界的人们都能够接受和喜爱的最终目的。在复制的层面而言，则完全把音乐单一化、同面化，以期获得规模化效益，此为规模要求下的“形式整合”特征。

而非遗音乐在音乐语言表达上、内容上都表现出独有的特色,它们的表达不需要甚至不希望拥有大范围的受众,而只是某一音乐所指定的欣赏对象能够接受和理解即可,因此非遗音乐的语言始终是地方性的,旋律始终是平淡而未见发展的,以至于持续至今最终脱离了现代社会人们的审美意向,就不难理解了。

第三节 非遗音乐的产业研发

音乐类非物质文化遗产的保护主要有两种状态:其一为静态保护,即以文字、图片、音响、实物记录保存为主要手段,旨在将这些非遗音乐进行固化,以期能够长久保存,为后人所认识。其二为动态保护,即以非遗音乐精髓为基础,与现代音乐文化进行适当融合发展,从而对其进行教育传承或者产业研发等活态传承。

一直以来,我国非遗音乐的保护主要以音视频专辑、书籍资料等为主体构成非遗音乐数字博物馆等的静态保护居多,从而构成史料遗存及查阅。静态保护的最大优势就是能够较好地保存非遗音乐的历史原貌。但同时静态保护也存在着难以弥补的缺憾,即静态保护过多地注重了非遗音乐的历史价值,及早地宣判了非遗音乐的死亡,将其做成标本进行陈列,而对于非遗音乐本身则难以起到真正的保护和传承的作用。

动态保护相对于静态保护而言,较多地注重了非遗音乐在现代社会的传承和发展,是让非遗音乐真正存在下去的保护方式,但是这种动态保护无法限制社会环境的改变,而只能通过非遗音乐本身的“进化”,去最大程度上适应现代社会氛围,最低程度上改变音乐本身的文化韵味与传统精髓。由此可见,动态保护的难点在于把握一个改革的尺度,难度较大,需要经过长期的尝试与探索,近些年出现的新民乐可以说就是动态保护探索的过程之一。但是,我们应当认识到,动态保护是不能被忽视的,只有通过动态的保护,非遗音乐才真正能够在现代社会继续流传下去,否则未来我们就只能在博物馆里面瞻仰非遗音乐了。

那么,动态保护除了自身的改革以外,对其进行一定程度的产业研发将是一种可行的方式。

一、非遗音乐为内容的数字音乐产业

非遗音乐是一种艺术特性较强的音乐形态，因而如果将它作为传播内容进行产业研发，会有它自身的魅力优势，但是根据前文我们对非遗音乐濒临消失的传播学思考，非遗音乐的数字内容产业研发还是具有较大困难的。综上思考，非遗音乐的数字音乐产业研发可以遵循以下两种方式：

1. 专业化数字音乐产业

这种音乐产业研发的主要受众目标是教育教学领域、科研领域以及影视音乐专业领域的人群，主要是将非遗音乐用于某种用途而进行消费。因而，我们可以用几种形式服务于这类人群：一是可以制作影音资料光盘，例如音乐光盘、非遗音乐纪录片光盘等；二是可以建立非遗音乐数字图书馆，成为科研及教学使用的资料库。

2. 娱乐化数字音乐产业

由于非遗音乐的特性与现代社会特征偏离较大，因而要将非遗音乐融入现代流通渠道，就必须将非遗音乐进行一定程度的革新，融入现代音乐元素，使其适合现代人们的娱乐化审美。但是在革新过程中，一定要注重非遗音乐原有特性的保留。近年来，这方面最成功的例子当属谭维维与华阴老腔传承人合作演唱的《华阴老腔一声吼》。

二、非遗音乐与其他产业的联动

与其他产业进行联动开发是非遗音乐最适合的保护和继承性产业研发方式。这是由非遗音乐蕴含深厚文化信息，“多维度”为一体的独有特性所决定的。

例如非遗音乐与旅游产业的联动，可以在历史文化旅游景点处进行非遗音乐的演唱，伴随非遗音乐中蕴含的地方民俗民风，使得人们能够更好地认识、理解和接受非遗音乐，同时非遗音乐业能够丰富景区的历史文化内涵，打造景区亮点，达到双赢的效果。

另外，非遗音乐还能够与动漫或者影视产业相结合，可以建立音乐素材库，为影视音乐配音提供较为特殊的，或者指定的优质音乐音响，使得非遗音乐的文化环境氛围能够在影视或者动漫中有所体现，从而得到整体的音乐诠释，而影视或动漫也能够根据需要得到文化意义上的升华。

非遗音乐要想在现代社会继续保留和传承下去，我们就必须要理解非遗音乐之所以濒临消失的原因,从而根据它的特性选择最为合适的传承和保护的方式。一味地记录不可能阻挡非遗音乐远去的脚步,人为地阻止非遗音乐产生地区的地域社会形态发展也并不现实且不人道。我们只有将非遗音乐融入市场经济的潮流中,让非遗音乐走出地域的限制,同时又营造它应有的文化气场,让这样的气场时时地包围着它,这样的非遗音乐才不会变质和死亡,而是永远生机勃勃地活跃在我们眼前。

第六章

传统舞蹈类非物质文化遗产保护与开发

【本章导读】传统舞蹈是我国艺术领域的珍贵财富，我国传统舞蹈的文化结构可分为横向结构与纵向结构。传统舞蹈的丰厚土壤是民俗文化，对它们的保护主要集中在原生态与改编的争议上，对传统舞蹈的生存形式加以优化可从调整传统舞蹈的表现形式与表现手法及以健康发展为原则，对民间舞蹈赖以生存的人文空间和经济模式进行修复的两种方式进行。产业开发可采取原生态舞蹈方式及开发旅游商品模式来进行。

第一节　传统舞蹈概述①

传统舞蹈，亦可称民间舞蹈，以下均用民间舞蹈。民间艺术是我国艺术事业中不可或缺的一部分，而民间艺术中的民间舞蹈更是以其浓郁的中华风情成为我国艺术领域的珍贵财富。从民间舞蹈的本质来看，民间舞蹈是用来表达抒发思想感情的途径，“长于抒情，短于叙事”②。从民间舞蹈的作用来看，它不仅体现了表层的娱乐活动，同时也反映了我国民间各个时期的社会风俗与社会文化。

我国民间舞蹈的文化结构可分为横向结构与纵向结构。从功能上划分，大体可分为：祭祀（宗教）性舞蹈，如在道教、佛教、伊斯兰教、原始宗教、民间信仰活动中跳的舞蹈；自娱性舞蹈，如表演竞技健生类舞蹈；礼仪舞蹈，如在婚礼、生育、成

① 本节内容参考了乌日娜：《文化人类学视野中的民间舞蹈文化结构》，《时代教育》2004 年第 11 期。特此说明。

② 于占东：《大型文化艺术活动保护和发展了民族舞蹈》，《民族艺术研究》2001 年第 1 期。

人仪式、寿诞等礼仪上表演的舞蹈;民族历史(生产劳动)习俗舞蹈等种类。

从横向来考虑,民间舞蹈会随着空间位置、区域的改变而有所不同。我国拥有56个民族,各个民族由于生活方式和生活习俗的差异导致不同的民族特点,从而产生了多种形式的舞蹈类型与之对应。比如傣族的孔雀舞、黎族的鬼舞等。这些舞蹈的表层结构可以传递给观众具有象征性地肢体语言,比如孔雀舞中的某些动作能够使人想起孔雀的形态,而舞蹈中的深层结构可以反映出当地人民的宗教信仰、心理特征、审美观点等文化因素。

从纵向来考虑,我国民间舞蹈具有一定历史性,是劳动人民在与自然界不懈斗争中创造、继承和发展而来的。按照这一标准,民间舞蹈可分为原生形态与变异形态两种,受到自然环境、社会历史环境以及民族心理审美心理的影响,它们可以被继承、发展、演变下去。

随着我国社会的发展,对于精神文明建设的要求来到新的历史阶段,也具有更高层次的需求。当前,作为精神文明的重要组成部分,我国民间舞蹈也具有新的特点与发展态势。

一、现代元素的加入

时代在发展,文化在进步,民间舞蹈的内容也在不断吸收新的元素,不断自我更新。比如大型原生态歌舞《云南映象》采用了最现代的舞美、灯光、音响效果,音乐,通过这些现代元素的包装,成功打入市场,形成一部既具有传统美感又具有现代感染力的后现代新结构作品①。

现代元素的加入,使得民间舞蹈的表演风格发生了很大变化。古时经济发展水平较低,人们追求一种现世安稳的生活态度,导致原生态民间舞蹈的表演节奏比较缓慢。近半个世纪以来,人类的科学技术发展导致经济的飞速进步,人们的生活节奏也随之加快了许多,这使得民间舞蹈要想成功打入市场,必须加入相互追赶的激情元素,于是形成了类似街舞的激情四射的舞蹈风格,原生态民间舞蹈也就开始了变异的过程。

二、舞蹈功能多样化②

原始的民间舞蹈多产生于劳动过程中的劳动动作,功能大多为宗教祭祀或者

---

① 林艺、王佳:《<云南映象>模式的思考》,《云南民族大学学报》2004年第1期。

② 乌日娜:《文化人类学视野中的民间舞蹈文化结构》,《时代教育》2004年第11期。

辟邪等。随着科学的进步,人类已经远离了迷信,舞蹈的功能也开始发生转向,以便与社会发展相协调。现在人们对舞蹈的需求大多是锻炼身体或者审美欣赏,因此,民间舞蹈的功能也需要进行拓展。比如玉树地区的法舞《羌姆》,原始功能为佛教的祭奠流程,20 世纪 90 年代,它冲出了宗教寺院的禁锢,增强了表演性、娱乐性,淡化了祭奠色彩,拉近了宗教与世俗的距离,具有重要的积极作用。

三、舞群观念复杂化

民间舞蹈不仅限于表层的内容和功能,还有隐藏其后的载体——舞群的思想观念、宗教信仰等。随着民间舞蹈内容和功能的多样化,其舞群也在不断地复杂化,他们来自社会各界,而不再是过去专司宗教祭祀的特定舞群。任何人都可以成为现代舞群的一部分,这使得舞群原有的对于祖先的崇拜特征开始消失。

第二节　传统舞蹈的保护

民间舞蹈的保护是各界面临的一大难题。为了让民间舞蹈得以保存,各方都做了大量工作,也取得了一些成效。民间舞蹈产业的保护和开发,对于传承和弘扬中华文化,发展地方经济具有一定意义。

民间舞蹈的丰厚土壤是民俗文化,其又可称为“民俗舞”,从民俗学的概念而言,民间舞与民俗生活层面有深层的联系,并且民俗学丰富的学科研究成果对民间舞蹈文化的研究也大有补充。而“原生态民俗舞,我们通常称为‘广场’或‘场院’的民俗舞;当它们进入都市的展演场所——剧场后,形成了一种为剧场而存在的‘剧院’民俗舞;并且,由于专门的舞蹈院校的建立,使民俗舞自发的传承变为一种自觉的传授——教材规范的原则导致了一种‘学院’的民俗舞的产生。换言之,‘学院民俗舞’和‘剧院民俗舞’正是原生态的‘场院民俗舞’的当代转换形式。”①

目前,学界关于民间舞蹈的保护与发展存在一定分歧,主要便是围绕原生态舞蹈热现象。持积极态度的学者认为,原生态舞蹈对多年来受主流艺术控制的舞台有所冲击,陈腐的文艺形式受到挑战,清新质朴的、有生命力的文艺作品体现了自己的魅力。而反面的声音则将某些原生态舞蹈定义为伪民舞,认为只要离开了

① 于平:《舞蹈形态学》,北京舞蹈学院内部教材 1998 年,第 63 页。

舞者生存的乡土和村寨,就是离开了原生态。呈现在各种舞台、民族园、大会堂的歌舞,终究离不开“表演”“展示”的本质。①

最典型的案例莫过于著名舞蹈家杨丽萍主创并领衔主演的《云南映象》。这一大型歌舞剧自2003年公演开始,短短三年,已经在国内外28个大中城市演出348场,行程八万多公里,得到社会的广泛认可,其品牌价值也在不断提高。对于这一现象,学界众说纷纭。从事文学艺术研究的范建华说:《云南映象》不是原生态歌舞集,而是后现代作品,具备后现代特征:开放、多元、包容和拼贴。② 持更多积极态度的学者认为,原生态的舞蹈就是带有民族个性、民族风格的独特民族舞蹈。舞蹈本身应该是生命的需要,原生态是自己本身散发出来的,而不是刻意追求的。原生态并不是指没有经过后世改变的、保持最初原始面貌的舞蹈。它无论怎样解读,都无外乎以一个“原生”为出发点。任何现在已知的传统舞蹈形式,都无法证明它是从诞生之后就再也没有走过样的,它们都是发展和演变的结果。并且,原生态舞蹈之所以成为一种文化现象,正是由于现代社会对原始本真的生命的向往,对于无穷生命力的渴求以及对于自我认定感的缺失,导致人们在观看原生态舞蹈时重新找到自己久违的记忆。③

对于民间舞蹈剧院化现象持否定态度的学者,则有不同见解。刘晓真则在《<云南映象>的“原生态”悖论》中指出:“杨丽萍的努力终究只是将她自己变为灵雀的化身,再次推向舞台……一切她采摘来的歌舞已经脱离了现实的生存土壤,改变了原本的文化功能。”④马盛德撰文指出,现在很多地方为了发展经济和旅游业,以当地少数民族传统节日、传统歌舞活动为载体,“文化搭台,经济唱戏。”例如,彝族的老虎笙舞,原本是云南楚雄地区的彝族人在年节时化妆成虎,到各家各户驱邪逐疫、祈求虎神保佑的一种民间祭祀舞蹈。但如今,除了传统节日之外,当地艺术团还随时为游客表演。为了吸引游客,在舞蹈创作和编排上还加入了许多现代舞的手法,有意添加神秘色彩。更令人难以容忍的是,在跳虎队中还加入了身穿绿色紧身胸衣的“母虎”形象(“老虎笙”舞蹈中本无“母虎”的形象)⑤。

---

① 李燕:《从<云南映象>谈原生态舞蹈热现象发展》,《文艺广角》2006年第5期。

② 甘娜、王林:《综述:<云南映象>是“原生态”还是“后现代”?》,http://ent.sina.com.cn/x/2005-11-19/1000901359.html。

③ 李燕:《从<云南映象>谈原生态舞蹈热现象发展》,《文艺广角》2006年第5期。

④ 刘晓真:《<云南映象>的原生态悖论》,《艺术评论》2004年第6期。

⑤ 马盛德:《当前我国传统民间舞蹈发展中的问题与对策思考.》,《艺术评论》2010年第1期。

事实上，原生态舞蹈是民间舞蹈自我发展和成长的一个选择，并且，原生态舞蹈确实在一定程度上挽救了民间舞蹈日薄西山的趋势，给予民间舞蹈被现代社会人群再认识的一次机会。邵晨霞在《“非遗”的生存空间与主体保护》中指出，作为“非物质文化”之一的民间舞蹈毕竟属于“行为文化层”，是人类生活方式、行为方式和习俗方式的融合。它的形态和模式的生成必然依赖于一定的时间空间和物质空间，一种舞蹈形式和表现手法的产生，必然是某个特定历史时期的产物。因为只有在特定时期内，才会有产生这种舞蹈的需求和保障，才有了某种民间舞蹈生存和发展的土壤，才能使舞蹈形态得以持续健康地发展。如果某一民间舞蹈的生存空间和经济基础有所变化，它必然面临改变，要么转变形式和表达方式以迎合新的经济模式，要么则走向消亡。

我国的民间舞蹈基本上都是在“自给自足”的自然经济环境中产生和发展起来的，它建立在手工业生产方式之上，手工业生产方式的显著特征就是个体化。在这种生产模式中，制作技艺与艺术构思成为最具价值的购买因素。而这一具有独立经济和独立审美价值的形态，被社会广泛认可之后成为“传统文化”，在当下全球化经济的洪流中，却遭受了前所未有的冲击。那些流行于小农耕时代的民间舞蹈，失去了滋生的土壤和空间，消亡趋势便悄然而至。

物竞天择，适者生存。某些民间舞蹈的消亡，如同自然界中的进化过程一般，是大自然优胜劣汰的选择结果。而那些在生存空间发生改变的物种，调整自身基因以适应新的生存环境，不仅得到了生存的机会，还进一步得到新的提升。只有那些不能及时调解自身结构的物种，才会随着岁月变迁而销声匿迹。民间舞蹈乃至非遗文化的消亡，同样是由于文化生态环境的改变而导致的必然结果。因此，在文化保护上，不能仅仅局限于“输液式”保护，还需要对其生存形式加以优化，才能从根本上对其进行保护。①

要对民间舞蹈的生存形式加以优化，可以从两方面着手：

第一，调整民间舞蹈的表现形式与表现手法，使其更加适应现代社会的节奏与消费需求，在这一方面，原生态舞蹈是一个相当成功的案例，其中有许多经验值得借鉴。

第二，在保证民间舞蹈通过原生态舞台表演得到社会关注的同时，还需要以健康发展为原则，针对民间舞蹈赖以生存的人文空间和经济模式进行修复，从而

---

① 邵晨霞：《“非遗”的生存空间与主体保护》，《苏州大学学报》2010 年第 7 期。

保证在剧院之外，还有真正可看的原汁原味的民间舞蹈的存在。在此，民间舞蹈的保护主体就不单单是现在所针对的项目和人群，而应该是“文化生态环境”。固然，历史不可倒置，时代在不断进步，“文化生态环境”也不是时空的逆转，更不是试图恢复到原有的状态，而是针对具体濒危的文化形态，营造一个使其健康发展的“小气候”。① 政府可以在原生态舞蹈引发一定社会关注之后，及时对民众进行引导，让百姓对优秀的民间舞蹈形态有进一步的认识。其实，正如邵晨霞所言，相当多的古老文化形态，不是民众不欣赏，而是没有欣赏它的文化准备。这就需要政府进行有计划、有步骤的文化教育普及工作，一旦形成良好的人文社会环境，民间舞蹈自身必然发扬光大。

此外，正如马盛德所提及的，伪民舞现象日益凸显。这就要求我们在进行原生态舞蹈和民间舞蹈的同时，严格区分以及严厉打击伪民舞、伪民俗现象。这些伪民俗现象表现形态五花八门，名目繁多。有的为了功利目的任意添加、拼凑民俗事项；有的打着“原生态”旗号，人为制造出指鹿为马的民俗活动；有的将民俗活动进行反季节表演……这种伪民俗的普遍存在，极大地伤害并动摇了传统民俗文化的健康发展。伴随着伪民俗活动的兴起，也滋生了各种形态的伪民族舞蹈。比如，打柴舞本是海南黎族传统舞蹈形式，如今却在黎族、苗族、瑶族等民族的民俗活动中都能见到，似乎打柴舞成了少数民族的通用舞蹈，②这些都会给民众造成一定的误导。

第三节　传统舞蹈的产业研发

一、原生态舞蹈模式

“原生态”一词来自20世纪60年代以来普遍适用于生物科学领域的一个术语，是“原生物”和“生态”二词的复合。“原生态”一词被借用到文化研究领域，指来源于特定民族、地域社区传统习俗生活中植根于文化原生地，植根于特定土壤

① 邵晨霞：《“非遗”的生存空间与主体保护》，《苏州大学学报》2010年第7期。

② 马盛德：《当前我国传统民间舞蹈发展中的问题与对策思考》，《艺术评论》2010年第1期。

中的活态文化。①

原生态舞蹈并非是指没有经过后世改变的、保持最初面貌的舞蹈，原生态舞蹈指向的是一种尊重自然、尊重自身文化的精神。由于现代社会人们对于自我认定感的缺失，使得社会人群对于日趋精致化和结构化的舞蹈艺术产生厌倦，对于原始本真的生命力产生无限向往，因而，在民族舞蹈的产业开发过程中，可以适当迎合人们的审美取向，使用原生态的文化展现。

1. 表演人员文化身份的主体凸显

在进行原生态歌舞的表演时，可以吸收来自各民族土生土长的村民。民间舞者的朴拙表演是民间舞蹈推上舞台之后"原生态"的重要体现，它再现了民间舞蹈艺术的"生活之根"。如土家族民间舞蹈是来自土家族群众的创造，也是人民大众喜闻乐见的艺术形式，它的"摆手舞"、"茅古斯"、"八宝铜铃舞"和"跳丧舞"等，丰富多彩又独具一格。土家族民间舞蹈在舞台上时，都是选用当地土家族村民进行舞蹈，使得舞蹈保有原汁原味的风韵。我们可以在其中看到蕴含的灵气与轻巧，它们来自土家民间舞者对其自身文化的"根"的倾慕与膜拜。正如我国著名舞蹈艺术家杨丽萍所言，"农民跳舞是出于对自然万物、对上苍的感情，出于对生命的需要"②。当一个舞者，以最深厚的敬畏之情，来舞动身姿之时，那一刻，他所发散出的文化底蕴和气息，是最难以令人抗拒的。

2. 民族生态的自然呈现

民族舞蹈产业开发过程中，一定要注重其歌舞素材必须取自山村的田间地头，要甄选出具有民族地域特色的音乐舞蹈元素，充分阐释人性文化中生命本质的内容。南京本地的民间舞蹈经过专业和群众艺术工作者的加工提高，重新组合后从乡间走向舞台，改编成许多剧目，包括《花香鼓舞》、《花扇舞》、《解表》、《大马灯》等等，在全国乃至国际舞台获得殊荣，但是，这些舞剧都是以传统为基础而加以创新的民间舞蹈，传承性是它们获得成功的重要原因。③ 南京这方水土柔美、圆润、内秀和水灵的特点，形成了特有的江南舞蹈样式。如"麻雀蹦"，尽管在舞台上运用现代编舞技法，适度分解创作动作或改变节奏来丰富了舞蹈语汇，但它还是把握住了原始动作的基础，"展翅、啄稻、亮翅、抱窝"的基本动作结合现代技法，

---

① 秦萍：《民族舞蹈的"原生态"文化展现探究——以 < 云南映象 > 为例》，《电影评介》2009 年第 3 期。

② 李菁：《土家族民间舞蹈地域性特征及旅游开发价值》，《民族艺术》2006 年第 4 期。

③ 赵云：《关于南京民间舞蹈创新的几点思考》，《谈歌论舞》2008 年第 11 期。

得到更加生动的体现。

同时,我们也能看到,民族舞蹈产业开发中,民族生态并非一成不变的,还是变化中的原生态。如获得国内外殊荣的大型歌舞集锦《云南映象》在创编上创造了一种新的艺术模式——将"意识流"表现手法和现代舞元素融入民间舞,使得民间舞蹈文化的内在神韵与现代审美意识有机结合,向世人展现了民间文化巨大的包容性与启示性。①

二、旅游商品模式

民间舞蹈开发过程中的重要环节莫过于营销过程。民间舞蹈的产业开发可以充分依托旅游景区的文化积累和历史背景,利用各种形式手段吸引来自世界各地的旅游者,这种借助旅游资源进行营销,迎合了旅游者对当地文化的迷恋,追求艺术性,是一种比较有特色的民间舞蹈发展模式。

1. 民间舞蹈与传媒相结合

首先要充分利用电视、网络、报纸等多种传媒手段对旅游资源中的民间舞蹈进行宣传和包装,可将优秀的舞蹈作品、人物及其背景解读作为营销包装的重点;开播专门用于旅游宣传的频道,进一步解读舞蹈动作的内涵与表征意义,通过电视艺术再现一些精品舞蹈。

2. 从舞蹈品牌到旅游品牌

如今,旅游消费日益个性化、理性化、享乐化、生态化、体验化,民间舞蹈可以顺应旅游者不断增长的对较高层次旅游消费的需求,在一定程度上给予旅游者在旅游过程中获得所期望的核心价值。旅游者在旅行过程中必定潜伏下一种旅行期待,对于民间舞蹈而言,旅游者的旅行期待一般都是对当地民俗民风的体验,以期陶冶情操,愉悦身心。因此,高联想度和高美誉度的舞蹈品牌,便具有强大的溢价能力。从旅游的产业关联带动功能来看,应认真研究民间舞蹈文化与相关领域及地方的经济联系。比如,可以让游客亲自参与到民间舞蹈中,亲身体会民间舞蹈的氛围,从而打造旅游本地的旅游品牌,如《印象丽江》已成为丽江旅游的品牌。

一旦将民间舞蹈视为旅游商品,还可以发展与之相配套的一系列产品。比如

① 秦萍:《民族舞蹈的"原生态"文化展现探究——以〈云南映象〉为例》,《电影评介》2009年第3期。

利用剧目、服饰、道具、标识可以设计出 T 恤、帽子、钥匙等一系列衍生文化纪念品。与民间舞蹈项目相关的融资、广告、场地、音像制品等许多文化附加值较高的附属产品也可以进一步开发和积极跟进。如果旅游资源运用得当，可以影响当地民间舞蹈成为一个进军世界的品牌产品。

第七章

传统戏剧类非物质文化遗产保护与开发

【本章导读】戏剧类非物质文化遗产在国家级非物质文化遗产保护名录中占有重要地位,其起源历史悠久,在传承中国文化及对外交流中发挥了重要作用,是地方文化的突出代表。戏剧类非物质文化遗产的保护与开发应当并举,可通过培养各剧种名家、代表人物,推出剧种名作、建立剧团、艺术团,举行演出来进行,同时可通过电影、电视剧创作及其他媒体宣传把戏剧发展融入当地的文化战略项目中,要重视学校教育及传承人的培养。

第一节　戏剧类非物质文化遗产概述

在2006年国务院公布的第一批国家级非物质文化遗产名录中,传统戏剧占92项,大约为总数目的五分之一,充分体现了戏剧类非物质文化遗产在整个保护体系中的重要性。在这92项中,还有藏戏、傩戏、秧歌戏等拥有一些子项,数量众多,种类复杂,是戏剧类非物质文化遗产的显著特点。传统戏剧中常见的唱腔有昆山腔、弋阳腔、高腔、梆子腔等,徽班进京后,西皮、二黄影响不断扩大,一种戏剧类型常融合一种或几种唱腔与本地语言结合,形成独具自身特点的地方戏剧。

中国传统戏剧艺术历史悠久,据考证,皮影起源于西汉时期,其他各戏剧种类也大都具有百年历史,戏剧内容包括了历史故事、神话传说、民间故事、祭祀崇拜等。通过研究传统戏剧,我们可以窥探到历史长河中我们祖先生活的点点滴滴。往往在一地产生形成的戏剧,是一面浓缩该地经济面貌、风土人情的镜子,江南地方戏剧,如昆曲多温婉细腻;北方传统戏剧,如秦腔多豪放粗犷。南北戏剧风格并不能一概而论,有些戏剧有多种风格特点,如庐剧分皖西、皖中、皖东三路,西路以六安为中心，唱腔高亢，假声较多，称为“山腔”；东路以芜湖为中心，婉转细腻，称为“水腔”；中路以合肥为中心，兼有二者特点，明快朴实。具有浓郁地方色彩的戏剧还对研究当地方言的变化、发展有重要意义，一些戏词的字音仍然保留了较多的古音，与现代汉语发音差异巨大，这些引起了我国语言学者的兴趣。

在戏剧发展史上，各种戏剧类型通过不断交流、融合，才形成了今天我国戏剧的总面貌。而戏剧种类间的相互借鉴，表现出我国多民族、地域广的特点，因为战争、经济、气候等原因，各地人民经过迁徙或主动互通有无，使一些曲目在原有演出道具、音乐、风格、形式上都产生了较大变化。例如传统戏剧中的几个主要声腔：弋阳腔、青阳腔等，几经融合、变化，借鉴流传地方方言、民间音乐中的各种因素，逐渐演变而成。各种戏剧类型的融合特点也十分鲜明，如流行于四川省、重庆市及云南、贵州、湖北省部分地区的川剧，在清雍正、乾隆年间，外地的昆曲、高腔、梆子戏、皮黄腔相继流入四川地区，并不断与本地民间流行的“灯戏”结合，同时又融合四川秧歌、本地小调等其他艺术因素，形成了川剧高腔、胡琴、弹戏、昆曲、灯调五种声腔。辛亥革命前后，几种声腔逐渐同台演出，发展成“五腔共和”风格独特的川剧。

各戏剧种类中往往根据具体流传区域和后期发展分化成小支流，各流派特色不同，略有差异，却统一在一个固定具体的戏剧名称下，这对于研究戏剧的起源与历史发展有一定的参考价值。如豫剧就发展为以开封为中心的“祥符调”；以商丘为中心的“豫东调”；以洛阳为中心的“豫西调”（又称“西府调”）；流入漯河一带的“沙河调”。流传于湖北地区的汉剧，形成了襄河、荆河、府河、汉河四支流派，流派间相互吸收，取长补短，共同促进了汉剧的发展。

除了汉族传统戏剧外，少数民族的戏剧发展也应该引起我们的足够重视。原国家京剧院院长、全国政协委员吴京指出要重视少数民族戏剧的生存和发展，少数民族戏剧工作关系民族团结和国家安全。藏戏、侗戏、壮剧、傣剧等少数民族戏剧是当地民族历史文化生活的反映，戏剧形式和内容表达了少数民族人民最朴素的自然观和对生活的美好愿望，后来在发展过程中不断吸收汉族戏剧的表演技巧，使本民族戏剧走向成熟。例如少数民族戏剧中拥有众多分支的藏戏，藏语称为“阿吉拉姆”，意为仙女，相传最早由七姐妹演出。一般演出要分为三场，开场为“顿”，主要是祭祀歌舞；中间为“雄”，是正戏传奇；最后为“扎西”，大都为祝福迎祥。传统演出剧目有《文成公主》、《诺桑王子》、《苏吉尼玛》、《卓娃桑姆》等，20世纪80年代青海藏剧团成立后又创作出《意乐仙女》、《藏王的使者》、《金色的黎明》等一批优秀剧目。藏戏作为戏剧类非物质文化遗产的申报地为青海、西藏,其中包含的分支有拉萨觉木隆、日喀则迥巴、日喀则南木林湘巴、日喀则仁布江嘎尔、山南雅隆扎西雪巴、山南琼结卡卓扎西宾顿、黄南藏戏七种。少数民族戏剧结合了本民族宗教、仪式、社会生活、政治经济、风俗文化等多种因素,具有民族艺术的综合性、历时性特征。保护、发展少数民族戏剧有助于我国多元化文化结构的建设和形成,在全球化时代提高中国传统文化的影响力。

还有一部分流传面积小,较稀有的戏剧种类值得引起我们的注意。如泰宁梅林戏、雁北耍孩儿、傩戏、安顺地戏、永安大腔戏等,个别戏剧还带有明显远古艺术的特点,安顺地戏被称为"戏剧活化石";雁北耍孩儿被誉为研究元曲的"活化石";永安大腔戏被称为弋阳腔"活化石"。这些稀有戏剧种类是我国文化艺术宝藏中独有的珍贵财富,但现在却普遍面临后继无人的危险,非物质文化遗产名录的确立显然为保护稀有戏剧提供了机遇。

从发掘角度说,福建、广东、陕西、山西、河北、河南、山东等省所占有的戏剧类非物质文化遗产代表作较多,其中福建有 10 项(梨园戏、莆仙戏、闽剧、歌仔戏、高甲戏、寿宁北路戏、永安大腔戏、四平戏、泰宁梅林戏、闽西汉剧),山西、河南各有 8 项(山西:晋剧、蒲州梆子、北路梆子、碗碗腔、锣鼓杂剧、上党梆子、雁北耍孩儿、灵丘罗罗腔;河南:豫剧、宛梆、怀梆、大平调、曲剧、越调、大弦戏、四平调),河北、山东、广东各 5 项,陕西 4 项。福建泉州申报的梨园戏,被誉为"宋元南戏活化石",大约形成于宋元年间。明嘉靖四十五年(1566 年),有《荔镜记》(经常上演的剧目之一)刊本,表明当时梨园戏影响力的不断扩大。梨园戏有大梨园戏和小梨园戏之分,大梨园戏中又分为"上路老戏"和"下南老戏"两个分支,三个分支各有称为"十八棚头"的保留剧目和专用唱腔曲牌。在道具方面,大都以琵琶、洞箫、二弦、三弦、唢呐为主,并辅以鼓、小锣、拍板等乐器。梨园戏的表演唯美、典雅、细腻,有一套独特且严谨的表演程式,称为"十八步科母",对手、眼、身、步等每个表演动作都有严格的规定。① 新中国成立后,经过各方努力整理并演出了多出梨园戏曲目,新编梨园戏《董生与李氏》获首届曹禺戏剧文学奖,并荣膺 2003——2004 年度国家舞台艺术精品工程"十大精品剧目",使古老的梨园戏在新时代焕发了新的艺术活力。

传统戏剧在中国对外文化历史交流中起到重要的桥梁作用,保护这些戏剧类

---

① 邓晓燕:《古南戏遗响——梨园戏》,《戏剧之家》2008 年第 4 期。

非物质文化遗产,是沟通古今,交流东西方文化,提高世界对中国传统文化的认同感的必然要求。例如木偶戏,并非中国独有的戏剧种类,在印度、希腊等文化古国,木偶戏有2000多年的历史,在欧洲各国也早就成立了木偶剧团,进入20世纪后,各国木偶剧通过表演交流,不断改进技术和道具,使木偶剧普遍符合现代人的审美期待和理想。1929年国际木偶协会成立,由它举办的国际木偶艺术节,成为各国木偶艺术交流的平台。我国的木偶戏种类丰富,包括泉州提线木偶戏、晋江布袋木偶戏、漳州布袋木偶戏、辽西木偶戏、邵阳布袋戏、高州木偶戏、潮州铁枝木偶戏、临高人偶戏、川北大木偶戏、石阡木偶戏、郃阳提线木偶戏、泰顺药发木偶戏,分属于辽宁,浙江,福建,湖南,广东,海南,四川,贵州,陕西各省。对中国木偶戏的保护和传承,为丰富国际木偶文化做出了积极贡献。另外一个在对外交流中曾影响较大的戏剧即皮影戏。中国皮影艺术从13世纪元代起,随军事远征以及海陆交往相继传入了波斯(伊朗)、阿拉伯、土耳其、暹罗(泰国)、缅甸、马来群岛、日本以及英、法、德、意、俄等亚欧各国。① 今天在欧洲各主要博物馆还能看到收藏的中国皮影精品,如瑞典斯德哥尔摩人类博物馆,法国电影博物馆,德国的慕尼黑、柏林、奥芬巴赫、吕贝克博物馆,英国伦敦大英博物馆,纽约美国自然历史博物馆、波士顿美术博物馆等。皮影艺术成为西方人了解中国传统文化的窗口,各国艺术家在这种传统艺术的交流中能充分体会到人类文明的伟大。

其他影响力较广,多地都有传承的戏剧主要有:昆曲(中央、北京、上海、江苏、浙江、湖南),高腔(浙江、安徽、福建、湖南),京剧(中央、北京、天津、辽宁、上海、山东),粤剧(广东、香港、澳门),评剧(天津、河北、辽宁),道情戏(山西、山东、河南、甘肃),二人台(河北、山西、内蒙古),目连戏(安徽、河南、湖南),傩戏(河北、安徽、湖南、贵州)。不同地区间文化艺术形式的相似性和共同点,证明在古代中华民族内部区域之间的融合与互动,是中华文化统一体的具体表征。同时,通过研究一种戏剧存在地相互之间的联系与区别,还可以证明一定时期内,百姓迁徙、活动的路线、范围,具有一定的历史学意义。

不同于西方话剧繁杂的舞台背景、空间设计,中国传统戏剧只有简单的舞台道具,演员凭借身体动作、脸谱装扮、面部表情变化为观众构造一个文化场景,完成戏剧内容的传播。通过演员摆手的姿势,观众可以联想到他在划船;演员神色匆忙、东张西望,可以联想到他在赶路。在中国传统戏剧舞台上,很少会看到真的

① 《国家级非物质文化遗产大观》,北京工业大学出版社2006年版,第179页。

车马上台,这种特殊的表现方式是中国传统戏剧精神决定的,是展现真实戏剧生命的一种重要方式。

第二节 戏剧类非物质文化遗产的产业研发

自新中国成立以来,我国政府就十分重视对中国传统戏剧的保护和传承。1949 年 10 月 2 日,在中央人民政府文化教育委员会的批准下,中华戏曲改革委员会在北京成立,10 月底改名为中央文化部戏曲改进局,第一任局长为田汉。1953 年成立中国戏曲研究院,梅兰芳任院长,毛泽东主席亲笔题词"百花齐放、推陈出新",此后成为中国戏曲事业发展的方针,也是传统戏剧发展所追求的目标。改革开放后,文化部等各部门积极组织了全国性的戏剧演出和各地方戏剧的演出交流活动,并积极支持各地方新剧的发展。1983 年,开始评选中国戏剧"梅花奖",截止到 2005 年共举办 22 届,评出优秀演员 508 名,对中国戏剧的传承、发掘贡献巨大,如今一批"梅花奖"的获奖者已成为各戏剧领域的领军人物。2005 年起,中国戏剧"梅花奖"并入中国戏剧奖内。2006 年公布第一批非物质文化遗产名录后,戏剧界、学术界再次关注对传统戏剧的保护工作,不仅增加了全国性的演出活动,还进行了学术讨论,在戏剧理论上取得了较大进步。对戏剧类非物质文化遗产的保护,是弘扬中华民族传统文化的必然要求,也是建设和谐社会、丰富人民群众精神生活的重要内容。

一、培养各剧种名家、代表人物,推出剧种名作

名家、名作是一个剧种的名片,充分发挥好名片作用对于推广戏剧类非物质文化遗产会有意想不到的作用。从表演来说,重点培养名家或代表人使他们的表演更具剧种代表性,鲜明的突出该剧种的特色、特点,有利于促进演出活动和文化交流活动,名家或代表人的表演一般更具有观赏性,可以使观众真正领略到一个剧种的精髓和生命力。从影响力来说,名家或代表人的影响力较大,他们往往依靠个人魅力吸引一些人加入到戏剧欣赏过程,同时在媒体宣传中,也更具有号召力。从传承来说,名家或代表人往往会培养出一批优秀的年轻戏剧从业者,在长期的表演实践过程中,名家会总结出自己的一套戏剧表演技巧,通过传承直接教授给自己的学生,有利于剧种内部成熟支派的建立,同时这些珍贵的演出经验不

会因为“后继无人”而失传。总之,戏剧名家或代表人的产生,会带动一个剧种的发展,在扩大剧种影响力,不断促进剧种剧目、技巧、形式的发展方面有不可估量的意义。

以豫剧为例,其代表人物是被称为“豫剧六大名旦”的陈素真、常香玉、崔兰田、马金凤、阎立品、桑振君,正是她们对豫剧的改革和发展,才使豫剧成为一门成熟的表演艺术,其中常香玉历任中国戏剧家协会副主席,河南豫剧院院长,河南省戏曲学校校长,同时还被评为一、二、三、五、六、七届全国人大代表,2004 年逝世后,被国务院追授为“人民艺术家”,2009 年被评为“感动中国——100 位新中国成立以来感动中国人物”之一,可见她在百姓心中的地位和影响力,她所演出的《花木兰》、《红娘》、《白蛇传》一度曾红遍大江南北,使很多原本不熟悉豫剧的观众喜欢、爱好上豫剧和豫剧演出。在唱《红娘》的过程中,常香玉破天荒地把豫东调引入豫西调中,还引入河北梆子的因素,这引发了一些人士的反对之声,但在百姓中却取得了很好的反响,常香玉的改编使这出传统戏剧焕发了新的生机。近几年相继出版了《豫剧大师常香玉》、《话说常香玉》、《人民艺术家常香玉》,研究常香玉豫剧演出特色和对豫剧改革做出的努力。1993 年,在中国艺术研究院、中共河南省委宣传部、新华社河南分社、河南省文化厅的支持下,评选出了“今日中国豫剧十大名旦”:张宝英(河南)、王清芬(河南)、虎美玲(河南)、牛淑贤(河北)、李喜华(湖北)、营爱梅(河南)、朱巧云(河南)、李金枝(河南)、陈淑敏(河南)、马莉(河南)、胡小凤(河北)、章兰(山东),这批年轻艺术家为不断促进豫剧发展,扩大豫剧影响力做出了自己的贡献。

二、建立剧团、艺术团,举行演出

建国后,中央相继成立了中国京剧院、中国评剧院,各地方政府也陆续成立了地方戏剧团,如北京京剧团、上海京剧院、天津市青年京剧团(京剧),上海越剧院、浙江小百花越剧团、南京市越剧团、绍兴小百花越剧团、福建省芳华越剧团(越剧),河南省豫剧团、郑州市豫剧院、洛阳市豫剧团、河北邯郸东风豫剧团(豫剧),上海昆剧团、江苏省苏昆剧团、北方昆曲剧院(昆剧)。这些剧团在培养年轻戏剧工作者,创作新剧,改革戏剧剧种方面不断尝试,使戏剧演员素质提高,丰富了唱腔和伴奏音乐形式,并创作出一批优秀的符合现代人审美标准的新戏。

以黄梅戏剧团发展为例。新中国成立后三年,安徽省文化局就在省城合肥市举办了暑期艺人训练班,组织全省各曲艺代表人学习贯彻中央关于戏曲改革的精神。3个月后,由最优秀的黄梅戏演员组成的安徽演出队到达上海,在大众剧院演出了《打猪草》、《蓝桥会》、《路遇》等剧,清新、质朴的黄梅戏深深吸引了上海观众,文艺界一些人士在《文汇报》、《解放日报》上赞扬黄梅戏的演出和表演风格。这些演出的成功为黄梅戏剧团的成立奠定了基础。1953年4月,安徽省黄梅戏剧团在中共安徽省委、安徽省文化局的支持下建立,在合肥市双井巷举行了建团演出,吸收了安庆市主要黄梅戏演员和一批致力于黄梅戏演出的青年演员,这标志着黄梅戏作为全国性剧种的发端。建团不久后,再次前往上海演出,《天仙配》在这次演出中大放异彩并吸引了上海电影制片厂的目光,拍摄了电影《天仙配》,从此以后,黄梅戏凭借电视、电影、广播多种媒介载体进行宣传。1963年,又拍摄了第一部彩色神话电影《牛郎织女》。1978年后,黄梅戏剧团同全国其他戏剧团一样掀起了重排传统戏剧的高潮。1981年,安徽省黄梅戏剧团应邀出访香港,带去的剧目有《天仙配》、《女驸马》、《罗帕记》,为香港民众呈现了一场场精彩的来自祖国大陆的传统戏剧演出。各大报纸都赞扬了黄梅戏剧团高水平、高质量的表演。在这次香港之行中,涌现出一批年轻演员,其中就有日后被称为"五朵金花"的马兰、吴琼、杨俊、吴亚玲、袁玫,她们在日后黄梅戏的发展中起到了中流砥柱的作用。80年代末,安徽省黄梅戏剧团开始进行现代戏的创作,推出《柯老二入党》、《遥指杏花村》,标志现代戏创作上了一个新的台阶。1986年,《无事生非》参加首届莎士比亚戏剧节,在延续莎士比亚戏剧风格的同时,保留了黄梅戏独特的地方风味,演出获得了肯定后,还在人民大会堂为英女王伊丽莎白二世演出了全剧。此后,黄梅戏剧团又改编了中国四大名著之一《红楼梦》,先后在上海、北京等地演出,文艺界评论该剧攀上了黄梅戏历史的新高度,塑造了一个全新地脱离了女儿气的贾宝玉。黄梅戏艺术年期间,黄梅戏剧团再次组织演员上演了《秋千架》、《风雨丽人行》、《木瓜上市》三部大戏,加速了黄梅戏现代化的进程。安徽省黄梅戏剧团的发展和为黄梅戏改革做出的努力、贡献值得其他地方戏剧团借鉴、学习。

三、进行电影、电视剧创作及其他媒体宣传

作为中国传统文化的代表之一——中国戏剧,在新时代如何与众多新媒介联合,促进自身发展,是各戏剧种类需要不断探索实现的。新中国成立初期,北京市丰泰照相馆制作了一批京剧电影:《定军山》、《长坂坡》、《青石山》、《艳阳楼》、《金钱豹》等,这些最早的京剧电影成为用电影形式表达戏剧

内容的最初尝试。戏剧电影、电视剧的创作在一定程度上还改变了戏剧原有的传承模式，保留了一批珍贵的影像资料，为研究戏剧发展史提供了第一手材料。

2010 年年末，由中国文联、中国剧协主办的“梅花奖数字电影工程”在财政部等有关部门的大力支持下正式启动，以数字电影的形式记录中国戏剧梅花表演奖获得者及其代表剧目。先后拍摄了《对花枪》、《锁麟囊》、《野猪林》、《白蛇传》、《张协状元》、《谢遥环》等多部数字戏剧电影，用最先进的数字技术来表现传统中国戏剧，弘扬中国传统艺术。同时，电影语言和数字特技的运用使戏剧舞台的效果更富于变化，在创造意境氛围上更加真实美妙。电影的放映、发行还增加了百姓接受戏剧的渠道，使戏剧不再局限于剧场演出，走向大屏幕的戏剧吸引了更多的观众，一些包装精美、质量较高的戏剧 DVD 甚至成为亲友馈赠的佳品。创作戏剧电影、电视剧，不仅带来了一定的经济效益，解决戏剧类非物质文化遗产保护过程中的经济问题，还带来了更加丰厚的社会效益。

为了更好地推广戏剧艺术，中央电视台于 2001 年就推出了戏曲频道，现在的主要栏目有：CCTV 空中剧院、地方戏之窗（停播）、跟我学、过把瘾、精彩回放、九州大戏台、名段欣赏、魔法奇迹、青春戏苑、戏曲采风、戏苑百家、影视剧版九州大戏台、影视剧场、中国京剧音配像精粹。其中空中剧院自推出以来就受到观众好评，播出了一系列豫剧、沪剧、越剧、京剧中的经典剧目和新编现代剧，还对京剧青年演员研究生班汇报演出、京剧申遗成功、云南省京剧院建院 50 周年演出、京剧流派天津班等做过系列报道，为观众上演了一出出视觉盛宴。此外，每年春节晚会和各地方台晚会中，都能看到传统戏剧的身影，既迎合了一些戏迷的爱好，又展现了戏剧在当代舞台上的魅力。

四、把戏剧发展融入当地的文化战略项目中

在“文化产业”日益兴盛的今天，如何调整当地的产业结构布局，是每个地方政府需要集中精力解决的问题。把传统戏剧发展纳入当地文化战略规划中，不仅有利于产业结构调整，更为戏剧类非物质文化遗产的传承提供了保障。2007 年苏州市正式公布了《苏州市保护、继承、弘扬昆曲遗产工作十年规划纲要》，此纲要进一步明确了建设“文化苏州”的战略方案。纲要中提出要承办中国昆剧艺术节，适时举办各类昆曲活动；加强国内和国际间的昆曲艺术交流；打造“中国昆曲之乡”品牌，活跃基层昆曲活动。旨在使昆曲遗产在新世纪的生存状态与其在世界文化

中的地位相匹配，让昆曲成为苏州具有影响力、辐射力、竞争力的特色文化品牌。① 发展遗产类相关的文化产业，在经济上保障了对非物质文化遗产的保护工作能够顺利进行，也提高了人们对传承有关项目的兴趣。

同时，可以把戏剧保护同当地旅游业相结合，例如在苏州园林内，我们便可以听到正宗的昆曲演出；在南京秦淮河畔，李香君故居是不可不去的旅游目的地；在少数民族地区，欣赏当地群众的戏剧表演，更能使众多旅游者感受到当地独具特色的文化氛围。此外，还可以进一步开发与戏剧类相关的旅游产品，如挂件、书签、印章等，使产品便于携带、馈赠，一方面具有浓厚的文化色彩，同时能成为具有很好效果的宣传产品。

五、学校教育及传承人培养

如何培养传承人，是每个非物质文化遗产项目部面临的严峻考验，也是事关非遗项目生死的大问题。传统戏剧传承依靠口耳相传，但随着一批年龄较大的艺人的离世，很多地方稀有剧种面临后继无人的危险，把学校教育特别是高等教育引入戏剧传承，是戏剧艺术发展的重要出路。

1950 年 1 月，新中国建立了第一所自己的现代戏曲学校——文化部戏曲改进局实验学校，设有京剧表演和京剧音乐伴奏两个专业，学制六年，校长由戏曲改进局局长田汉兼任。② 1955 年更名为中国戏曲学校，此后全国各地如北京、四川、湖北、湖南、上海、安徽、浙江也相继成立了自己的戏曲学校。这些学校为新中国培养了大批优秀的戏剧人才，很多人日后成为一个剧种的代表人或传承人，同时把戏剧纳入学校教育，对戏剧理论建设、发掘稀有剧种和少数民族剧种都有重要意义。1978 后，中国戏曲学校改为中国戏曲学院，标志着中国传统戏剧、戏曲进入高等教育的层次，为进一步提高戏剧从业人员的水平，加强多方面戏剧理论探讨，全面发展各地方、少数民族戏剧奠定了基础。1996 年后，中国戏曲学院开始招收中国京剧优秀青年演员研究生，这对京剧未来发展和走向国际化道路的影响是深远的。

据统计，六十年来，60 多所艺术学校共培养的艺术人才在 158400 人左右。③

---

① 参考中国苏州网站，www. suzhou. gov. cn。

② 杜长胜主编：《中国戏曲教育现状与改革发展研究》，文化艺术出版社 2010 年版，第 8 页。

③ 同上，第 24 页。

在人才储备上，解决了戏剧艺术发展的后顾之忧。同时，这些戏剧艺术院校不断走出国门，把中国戏剧艺术带入了国际艺术殿堂，并取得了不错的效果。中国戏曲学院至今还连续举办了三届京剧学国际研讨会，邀请了来自大陆、香港、台湾、美国等世界各地的京剧研究者参加会议，对京剧的现状和未来发展做出探讨。此外，中央戏剧学院、中国戏曲学院、北京戏曲学校还积极吸收海外留学生，使京剧等传统戏剧走上了国际传播的道路。

第八章

曲艺类非物质文化遗产保护与开发

【本章导读】曲艺类非物质文化遗产根植于百姓生活,民间性、群体性、生活性是其主要特点。曲艺类非物质文化遗产的保护与开发应当并举,可通过创办学校、培训班,举行走进校园活动;举行巡演、展演、节庆演出以及小剧场演出;录制影像资料,出版曲目书籍;举办各类曲艺比赛;成立曲艺机构、艺术团、博物馆;广播、电视、网络媒体宣传等方式来进行。

第一节　曲艺类非物质文化遗产概述

曲艺艺术历史悠久,是口头文学与说唱艺术经过长期融合形成的综合性表演艺术方式,自唐代作为一门独立的艺术形成产生起,就深受老百姓喜爱。曲艺的曲词大多来源于百姓间的日常语言,内容贴近百姓生活,具有浓郁的生活气息,艺术形式简单,易于被接受,是中国普通百姓在精神层面不断追求审美与艺术的表现。曲艺包含了多种艺术因素,例如舞蹈、音乐、器乐、杂技、戏剧等,也正因为如此,曲艺内部所包含的类型众多,有侧重叙事的评书,有诙谐、风趣的数来宝,还有以抒情为特征的唱曲。“说”和“唱”在各种类型中所占比重亦不同:以“说”为主的有评书、评话、相声等;以“唱”为主的有兰州鼓子、扬州清曲、东北大鼓、胶东大鼓等;似说似唱的有山东快书、鼓锣书等;又说又唱的主要有东北二人转、凤阳花鼓、山东琴书等,曲艺内部类型的复杂性一定程度上增加了学术研究者研究的难度。

曲艺唱词包含的特殊内容对研究一地风俗与民间文化历史有重要意义。它在一定程度上反映了一个地区或民族在某个历史时期中的精神风貌与审美爱好。

同时,在特定条件下,曲艺还可以起到宣传、教育作用,例如抗战时期和解放战争时期,为配合敌后宣传,河北的一些艺人编演了一些革命题材的作品《晋察冀小姑娘》、《白毛女》、《董存瑞舍身炸碉堡》等。作为中国特有的艺术门类之一,曲艺艺术的成熟为戏剧的产生奠定了基础,还影响了中国章回体长篇小说的诞生,与中国文学的发展联系紧密,很多伟大的文学作家同时也是优秀的曲艺创作者,如老舍、鲁迅、赵树理等。

在国家公布的第一批非物质文化遗产中,曲艺类有46项,涵盖了20多个省的民间曲艺类型。在曲艺中占数量最多的类型是大鼓类,分别有:山东大鼓、胶东大鼓(山东省);西河大鼓、木板大鼓、乐亭大鼓(河北省);东北大鼓(辽宁省、黑龙江省);潞安大鼓(山西省);京东大鼓(天津市);河洛大鼓(河南省);温州鼓词(浙江省);陕北说书(陕西省)等。大鼓类曲艺主要流行于我国北方地区,以唱为主,大都由唱者一人击鼓或板演唱,伴奏乐器主要有鼓、三弦、四胡等,音乐多为板腔体,大鼓鼓词多为七言或十言的上下句体,有长、中、短篇之分,大都以长篇为主。各地大鼓都有自己的代表书日,以东北大鼓为例,传统长篇曲目有《曹家将》、《响马传》、《十粒金丹》等,中篇有《王定保借当》、《借女吊孝》、《蝴蝶杯》等,短篇有《草船借箭》、《小姑贤》、《灯下劝夫》等,新中国成立后,又创作了《杨靖宇大摆口袋阵》、《白求恩》、《邱少云》、《刑场婚礼》、《千里送婴儿》等。

另外一种类型特点突出的是评话类,主要有苏州评话(包含在苏州评弹内)、扬州评话(江苏省)、福州评话(福建省)。苏州评话采用苏州话为代表的吴语方言,只说不唱,兼容叙事和代言为一体,表演以第三人称即说书人的口吻来叙述,中间插入第一人称的语言,通常与苏州弹词并称为苏州评弹。主要流派有陈调,创始人陈遇乾;俞调,创始人俞秀山;夏调,代表人物夏荷生;徐调,创始人徐云志;马调,创始人马如飞,是苏州评弹中流传最广的一个流派。代表曲目有《岳飞传》、《三国》、《隋唐》、《七侠五义》、《封神榜》等(苏州评话),《白蛇传》、《珍珠塔》、《白毛女》、《新儿女英雄传》、《红岩》、《青春之歌》等(苏州弹词),苏州评弹以长篇剧目为主。扬州评话又叫“维扬评话”或“评词”,以扬州为中心流行于江苏北部、南京、上海等地。采用扬州话进行演出,所用道具为折扇、醒木。按照曲词内容,扬州评话的传统节目分为三类:讲史演义类、公案侠义类、神话灵怪类,各类中以《三国》、《水浒》最为有名,影响最大。福州评话流行于福建省福州方言区以及福建籍海外华侨聚集地,到清朝中期已十分受欢迎。演员多有说有唱,唱词多为七字,常用道具有铜钹、醒木、纸扇、手帕,曲调包括《高山流水》、《浪淘沙》、《连珠》、《滴滴金》、《泪句》等，传统曲目有《精忠岳传》、《七侠五义》等，新中国成立后又创作有《老渔翁歼敌记》、《九命沉冤》、《保卫延安》等。

其他种类曲艺艺术分散于全国其他各省，少数民族特点较为突出的有：乌力格尔（内蒙古自治区、辽宁省、吉林省），达斡尔族乌钦、赫哲族伊玛堪、鄂伦春族摩苏昆（黑龙江省），傣族章哈（云南省），哈萨克族阿依特斯（新疆维吾尔自治区），布依族八音坐唱（贵州省）。其中乌力格尔流传面积最广，主要流行于内蒙古自治区以及我国东北各省蒙古族聚居区。乌力格尔，意为说书、讲故事，演出者被称为“胡尔齐”，多用马头琴或四弦琴，表演形式有三种：散文体式的叙述、以唱为主的韵文体、说唱相间的文体，唱词长短不一，曲调极为丰富，常用的即有百种之多，其中功能性较强的有《争战调》、《择偶调》、《讽刺调》、《山河调》、《赶路调》、《上朝调》等。乌力格尔的传统曲目众多，有《唐五传》、《忽必烈汗》、《黄金史》、《白音那元帅》等，清朝以后，随着与汉族的联系增加，乌力格尔成为沟通蒙古族与汉族文化的媒介，《封神演义》、《三国演义》、《水浒传》被译为蒙语，被广泛传唱。同时，乌力格尔也是传承本民族文化历史的重要载体，产生于明朝的大型英雄史诗《江格尔传》和《格斯尔传》最早就是由乌力格尔中的“朝尔沁”派传唱。所以，乌力格尔作为蒙古族特有的曲艺艺术，不仅在当地百姓心中具有崇高的地位，对于研究民族间交融、民族文学的发展都具有重要意义。在第一批公布的国家级非物质文化遗产名录中，黑龙江省的少数民族曲艺种类最为丰富。达斡尔族乌钦，是一种说唱体的达斡尔族诗歌，主要流传于黑龙江省齐齐哈尔市梅里斯达斡尔族区、富拉尔基区、富裕县和龙江县，内蒙古自治区莫力达瓦达斡尔族自治旗、呼伦贝尔市、喜桂图旗，以及新疆维吾尔族塔城地区等达斡尔族聚居地。乌钦最初为徒口吟唱，后来增加了四弦琴作为道具，曲调也就更加丰富。乌钦曲目包含内容丰富，是学者研究达斡尔族历史、经济、文化的重要媒介，有反映男女爱情生活的《五色花》，有反映当地民俗风情的《春节》，有反映民族历史具有史诗风格的《少郎与岱夫》，根据汉族名著改编而成的《三国演义》、《水浒传》也深受当地百姓喜爱。赫哲族伊玛堪，主要流传于黑龙江省同江、富锦等赫哲族聚居区，以一人说唱为主，要根据故事中的人物角色把自己融入其中，伊玛堪的演唱者被尊称为“伊玛卡乞发”，在节目类型上，有“大唱”、“小唱”之分，“大唱”以说为主，“小唱”以唱为主，常见的曲调有《赫尼那调》、《赫里勒调》、《苏苏调》、《喜调》、《悲伤调》和《下江打鱼调》等。鄂伦春族摩苏昆、傣族章哈、哈萨克族阿依特斯、布依族八音坐唱都带有明显的民族特色，是当地百姓生活中不可缺少的审美要素和娱乐方式，同时，这些曲艺艺术传承了本民族的文化品格、民族精神，是保护民族独立性的有利屏障。

其他各省曲艺类非物质文化遗产资源较丰富的有福建、浙江、陕西、山东、甘肃、湖北等地，主要有：福州伬艺、南平南词、锦歌、东山歌、答嘴鼓（福建省），绍兴平湖调、兰溪滩簧、绍兴莲花落、小热昏（浙江省），陕北说书、榆林小曲（陕西省），山东琴书、山东快书（山东省），贤孝、兰州鼓子（甘肃省），汉川善书、鼓盆歌（湖北省）等。因种类众多、类型分散，故此处只略举几个代表性作品。山东快书，因早期主要表演武松的故事，又俗称“武老二”，流行于山东及华北、东北各地，1951 年后传入北京，影响力进一步扩大。演员以站姿为主，便于表演一些动作，采用山东方言，唱词多为七言，唱腔为典型的韵诵体，早年用两块瓦片作为道具，现在大都使用铜板。在长期的流传过程中，形成了两个主要艺术流派：一派以杨立德为代表性传人，称“杨派”；另一派以高元钧为代表，称“高派”。其中，高元钧是山东快书近现代发展史中的“旗帜”性人物，他促进了山东快书净化“荤口”的改革，使其更具有艺术性和观赏性。广为流传的曲目主要有：《武松传》、《鲁智深》、《武功山》、《三只鸡》、《一车高粱米》等。

总之，曲艺艺术根植于百姓生活，新中国建立后产生了大量反映现实生活的作品，蕴含广泛的民间性、群体性、生活性，据统计，至今仍活跃在我国民间的曲艺艺术种类达 400 多个。曲艺是普通百姓茶余饭后自娱自乐的重要休闲方式，公园内也常见到曲艺爱好者的身影。此外，曲艺的发展与当地或一民族口头语言的发展密切相关，研究曲艺唱词，还具有重要的语言学意义。

第二节　曲艺类非物质文化遗产的产业研发

曲艺艺术活跃了普通百姓的文化生活，为人们提供了一道美味的精神大餐，作为中国独有的说唱艺术形式之一，曲艺艺术与广大群众的社会生活、生产劳动、思想感情紧密联系在一起。在广播电视中，叙事类的曲艺类型逐渐被平日繁忙的人们接受；在茶馆戏场，抒情类曲艺成为丰富群众精神生活的重要节目；在少数民族地区，人们则自愿选择艺术形式简单、道具携带方便的曲艺艺术，口耳相传本民族的历史和传说。新中国建立后，我国曲艺工作者在政府的支持下，不断创作出新的符合时代背景的曲目，80 年代后，随着媒介科技的发展，曲艺艺术的传播重新焕发了生机。

一、创办学校、培训班,举行走进校园活动

曲艺属于说唱类的表演艺术,传承工作一般通过表演实现,具有很强的动态性,然而很多地方曲目受众有限,原有的演出语言发生变化,曲艺产生的文化空间几经转变,曲艺艺人更是生存艰难,致使现在一部分曲艺类非物质文化遗产中的作品濒临灭亡。基于这些现实情况,开展学校教育、开办曲艺培训班是最直接有效的传承曲艺艺术的方式。

中国艺术职业学院曲艺分院,前身为1986年成立的中国北方曲艺学校,它的成立使曲艺培养走上了学校化的道路,建校初期开设了曲艺文学、鼓曲演唱、音乐伴奏、诵说艺术、长篇书曲5个专业。建校20多年来,为曲艺界输入了大量人才。现今,随着非物质文化遗产的兴起,曲艺学校、曲艺培训班如雨后春笋般开始出现,如苏州评弹学校、鞍山曲艺学校、杭州非遗培训班、陕西省农村非物质文化遗产传承项目(陕北说书)试点培训班、湖北省曲艺、戏曲、小品创作表演高级培训班、内蒙古蒙古语戏剧曲艺培训班等。这些培训班在曲艺实践的传承上做出了积极的尝试,进一步宣传了曲艺艺术,吸收了很多年轻曲艺爱好者。

近几年影响较大、设计范围较广的培训为2009年12月,由文化部主办,中国艺术研究院、浙江省文化厅承办的"中国非物质文化遗产曲艺类项目保护工作培训班",培训班为期一周,对来自全国各地的200余名非物质文化从业者进行培训,讨论了中国非物质文化遗产保护现状与发展、曲艺类项目保护规划编制、中国传统曲艺的传承和发展、中国传统曲艺概述、戏剧类项目保护规划编制、当代中国戏剧的生存状况和未来发展、民俗视野中的传统戏剧保护、民间戏剧与地方戏剧的传承与保护等议题。培训班提高了曲艺从业者的理论水平,使其对曲艺知识有了系统化、科学化的了解,推进了非物质文化遗产的全面保护工作。

此外,各高等艺术院校也相继开设了曲艺科目,为曲艺创作、表演培养高素质、高学历人才,提升了曲艺工作者的整体水平。浙江省还举行了"非物质文化遗产进校园——走进浙江大学"活动,邀请了一批艺术家演出了国家级非物质文化遗产名录中的曲艺项目,绍兴莲花落、温州鼓词等传统艺术受到了广大学生的欢迎。

二、举行巡演、展演、节庆演出以及小剧场演出

演出场地的建设是发展曲艺艺术的基本条件,除了传统的书茶馆、坤书馆、茶

社、街巷外，各地文化部门开展了一系列的曲艺非物质文化遗产展演、巡演，都取得了不错的效果，还在一些节庆中增加了传统曲艺节目的演出，从而烘托了节日气氛，使观众在休闲假期中提高了对曲艺的认识，例如每年春节晚会中的相声表演，是年夜饭中必不可少的一道佳肴。

近几年规模较大的几次展演有：2007 年中国曲协举办“中国曲艺周精品节目展演”，邀请了曲艺界中的众多名家，如京韵大鼓骆派传人刘春爱，评弹名家金丽生、盛小云和山东琴书名家姚忠贤、杨珀等；2009 年“向祖国汇报”庆祝新中国成立 60 周年曲艺精品系列展演，由中国文联、中国曲协主办，展演包括了“晋曲情声——山西曲艺专场”、“快乐人生——刘全利、刘全和幽默滑稽小品专场”、“茉莉情韵——江苏评弹晋京展演专场”、“全国（天津）相声新作品专场”、济南曲艺团《茶壶就是喝茶的》演出。整个展演持续一周，吸引了众多曲艺爱好者和普通观众。此外，还有浙江省曲艺传承保护成果展演、天津保护非物质文化遗产系列戏剧曲艺展演、河南省非遗曲艺专场展演等。

除了展演、巡演外，固定的小剧场演出也为曲艺类非物质文化遗产的传承做出贡献。以北京为例，著名的演出场所有：宣南书馆、崇文书馆、德云书馆、康龄轩书馆（评书）；德云社剧场、嘻哈包袱铺、丰台相声乐苑、北京群乐园、石景山周末相声俱乐部、海淀周末俱乐部、鸣乐汇、乐丰斋相声茶馆（相声）；燕春社曲艺花场、北京刘老根大舞台、老舍茶馆曲艺花场（综合），还有一些定期的公益曲艺演出：中曲清音小剧场、崇文快板沙龙、国粹传承志愿者协会曲艺展演、北京曲艺团公益鼓曲专场、天桥曲艺茶社、北京周末相声俱乐部相声爱好者联谊会等。商业演出取得了经济效益使个别曲艺类非物质文化遗产有了传承的经济基础，让曲艺进入大众的审美文化视野，固定的演出为增加曲艺人员，培养年轻艺人创造了良好环境。很多小剧场曲艺演出成为一地的旅游风景，不少外地游客可以通过旅游感受当地正宗的曲艺艺术，曲艺借助小剧场载体扩大了自己的传播影响范围。这些演出丰富了百姓的精神生活，促进了文化多样化发展，在演出场所中，社会中不同生活背景的人们因为相同的爱好聚在一起，在一定程度上也有利于促进社会主义和谐社会的建设。

三、录制影像资料，出版曲目书籍

五线谱和简谱的普及为重新整理记录传统曲艺书目、曲目找到了一条合适的道路，这种记录方式在一定程度上突破了原有曲艺采用面对面口耳相传才能教学、观看的模式。丰富、具体的文本资料也为专业研究者提供了理论支撑,具有很强的史料价值。

采用音频记录曲艺艺术并不是最近才出现的,上世纪初到40年代,很多唱片公司就灌制了不同曲艺类型的唱片,为后来研究曲艺发展留下了珍贵的第一手资料。随着DVD、CD技术的普及和制作成本的降低,采用现代科技录制曲艺音频、视频成为传承曲艺艺术的新手段。依托这些新的存储方式,观看曲艺的途径不再受时间、地点的限制。而获得的经济效益是发展曲艺类非物质文化遗产的直接动力,是曲艺艺术类文化产业循环开发的良好开端。

四、举办各类曲艺比赛

2000年后,在全国文联以及各省市文化部门的支持下,全国相继举办了各类曲艺比赛,这些比赛极大激发了全国曲艺爱好者的兴趣,鼓励越来越多的年轻人投身到曲艺传统艺术的传承中,为青年曲艺艺术家提供了展现自己的舞台。同时,加入现代化的媒体宣传与策划,各类曲艺比赛吸引了普通观众的注意力,使更多的人注意到曲艺这门中国传统艺术在当代的发展。曲艺比赛的获奖者不仅可以得到业界专业人士的认可,还能在社会中获得一定知名度,为打造曲艺名家奠定基础,进一步保障了曲艺类非物质文化遗产的传承。

中国曲艺牡丹奖是由中国文联、中国曲艺家协会主办的全国性曲艺艺术专业奖项,是曲艺界最高奖,每两年评选一次,每届设曲艺文学奖10个,曲艺表演奖10个。其宗旨是增强曲艺工作者的精品意识,奖励优秀曲艺作品和优秀曲艺演员,提高曲艺创作和曲艺表演的艺术质量,推动我国社会主义曲艺事业的繁荣和发展。2010年第六届中国曲艺牡丹奖吸引了全国71个地方的曲种参加,创历届之最,除了传统奖项的评选外,还公布了本届终身成就奖的名单,包括唐忠杰、苏文茂、王丽堂、黄少梅在内的多位老艺术家获此殊荣。①

2004年由中国曲艺家协会、文化部侨联、中国艺术研究院曲艺研究院联合主办了首届中华青少年曲艺大赛暨首届“侯宝林曲艺奖”。活动宗旨在于弘扬中华民族优秀文化,宣传、普及曲艺知识,为曲艺发展储备人才,吸引社会各界关注曲艺传承工作。

---

① 有关中国曲艺牡丹奖的内容参考全国文化信息资源共享工程中的内容,http://www.ndcnc.gov.cn/。

2006年由中国曲艺家协会、全国少工委办公室、中央电视台青少节目中心联合举办了首届全国少儿曲艺大赛。至2016年已经连续举办八届，在比赛中不仅有观众喜闻乐见的相声、快板、小品，还能观看到具有浓郁传统特色的广东粤曲、兰溪摊簧、苏州评弹、数来宝、四川清音等其他曲艺类非物质文化遗产的演出，是保护、发展曲艺类非物质文化遗产的又一重要举措。

除此之外，各地方省级文化单位也根据地方条件，举办了一些曲艺类比赛，例如：中部六省曲艺大赛、东北三省曲艺大赛、海南曲艺小品大赛、广东省青少年曲艺"明日之星"、新疆曲艺比赛等。这些比赛增加了地方曲艺影响力，传承了地方曲艺类非物质文化遗产，为促进区域内曲艺艺术的发展与融合做出了突出贡献。

五、成立曲艺机构、艺术团、博物馆

各种曲艺机构、艺术团对曲艺类非物质文化遗产的保护有十分重要的意义。1949年7月2号，在北京召开中华全国文学艺术工作者代表大会，在此期间成立了"中华全国曲艺改进协会筹备委员会"，专门负责组织和协调全国曲艺改进工作。1953年9月，中国文学艺术工作者第二次全国代表大会上，改为"中国曲艺研究会"，1958年又改为中国曲艺工作者协会，1979年更名为中国曲艺家协会。自成立以来，中国曲艺家协会一直致力于开展各种曲艺活动，广泛团结曲艺艺术家、工作者，积极开展具有全国影响力的曲艺演出，还创立曲艺专业刊物《曲艺》杂志，为曲艺理论研究提供平台。协会现有团体33个，会员3500余个。

除中国曲协外，各省市也陆续建立了地方曲协，随后一些地方曲艺研究会如雨后春笋般的一样相继成立，如山东琴书研究会、南华音乐曲艺研究会、天津市相声研究会、天津市曲艺研究会、中华山东快书研究会等。各地研究会的成立，系统化、专门化地保护了地方曲艺类非物质文化遗产，为进一步实行民间曲艺艺术的种类普查、建立信息数据库提供了保障。同时，各地方曲协、研究会定期举办的文化活动，丰富了当地百姓的业余生活，成为各文化演出中不可缺少的一道独特风景线。

2010年11月，由北京市宣武区政府、文委与中国曲艺家协会联合创办的"中国曲艺非物质文化遗产博物馆"在宣武区马连道茶馆落户，苏州评弹、福建南音、马街书会和绍兴莲花落四个曲种被列入首批筹建项目，除了一系列的演出外，还呈现大量实物、图片等历史资料，让普通百姓了解曲艺艺术的历史、传承、发展，增加曲艺知识，加强对曲艺类非遗的保护力度，领略这门中国古老艺术的独特魅力。

在此影响下，广东、天津于2011年分别建立了广东曲艺博物馆、天津名流曲艺博物馆，其中天津名流曲艺博物馆还专门建立了马三立纪念墙和骆玉笙纪念厅，以纪念这些曲艺艺术家对各自曲艺艺术的传承与发展。

六、广播、电视、网络媒体宣传

在多媒体时代，曲艺类的发展积极寻找多种适合自己的传播方式，在传播范围和影响力上进一步扩大自己的占有率。自商业电台普及后，曲艺类节目因为叙事性较强的特点逐渐在各电台节目中占有一席之地，据1944年北京、天津两地电台播出的节目统计："两地电台全天播出的节目都是十八项，北京台曲艺占十四项，几乎全天播出的都是曲艺节目"①发展至今天，众多地方电台中依然可以收听到曲艺节目，有些还成立了独立频道，如：内蒙古评书曲艺广播电台、上海戏曲曲艺广播、北京人民广播电台有线戏曲曲艺调频、陕西戏曲广播等。曲艺凭借广播接收成本低，携带方便的特点，在最初的传播方式扩大中取得了不错的效果。

除了传统的广播外，曲艺节目开始在受众较多的电视上、新兴的网络媒介中塑造自身形象。2001年中央戏曲频道成立，频道设立了专门的曲艺类《南腔北调》，还有介绍相关知识《跟我学》，满足了广大曲艺爱好者的需求。此后，各地方电视台也根据地方曲艺特点相继推出了曲艺节目，如河南电视台《梨园春》、济南电视台《曲山艺海》、温州电视台《温州曲艺场》、绍兴电视台《莲花剧场》等，2004年成立的《莲花剧场》开办，7年间拍摄绍兴莲花落155部，绍兴鹦哥戏32部，不仅取得了很好的收视率，还发展了曲艺类非物质文化遗产中的地方曲艺。

充分利用网络载体，是宣传曲艺文化，搜集曲艺知识，观看曲艺节目的有效途径。不仅有专门介绍地方曲艺种类的网站，如：河洛鼓韵网、中国评弹网、本山在线、扬州曲艺网、山东曲艺网，还有介绍综合曲艺知识的中国曲艺网、中国曲艺家协会等。大量的图片、音频、视频资料为观众直观再现了一个丰富多彩的曲艺世界。

---

① 倪锺之：《中国曲艺史》，春风文艺出版社1991年版，第510页。

第九章

传统体育、游艺与杂技类非物质文化遗产保护与开发

【本章导读】传统体育、游艺与杂技竞技类非物质文化遗产植根于民众生活，它们的产生与人们的生产生活密切相关，竞技性、自娱自乐、技巧性是其主要的特点，有很强的观赏性和竞技性，对它们的产业研发可采取杂技剧、举办竞技类比赛，与旅游产业结合等方式来进行。

第一节　传统体育、游艺与杂技概述

传统杂技与竞技主要包括民间杂技杂耍和体育游戏竞技两大类，可细分为传统武术、竞技、游艺、杂技、杂耍等，这些项目有悠久的历史传统，根植于民间沃土，深受民众欢迎。

一、民间杂技

我国杂技艺术源远流长，从文献来看，已有三千多年的历史，它是最古老的表演艺术之一，从产生到发展流传都深深地根植于民众的土壤之中。它的表演项目丰富多彩，以惊险、奇特、高难和技巧的艺术手法来满足观众的审美追求和艺术享受，千百年来深受广大人民群众的喜爱和欢迎。新中国成立后，古老的杂技艺术得到了高度的重视和发展，杂技从昔日的瓦舍勾栏走进了艺术殿堂，国家成立了专业的杂技艺术团体，极大地促进了杂技艺术的发展。传统杂技作为一种重要的表演性艺术，已经取得了与戏曲、音乐、舞蹈、曲艺等表演艺术样式相并列的独立艺术门类的地位，它不仅在今日人们的审美艺术生活中占有重要的地位，是为广大人民群众普遍喜爱、雅俗共赏的表演艺术形式，而且中国杂技业已走出国门，参

加国际杂技比赛屡获金奖，为祖国赢得了荣誉。它跟随党和国家领导人出访，在全球进行商业性演出，在对外文化交流中发挥了巨大的作用，已成为向世界展示中华民族文化的一个重要窗口。我国民间杂技是一项由原始文化流传下来的艺术活动，它具有以下几个特点①：

1. 它同其他类别的非物质文化遗产一样，都同人们的生活和生产有着密切的关系，从原始人类利用石器、木棒、弹弓等工具群体狩猎的生活技能中逐渐发展而成的"投掷""射击"等娱乐性活动，古代杂技"投壶"、"投石"、"飞叉"、"射箭"、"流星锤"等活动都由此而来。

2. 民间杂技带有明显的竞技性。在古代，由于战争的重要性，几乎每个朝代都很重视军事教育，据《孟子·滕文公》记载："序（商代的学校）者，射也。"说明商代已经把射术列为贵族子弟学习内容，西周每年冬季都要举行一种"讲武"之礼的活动。"讲武"之礼中有角力、御马、射箭、投掷、跳高和跳远等竞技活动。在历史进程中，这种竞技活动中的竞赛心理将民间杂技的艺术水准推向了更高水平。

3. 自娱自乐性。民间杂技和体育竞技总体来说是作为一种表演艺术的文化遗产形式存在的，它同民间音乐、舞蹈等其他表演艺术一样，在产生之初和发展的过程中植根于民间，是一种人民群众自娱自乐的文化表现形式。往往是在生产劳动之余，群体进行互动的活动。有时候是在宗教仪式中产生的，如舞蹈《大获》、《大武》等傩舞中模仿动物和战争的场面，还有杂技中乔装动物戏"狮子舞""舞龙"等也带有一定的早期图腾仪式中对动物形态、鸣叫声音的模仿。有些则是与节庆庙会的催化有着重要关联，在民间节庆时往往都要举行盛大的活动与庙会，这些活动中有大量的民间表演艺术，杂技和竞技就是其中不可缺少的一部分，尤其是庙会上的杂技项目非常多，如中幡、太狮与少狮、耍花坛、五虎棍等，庙会上热闹的聚众演出都是因为节庆提供的温床而得到充分的发展。

4. 技巧性。无论是民间杂技还是体育竞技，它们是一种非常注重技巧的民间艺术，且这些技巧种类繁多，通常都具有非同寻常的难度。至今仍在演出的杂技节目有200多项，每一项又包括许多可以单独存在的小节目，有以形体表演为特征的力技、投掷；以奇妙变化为特征的幻术、魔术；模拟为主的口技；驾驭性牲畜的

---

① 参见黄亚琪：《民间杂技产生、发展的文化机制》，《濮阳职业技术学院学报》2006年第2期。

马戏、驯兽;讽刺幽默滑稽小丑艺术。更为重要的是,杂技不断地在技巧上寻求突破,杂技里的一些活动本身相对简单有限,但是它却有叠加变化的技巧、花样百出的技巧处理,在单纯之中显露出繁复的变化。如踢毽子,杂技上称作"翔翎",可以一人踢、两人踢,也可以多人围在一起踢,基本动作是"盘、拐、磕、蹦"四种。也可以踢出上、中、下三路一百多种花样、二十多套路数。①

二、体育竞技

所谓传统体育竞技,是指按一定组织形式、顺序与规则,在平等前提下,让人们参与的以强身健体、提高身体素质和心理素质为目的的竞技娱乐活动。太极拳、武术、蹴鞠等众多体育项目已经作为中国符号而永远铭刻在中国传统文化中了。② 体育竞技应该进一步分为"传统武术、体育、竞技",因为这一类具体的包括了少林功夫、各种武术、各种太极拳以及像朝鲜族的跳板、秋千等传统的体育、武术的项目。它们有的带有一定的竞技性,有的则并不是着重突出竞技,而是作为健身、修身养性、表演或自娱自乐的文化形式而存在。③ 一方面,它既有与体育活动相关的竞赛程序、器材制作、比赛规则等身体运动内容,另一方面又是与其产生的社会特征、宗教仪式、风俗习惯、历史文化息息相关的传统文化现象,是一种活态人文遗产。我国传统的体育竞技活动同现代体育的概念和内涵有所不同,首先它主要是一种民俗性的文化形态,无论是端午节龙舟赛,还是重阳登高,往往都是同宗教、祭祀、婚姻、劳动等活动相结合的。另外,传统体育竞技往往都带有明显的地域性和民族性,而与现代体育项目几乎是"脱域化"有所区别,中华民族的体育,是祖先在漫长的历史中创造和沉淀下来的传统文化,充分体现了我国各民族共有的文化价值观念和审美理想,又同时受到地域、民族和时代的影响而有所差异。

---

① 黄亚琪:《民间杂技产生、发展的文化机制》,《濮阳职业技术学院学报》2006 年第 2 期。
② 苑利、顾军:《非物质文化遗产学》,高等教育出版社 2009 年版,第 116 页。
③ 王文章:《非物质文化遗产概论》,文化艺术出版社 2006 年版,第 313 页。

第二节 传统体育、游艺与杂技类非物质文化遗产的保护与产业研发

一、杂技保护与开发

杂技这一古老的传统艺术，经过了漫长艰辛曲折的历程，才发展到了今天可以同戏曲、音乐、舞蹈、曲艺等表演艺术相媲美的具有独立性的文化形式。在传统社会中，杂技的发展受到种种因素的限制，有历史的原因，也有社会的原因。因为从事杂技技艺的人往往被看作社会地位较低的人，长久的贫穷，家族式的继承，使杂技无固定表演场所，根本谈不上灯光装置音响等条件，使杂技一代传一代的只能是小型的、单一的流浪式表演，所以表演形式单一，技巧直白，发展缓慢。但是，也正是在这漫长的历程之中，又磨炼出了一大批极具个性技巧的节目，如"蹬技""顶技""飞叉""古彩""魔术""滑槽"等，并得以长足发展，给后来人留下了许多宝贵的技术、技巧和艺术表演形式。① 在经由传统社会到现代社会的转型，传统杂技的生存和传承等方面都面临着相应的调整以与之相适应。相较于许多文化遗产在现代社会的濒危甚至消亡，传统杂技总体上来说还保持着相当规模的表现空间和受众，呈现着继续发展的良好态势。新中国成立后，在周恩来总理的指示下过去浪迹江湖的杂技艺人开始登上舞台，自 1950 年后各地国营杂技团相继成立，此后多次跟随党和国家领导人出访，并为接待胡志明主席、西哈努克亲王等国家首脑演出。20 世纪 60 年代杂技创新节目大批涌现，拍摄多部杂技艺术片；1976 年文化部举办全国杂技调演，32 台晚会、440 个节目进京；1981 年 10 月 28 日，中国杂技艺术家协会成立；1987 年 10 月吴桥国际杂技节在石家庄举办，之后每两年举办一次。进入 21 世纪后，2001 年举办了第一届中国杂技艺术节，2004 年举办世界魔术师邀请大赛。据不完全统计，我国目前拥有十几万的民间杂技从业大军，从业人员占全国杂技从业人员的 90% 以上，国内杂技演出市场占有率达到 85% 以上。全国各省市几乎都有民间杂技团体，得到了各级地区政府和相关机构的重视与扶持，其中传统杂技大省，如河南、河北、山东、四川等省市民间杂技团体数量

① 任志强：《对"传统杂技"继承与发展的思考》，《当代戏剧》2004 年(S1)。

众多,小型的杂技团体只有一二十人,而大型的杂技团体已有几百人。有的民间杂技团体无论是演员人数、资金,还是节目质量、艺术创作水平都可以与国有杂技团体相媲美。如杂技大省河南省,民间杂技在河南非常普及,而且取得了诸多成绩。周口市现有专业杂技表演团 100 多个,遍布 10 个县区,专业从业人员近 5000 人;业余杂技团体和杂技班 500 多个,从业人员上万人,杂技在这片土地上已经普及到了村村乡乡。再如河北省的吴桥杂技,其有着悠久的历史和广泛的群众基础,近年来在政府的大力鼓励和扶持下,杂技事业的发展取得了很大成绩。目前吴桥县全县 473 个行政村,村村都有杂技艺人,全县有 40 人以上的民间杂技团 76 家,演出队 100 余个,常年在全国各地演出。另外还有民间杂技学校 42 所,杂技民俗旅游村 6 个,2004 年 10 月,被中国杂协命名为“中国杂技之乡”。

杂技在现代社会中焕发出了新的活力,除了上述各种杂技团体遍地开花,杂技从业人数始终呈上升趋势,并且,在不断的同现代社会与审美取向靠拢的过程中,杂技本体也发生着变化,在技巧和舞台表演甚至节目编排、创作中都有了很多与以往不同的新面貌、新形式。

1. 多元化文化创新:杂技剧

首先在艺术创作上有了巨大的飞跃,从 20 世纪 80 年代开始,随着改革开放和现代化进程的推进,人们的观念和审美需求不断转变,新的知识、形式和观念也开始同杂技创作发生交流、碰撞、融合。近年,涌现出了一批观众喜爱的杂技精品节目,如广州军区战士杂技团的杂技剧《东方天鹅——芭蕾对手顶》,中国杂技团的《俏花旦——空竹》,沈阳杂技团的《高椅》,上海马戏学校的《单人艺术造型》,福建杂技团的《行为艺术——度》等①,这些艺术精品在创作上和表现上融传统杂技技艺和现代舞蹈艺术于一体,将杂技附加以风格化、戏剧化舞蹈为主的艺术形式,而不是把杂技剥离为单纯的“技”的载体,而忽视了杂技的艺术性。杂技在现代社会已经同传统社会中走街串巷、搭起大棚锣吆喝着就开锣表演的杂技有所不同,它汲取民间杂技的精髓,加入了现代元素,在编排、表达上不断创新,使得杂技艺术不仅仅在技艺表现上不断提升,而且它更能够表现出现代感的艺术理念,是能够展现出具有时代感、符合现代审美追求的新型节目。例如杂技剧《天鹅湖》就是第一次将杂技艺术与经典音乐和芭蕾舞三位一体的创造性的结合,以现代杂技

---

① 林建:《走向繁荣的中国杂技——在庆祝新中国成立 60 周年老杂技工作者座谈会上的讲话》,《杂技与魔术》2009 年第 6 期。

艺术语言和东方人对音乐的理解展开叙事,创造性的展开激情演绎,以杂技艺术本体撑起全剧骨架,经过无数次地推倒重来,无数次的反复斟酌,历经四个月终于取得成功并将该剧成功的推向市场。黑龙江省杂技团团长关心民对此就谈到,说杂技剧《天鹅湖》这种艺术样式的存在和合理,证明了杂技外延的张力,决定杂技多样化的是文化多元化。杂技多样化表现在:表演形式多样化;表演内容多样化;多元的观念。表演形式多样化是文化多元化的表层表现,内容多样化是中层表现,而多元的观念是文化多元的深层表现,三者呈现递进关系,其中起决定作用的是当代人多元的观念。在观念解放的情况下,运用肯定与否定的观点,对节目进行推陈出新,才能不断打磨出杂技艺术的精品。①

但是,杂技剧能否被广泛应用,能否用杂技的艺术手段来结构故事、铺陈情节、塑造人物,这需要找到杂技与戏剧碰撞时产生障碍的解决之道,这并不是一个轻松的过程,需要不断的尝试和创新。武汉杂技团艺术主任林义泉对此也产生疑问:“我们的创作者、导演能否自如的驾驭这种全新的表现模式(杂技剧),乃至杂技艺术团的艺术生产结构能否适应这种新形势的需要等等问题,恐怕是后现代主义杂技的一种可能。我们所谓的后现代杂技,是一种带有颠覆性质的尝试。”②

杂技剧是一种将杂技表演和舞台戏剧表演相结合的尝试,它同最早的游走于民间大棚里的杂技杂耍已经有了很大的差别,在杂技剧中更被观照的是一种叙事性和艺术表现性。无疑现代声光电舞美和科技硬件为杂技的叙述性表现提供了可能性,所以在杂技表演中应建立起与科学的互动,使杂技能够借助科学的翅膀飞的更高。杂技创作中应该敏锐地把握住现代科技给艺术表现带来的奇迹,杂技剧无疑是一种多种艺术形式相互融合的尝试,但是,它究竟能否成功地被推广和广泛地被人们接受还需要不断的尝试和创新。杂技技艺的锤炼固然不易,艺术形式的取舍、多种艺术形式的融合也是一件极其艰辛的创作活动,杂技剧并非是杂技现代化走向的必然趋势,但是它的大胆尝试为我们的杂技表演开拓了思路,那就是在继续传统杂技重视“技”的基础上,综合运用现代舞蹈、服装、音乐、舞美、灯光手段,营造一种意境,表达一个完整的主体性的艺术理念。

---

① 《昆明论剑　路指何方——第十届全国杂技理论研讨会百家言》,《杂技与魔术》2006 年第 1 期。

② 同上。

2. 外围多元化包装

另外，在针对杂技内部的创作、编排和表演基础上，针对杂技外围的服装、音响、灯光、舞美等也在不断创新，丰富着杂技表演的内涵，为杂技发展注入生命力。因为杂技是一种综合性的表演艺术，但它同传统曲艺、戏曲有所不同，它所表达的主题往往是抽象的、虚幻的，叙事性较弱，往往注重的就是技艺的表现。杂技表演从地摊进入大棚，到后来又发展到进入舞台。在进入舞台的最初阶段，人们的审美要求仍然集中在杂技的技巧和难度上，忽略了舞台美术艺术。人们在观赏杂技表演时，不仅要观赏杂技表演动作的高难技巧，而且还要在观赏杂技的表演过程中获得一种视觉上、听觉上美的享受，这就成为观众欣赏杂技表演新的审美要求。现在的杂技艺术已经发展成为一门整体的综合艺术，杂技以高难技巧为主导，配合灯光、布景、服装、音响等，使杂技表演成为一门整体和谐完美的表演艺术。特别是舞台设计的布景，由原来的单一布景演变为今日的多元化布景，就是为了丰富杂技表演，让观众能得到充分的视觉享受。以前的舞台布景变化空间非常小，几乎没有什么创新的形式可言。但今天的杂技表演，为迎合观众审美的要求，在形式上已经有了很大的创新，不再是单一节目的杂技表演，而是根据创作要求变成了带有故事情节性的表演，也就是前面所说的杂技剧。① 杂技剧不用语言，所以叙事的表现就只能通过舞台布景和灯光、舞台装置来实现。在发展的过程中，大部分发展到吊杆操作，现在更发展到电脑操作，装置比较多元化，例如吊挂、升降平台、伸缩平台、空中悬挂等。这些装置，都是为杂技表演服务，更充分的表达了主题。

3. 多元化文化产业经营

传统杂技在民间仍然有着蓬勃旺盛的生命力，在一些有传承历史的地区，杂技至今仍存留在人们的生活中，既是人们喜闻乐见的艺术欣赏活动，也是很多人愿意参与和学习并且从事的行业，杂技在现代社会同其他传统表演艺术一样，也面临着一个从传统到现代转型的过程。所以，杂技的保护和开发是分不开的，对传统杂技的保护，既要依靠地方政府和国家在政策上、法律上等各方面的优待与扶持，建立地方性专业的杂技团，给予经济上的补助；同时更重要的还要使杂技真正扎根于民间这片广阔的土壤，依靠人民，自觉自愿的保护与传承，认识到文化产业亦是杂技演出团体发展的优选之路。当前，各地民营杂技团和业余杂技团体发

---

① 解锐：《杂技舞美的发展》，《剧影月报》2008 年第 3 期。

展迅猛,在市场经济体制下积极参与市场竞争,不断尝试创新,相比一些省市政府专业杂技团,民营团体更具灵活性和自由度,能够采取适合自己和市场的经营理念和经营方式。现在很多团体都有自己的主攻方向,搞特色经营,应该说在市场经济体制下的杂技表演,民营杂技团已经走到了时代前面。① 如四川德阳杂技团团长周小衡由杂技起家,以杂技为本,摸准时代脉搏,把握市场先机,成立了演出公司并且经营其他文化产业,成为业内敢想敢干的开拓者。当然,无论是民营杂技团还是业余杂技团体组织,只有以过硬的技艺和优秀的演出质量为保证,才能真正在市场竞争中有所突破。

4. 积极面向世界:国际性演出

杂技在新中国成立后就曾多次走出国门,跟随党和国家领导人出访,并为接待胡志明主席、西哈努克亲王等国家首脑演出,在新中国外交史上占有一席之地,也是独具中国特色的一项表演技艺。自 20 世纪 90 年代起,随着改革开放的深入,一些民间杂技团体在国外也成功进行了商业演出,足迹遍布世界各地。他们在赚取外汇的同时,也把我国传统的杂技艺术向世界传播开来。2009 年 7 月在北京举办的 24 届世界魔术大会,是中国杂技魔术对外文化交流史上光辉的一页;深圳福永杂技团的节目《晃圈》在 17 届摩纳哥"初登舞台"国际杂技艺术节上获得了最高成就奖——金 K 奖。

与此同时,也不乏一些大胆走出国门,在国外开拓演出市场的民间杂技从业者和团体。例如,2003 年杂技从业者边玉宽在马来西亚吉隆坡登记注册,成立了马来西亚玉宽娱乐艺术公司,该公司就是一个集杂技、魔术、歌舞等艺术形式于一体的综合文艺团体。新上海马戏团团长赵力志经过 5 年奋斗,在美国成立了跨国公司,又经过数年努力,于 2005 年 8 月在美国布兰森市建立了新上海剧院。②

5. 学术研究现状

在杂技实践活动的不断尝试和开展过程中,杂技理论建设也取得了突破性的进展。这也是鉴于杂技艺术在改革开放后的迅猛发展使得其对理论支持的需要显得更加重要。自 1987 年开始,由七省一市发起组织地域性杂技理论研讨会,1992 年中国杂协将当时分散的、不定期的理论研讨活动确定为有组织、有计划的全国杂技理论研讨会,每年召开一次,由中国杂协确定研讨议题,各省、自治区、直

---

① 陈尚岚:《共商民间杂技发展大计》,《杂技与魔术》2003 年第 1 期。

② 邵学敏:《关于我国民间杂技发展的思考》,《杂技与魔术》2005 年第 6 期。

辖市杂协负责组织论文和推荐工作，并设立了全国优秀论文奖、杂技理论研究组织工作奖。① 迄今为止，已经涌现出一批杂技理论成果。近年来出版的《中国杂技艺术史》、《中国百科全书·杂技》、《20世纪学术大典·杂技》、《杂技艺术论》、《当代中国杂技》、《中国艺术百科辞典·杂技》、《中华杂技艺术通史》等一批著作，对杂技艺术的推广和理论建设起到了积极的促进作用。

6. 保护与开发中存在的问题

随着民间杂技团体不断参与市场竞争，杂技事业呈繁荣局面，我国民间杂技团体的演出也存在着鱼龙混杂、节目质量良莠不齐的问题。有些杂技团缺乏市场竞争意识，缺乏对杂技本体的研究和技艺的挖掘，演出仅仅拘泥于一些现成的节目，缺乏推陈出新的创新意识和行动，使杂技演出的节目过于陈旧；有些杂技团一味追求经济效益，为了争夺市场，竞相压价，恶性竞争导致了杂技演出市场无序混乱，甚至造成了无法演出的恶性循环状态。这就需要国家行政管理部门的支持，各级文化主管部门的配合管理。中国杂技家协会作为广大杂技艺术工作者的家，对于没有主管部门全靠自己拼搏找市场的民间杂技团体就更需要中国杂协的支持。中国杂协应积极发挥与政府部门、广大杂技工作者之间的协调、联络的职能，充分发挥民间杂技管理委员会的作用，解决民间杂技团体在发展和经营中遇到的问题切实维护他们的利益。协会在规范行业演出行为制定最低演出价格等方面应该进行积极的探索和努力。在引导民间杂技团体健康发展，提供信息咨询和服务，积极指导等方面还应加大工作力度。②

二、体育竞技

体育竞技类活动现在主要的保护和开发模式一种就是走民俗保护的活态保护方式，通过民族传统体育的民俗化发展，使其得以继承和发扬。这主要是鉴于民族传统体育的起源、形成与节日的民俗意义之间有着极大的关联，不同类型的节日其起源的民俗意义各不同。不同地区、不同民族所产生的传统体育竞技活动也带有各自的特点。因此，对传统体育竞技活动的保护和发展，应该以活态发展理论为指导，在发掘和弘扬本土民俗文化，充分开展各民族传统体育的同时，又要

---

① 林建：《走向繁荣的中国杂技——在庆祝新中国成立60周年老杂技工作者座谈会上的讲话》，《杂技与魔术》2009年第6期。

② 邵学敏：《关于我国民间杂技发展的思考》，《杂技与魔术》2005年第6期。

突破自身起源时空的束缚,扩充民俗文化的外延,便于其能在不同的民族文化区域推广,成为具有强大普适性的大众体育运动。①

另一种模式就是走生产性保护的道路,主要是和旅游产业的结合。这主要针对的是一些武术类的体育活动。以武术旅游作为区域旅游的一个特色资源,为武术类文化遗产在现代社会的存留和保护能开辟一条新的途径,拥有巨大的发展空间,但是目前也存在着诸多不足。

1. 商品开发:武术商品

武术商品包括精神的和物质的两大类,精神的主要体现在健身娱乐、武术表演、武侠小说阅读和武侠电影等;物质的主要是武术器材、武术固定资产等。改革开放以来,国内出版了大量的武术图书、音像制品、武术器材,取得了良好的经济效益。据统计,仅北京地区就有 15 家以上的出版社,出版武术音像带产品,其中既有权威性的人民体育出版社,也有后来居上的北京体育大学出版社,既有中国唱片总公司这样在音像行业的巨头,还有学术气息浓厚的北京大学出版社。图书音像的出版不仅宣传了传统武术,还带来了巨大的经济效益,北京体育大学出版社就是以出版“武术图书”为特色,年利润达千万。人民体育出版社的《简化太极拳》一书就发行 800 万册。②

随着人们对武术的需求,武术器材的需求也在增加。目前我国有大大小小上百家武术器材生产厂,基本分布在浙江和河北两省。河北厂家靠低价位立足市场,像定州的训练竞赛刀剑和廊坊的白蜡杆都各有特点;浙江的厂家以质量赢得消费者,如龙泉宝剑,永嘉县的散手护具也深受欢迎;南京的武术服装设计新颖、面料考究,在市场上占有一定份额。③ 鉴于我国具有庞大的习武群体和深厚的习武传统,传统武术在走入市场后,由此获得了巨大的市场收益。

2. 旅游开发:武术旅游线路

旅游业为第三产业中的代表产业。武术和旅游活动都是社会文化活动,它们的有机结合,在一定程度上除了促进不同文化间的交流和传播,实现地区经济效益外,还能起到保护传统武术文化的作用。武术旅游主要是指以观摩、研修我国武术为主要目的的旅游形式,现在我国的一些武术大省都将武术旅游作为旅游活

---

① 祝伟明:《非物质文化视野下的民族传统体育发展研究》,《山西师大体育学院学报》2010 年第 2 期。

② 蔡宝忠:《武术发展的社会化和产业化趋势探析》,《沈阳体育学院学报》2001 年第 1 期。

③ 同上。

动的一条重要线路，每年接待大量的游客进行旅游观光和体验。河南少林寺每年接待人数都逾百万，门票收入占整个嵩山旅游收入的90%以上，少林寺已成为嵩山旅游业的重中之重。以武术为载体，通过旅游来满足人们对古老文化的探求，也促进了传统武术的传承和推广。

在对武术的旅游开发，主要有以下几点建议可供参考：

（1）注重武术旅游纪念品的开发和创新。武术旅游纪念品不仅应该有较深的文化底蕴，还应该有收藏鉴赏、使用和纪念价值。这其中也包括图书出版，宣传纪念册以及DVD等音像制品的发行，例如近年来河北省旅游局通过对外发送反映沧州、保定武乡风貌的专题纪录片《武乡行》《保定保健旅游》活动，提高了两地武术在国际上的知名度，每年来两地学武、观光的外国人有增无减。

（2）加强对武术旅游的整体开发，开发出专门化和特色化强的武术旅游路线，一是要打造武术品牌。例如具有广泛知名度的"少林拳""太极拳"就可以作为重点发展对象，借此推出专项旅游品牌，开辟集观摩、体验武术于一体的旅游线路。二是要打造文化品牌。没有高品位的文化旅游，就没有大容量、高效益的旅游经济。例如武当山因其深厚的文化底蕴才有了极强的吸引力，它充分融入了道教文化的广博内涵和独有特色，可以聘请专家对武当山道教文化进行深度的包装，挖掘文化内涵，将武术旅游和宗教、古迹旅游相结合，充分展现武当武术的文化品位和武当旅游的独特魅力。

（3）提高武术旅游的体验性和参与性。除了在旅游景区开辟一些专门的武术表演项目外，还应该让游客在观看表演之后，亲身接触、尝试这些项目，甚至可以让游客和武僧或拳师相处一段时间，看他们的生活习惯，如何练武，如何把功夫融入平常生活中。此外，还可以开发出武术夏令营，教孩子练习一些武术的基本功，并辅以文化课，让青少年加入习武之风，既能强身健体，又有助于磨炼性格。①

（4）举办武术节、武术赛事和武术论坛，以增加和吸引武术爱好者前来观摩。这也对弘扬中华武术文化、提高武术知名度、促进地方经济发展能起到极大的推动作用。如河南郑州自1991年起，每隔一年都举办中国郑州国际少林武术节；河南温县每年9月都举办国际太极拳年会。

（5）着力打造武术旅游的产业链，丰富武术"游"的内涵，达到可看、好看、耐看，逐步递升，逐步深化，放大旅游吸引力。这就要求加强以武术旅游为核心的旅

---

① 柴丹丹：《试论河南武术旅游的发展概况》，《传承》2008年第8期。

游景区的整体建设，加快宾馆建设和旅游餐饮建设，大力发展富有特色的旅游用品、纪念品和工艺品；着力建设一些突出民族化、地方化、民俗化的武术旅游项目。

3. 影视产业开发

中华传统武术已经深深地渗透到了影视领域，创造出了独居中华文化特色的武术武打片这一艺术形式，并登上了好莱坞世界电影的艺术殿堂。70 年代李小龙在世界范围卷起“中国功夫”旋风，激发起西方世界的功夫热，80 年代李连杰主演电影《少林寺》的放映唤起了人们心中对于武术的热爱，引发了少林武术热，2011 年初上映了再次翻拍的由华谊兄弟出品的《新少林寺》。以中华传统武术为题材的电影电视不胜枚举，如 2009 年公映的由甄子丹主演的《叶问》以及 2010 年上映的《叶问 2》；自 1949 年就开始拍摄上映的黄飞鸿系列电影一百余多部，其中较有名的是徐克监制的台湾电视故事《黄飞鸿故事》系列，曾以“电视电影”影碟发行：《黄飞鸿之少林故事》、《黄飞鸿之八大天王》、《黄飞鸿之辛亥革命》、《黄飞鸿之理想年代》、《黄飞鸿之无头将军》等。这些都为体育竞技的影视开发提供了很好的范例。

第十章

传统美术类非物质文化遗产保护与开发

【本章导读】传统美术作为非物质文化遗产的重要内容，种类多，涉及范围广，同其他文化遗产有着不可分割的交叉和融合的关系，与民俗、传统手工技艺、民间舞蹈、音乐以及民间文学等非物质文化遗产在存在方式和表现形式上都有所结合，涉及宗教仪式，民俗节庆，生产劳动和生活习俗等方面。其产业开发方面可同传统手工技艺的开发结合起来考虑。

第一节　传统美术概述

传统美术，又可称民间美术，以下均用民间美术。中华文明具有悠久的历史和灿烂的文化，各民族在自己生活的土地上创造出了带有本民族生活和民族心理特质的文化，作为民族文化的重要组成部分的美术领域，也是群彩纷呈并有着鲜明的民族特色。早在六七千年前的原始社会，美术已经作为一种独特的视觉感官因素出现在人们的生活生产中了。在封建社会中，民间美术很大程度上异于反映封建统治者和贵族意志的宫廷审美趣味，而是民间艺人在日常生活生产、宗教和民俗活动中运用自己的智慧和才能，创造发展出的带有浓厚平民文化倾向、为人民群众喜闻乐见的艺术形式。民间美术种类繁多，涵盖剪纸、扎花、印染、刺绣、雕刻、彩绘、泥塑、花灯、陶瓷、编织、面具、年画、家具等大量艺术形式，又因地域和人文历史的不同，富有浓厚的地方色彩。如剪纸类细分为：河北剪纸、陕西剪纸、东北剪纸、山西剪纸；刺绣细分为：蜀绣、湘绣、粤绣、苏绣；年画可分为：天津杨柳青、山东潍坊、四川绵竹、苏州桃花坞等。可以说，凡涉及人们衣食住行各个方面的，民间美术都有所展现。民间美术作为非物质文化遗产的重要内容,其包括种类多,涉及范围广,除上述列举种类外,它自身还同其他文化遗产有着不可分割的交叉和融合关系,同民俗、传统手工技艺、民间舞蹈、音乐,还有民间文学等非物质文化遗产在存在方式和表现形式上都有所结合,涉及宗教仪式,民俗节庆,生产劳动和生活习俗等方面。在学术研究上又涉及民俗学、人类学、民族学、考古学等诸多领域。

第二节　传统美术保护现状

民间美术是文化资源的一种,相对于主流美术形式而言,它是一种根植于民族文化自身的文化艺术表现形式,它的艺术魅力不仅体现在创作出的作品上,还体现在其整体性实践的文化手段和文化方式,以及为实现生存心理所带来的价值和意义。民间美术的日常艺术传承,主要是口耳相传与师徒、家族手艺相传这两种基本的外在文化方式,口耳相传涉及以地方方言为载体的民间文学范畴,师徒、家族手艺传承涉及以造物造型为主体的民间美术传统。这两种文化方式互补共生构成了民间文化的基本形态和行为语言特征。在民间文化漫长的传承发展历史中,其文化内涵和文化细节正是通过以人为本的口传身授方式得以延续的,尤其在手传方式为主的民间美术传统中,保留着更古老、相对稳定的文化记忆和文化细节,与口传文化方式相比较,民间美术以物质载体的方式,体现出文化特征和文化细节的明晰性和直观性。① 因此,对民族民间美术的保护,首先要立足于对民间美术的传统进行考察、认知、记录和整理。这是一项系统的工程,需要地方政府、文化部门进行统一的组织和管理,安排专业人员来进行,设立完善的机构,从发掘、抢救、整理、甄别、保护的各个环节来展开工作,借助于现代科技手段如影像、摄影、电子文档等多媒体方式记录下民间美术技艺的创作过程,有条件的地区可以全方位地建立资料库,申请非物质文化遗产保护资金,建立美术博物馆或者定期举办博览会。

其次,民间美术类非物质文化遗产不同于物质形态的文化遗产,所进行的考古发掘、整理和收藏等保护方式,作为一种活态性的文化形态,从产生到发展传承

① 乔晓光:《文化记忆——民间美术保护的文化原则》,《美术观察》2007 年第 11 期。

经历了漫长的时间和地域的流变，无论是口耳相传还是手艺相传，它的传承根本上还是立足于人际间的交往，所以对于民间美术的保护首先是对传承人的保护，从人的层面入手，抓住有代表性的传承人，才能抓住民间美术类非物质文化遗产的文化精髓，因此进行有深度和广度的田野调查显得尤为重要，普查与个案调查是两种基本方式。面对现代社会的转型和在新媒体、新文化形式的冲击下，随着老一辈民间美术的传承人和艺人的去世，该类文化遗产面临着后继无人的断流危机，由于文化地区的贫困闭塞或者缺乏直接经济利益的驱动，新一代年轻人大多难以继承先辈的文化记忆，现代化生活方式也逐渐进入普通百姓的生活，使得这种立足存活于人们生活中的文化遗产逐渐失去了存活的土壤，民众往往难以对这些文化遗产的重要性有明确的认识，而使大量民间美术类文化遗产在不经意间淹没于现代生活的风潮浪涌中。另外，因长期受封建等级观念的影响，相当一部分人认为民间美术这类艺术不高雅、不赚钱，而且耗时，如果很多年画和剪纸艺人的社会地位仍处于低下的位置，他们创造的艺术价值就难以得到客观公正的评价，青年人往往不愿意学习和继承老一辈的技艺传统，这就使得传承活动遇到了巨大的困难。因此，在民间美术的活态保护过程中，一定要让技艺得到传承，不仅要在财力物力上提供保障，还要通过政策鼓励和媒介宣传改变人们固有的对民间艺人的偏见和对民间美术价值低估的错误认识。因而，这是一个需要自上而下进行引导的工作，首先应该在政府和机构的组织下进行有计划的田野调查，记录和统计各类民间美术传承人和技艺精湛的艺人，保护传承人的合法权益，可以建立专用资金对生活有困难的传承人进行帮助和补助。在经济落后和通讯闭塞的地区，还要做好对民间美术遗产存留地的文化遗产知识普及和宣传工作，提高艺人和其他民众对于该遗产重要性的认识，从而让自下而上的民间自觉保护和传承成为可能。

这就提出了将教育和保护结合起来的客观要求，在做好地区民众对于文化遗产保护传承自觉性的宣传教育的同时，面对新的时代背景，对于提高传承人尤其是年青一代的文化素质、审美水准也提出了更高的要求。传统民间美术传承主要局限于家族、师徒之间，教育模式较为单一和守旧，这都为非物质文化遗产的发展和传承设置了障碍，往往成为造成某类民间美术遗产断流的主要原因。所以，应该有意识的打破这种局限，只有提高民间工艺美术行业从业人员的整体素质，才能为其可持续发展奠定良好的基础。地方政府应该针对当地文化遗产的实际情况，建立专修学校，开展相关类别的专业和课程；高等美术设计专业院校以及各民艺作坊都应该敞开门户进行“联姻”，相互交流与协作；学校方面应以教改实施的力度把课题项目放到民间“作坊”去实践与研究，学生们应该向老艺人“拜师”学艺，形成“绝活”接班梯队，民间艺人应该到高等美术院校进修学习，研发并融合现代工艺，提高审美能力和艺术表现技能；院校应迅速建立民间艺术工作室，如五十年代中央工艺美院就设立了“泥人张”、“面人汤”工作室。① 又如鲁绣中的麻柳刺绣自2003年起就进入了麻柳乡小学的实践课程中，教授学生学习麻柳刺绣工艺，并且利用“生于麻柳，长于麻柳”的便利，收集和整理了一批麻柳刺绣作品。

再次，民间美术是一种植根于人民生活的民间文化遗产，在漫长的历史流传过程中，它并非作为专门的艺术形式独立存在的，也不是学院式的文人创作，而是渗透在百姓社会的各个方面，反映人民喜怒哀乐、审美心理，与社会生活生产、宗教信仰、节庆民俗等活动都密不可分，它不仅是单一的视觉和造型的美术艺术，还有更多的作为民族（民俗）学、人类学和美学方面的意义和内涵。所以，对于民间美术类非物质文化遗产的保护，就是要保护它赖以存活的生态环境和社会环境，这样才能保持它的活态性和传承发展的生命力。现代化生活方式的普及冲击了传统生活的方式，也在很大程度上改变了人们的审美心理和追求，传统民间美术曾经的繁盛隐含着文化生态的自律性，譬如在城乡差别不大的传统社会，过年剪纸贴窗花的传统兴盛了剪纸类民间美术，那些心灵手巧的农妇经常在地域周边和庙会集市上交换一些具有地域特色的剪纸，她们在创作和交换中，都更注重趣味性、娱乐性和创作者的个性，她们既是生产者又往往是消费者，剪纸并非作为有意的谋生手段，而是作为她们生活喜乐中不可分割的一部分。但是现在，很多地区光洁的玻璃取代了糊纸木窗，窑洞为了卫生清洁铺上了瓷砖，青壮年很多常年在外务工，即使一些农妇仍在进行剪纸制作，也是为了在旅游景区或者市场上出售。这样的变化数不胜数，众多民间美术就这样逐渐淡出人们的日常生活，更多的是作为商业用途而存在着。这就使其逐渐丧失了作品中和人民生活息息相关的表达感情和个性的灵魂。故而，如何让民间美术类非物质文化遗产不脱离其产生环境而存活于现实生活当中，保持它作为文化遗产的“非物质性”特征，这为其活态保护和可持续发展提出了严峻的挑战。因

① 吴尚君：《湘西凤凰民间美术的保护——传承和创新发展的思考》，《企业家天地》2009年第9期。

此,政府机构的倡导、媒体宣传和民众自下而上的努力应该有机结合,在传统节日、宗教和少数民族地区,传统民俗庆典时进行公益宣传和引导,使传统美术技艺融入现代城市生活,将民间美术放置于民俗之下进行拓展,为其注入传统内涵和新的活力。

民间美术是民间文化中独具特色的视觉文化代表,在悠久的历史进程中,它在最初产生的形态上扎根于民间土壤,汲取了人民群众的智慧、情感和精神,不断自我生长和流变。首先,民间美术作为民俗文化的形象载体最直接地继承了原始艺术,虽然经历了漫长的流变过程,但从各方面来说它都和原始艺术有着极其密切的血缘关系,其创作动机、美学结构、主题内涵和艺术追求等方面,仍然保持着和原始艺术一脉相承的关系。所以在对该类遗产进行保护或者是生产性保护的过程中,一定要由专业知识的机构或团队对这种文化遗产的产生和流传进行全方位的认知,考察它所产生的民族、区域,包括地理气候状况和民族传统风俗习惯等因素,考察它最先产生时所依赖的人类行为形态,如有些民间美术最先起源于原始宗教祭祀活动,有些起源于民俗节庆仪式,有些又是在满足人们的生活需求基础上产生的审美形态,针对这些不同的起源形态,就要求对其文化内涵和外延有专业和系统的考察梳理和认知,才能在保护和开发过程中避免单一或者表面性的保护,从而忽视了这类文化遗产"非物质"这一重要特性,使保护和产业开发变成了脱离文化生态的僵硬模式,对文化遗产造成不可弥补的伤害。① 例如,具有浓厚原始形态和宗教的唐卡艺术在现代社会中就面临着文化生态恶化、文化渊源断裂的危机,如何使这种在民间传承了近千年的民间文化艺术绽放出绚丽的光彩,在进行生产性保护开发过程中如何既保持其文化原生性、活态性和多样性,又能客观上促进该类非物质文化遗产得以可持续发展就成为摆在眼前亟待解决的问题。现有的对唐卡艺术的生产性保护主要集中于旅游开发中,这种模式在带来经济效益,扩大唐卡艺术在全国范围内的知名度之外,也打破了当地原有的封闭状态,给少数民族地区带来剧烈的文化冲击,造成当地民间美术本体和传承在外来因素的影响与冲击下发生了各种变化。人们过去所接触的仅是本民族的单一美术,如今很多人,尤其是年轻人,对新鲜、时髦的美术作品产生浓厚的兴趣,导致本土美术在外来美术的竞争中丧失大量原有的受众群,少数民族民间美术面临着生存危机。西部少数民族由于长期经济发展滞后,其美术文化的发展状况接近自

① 玄颖双:《文化遗产视野中的民间美术研究》,浙江师范大学硕士论文 2009,第 24 页。

然,民族民间美术与社会活动的联系十分紧密,对社会生活的依赖性很大,多具有实用、宗教、民俗等多重社会功能。以唐卡为例,过去绘制唐卡完全是以对佛、法、僧三宝的崇拜、敬仰和虔诚的心态来创作,所以艺人们对唐卡的量度、用料、规格、着色、装裱等每道工序都是精工细作、一丝不苟,做到精益求精,一幅唐卡作品往往需要几个月甚至数年才能完成。如今,生活水平的提高和旅游产业对热贡唐卡艺术的产业化运作,促使一些不法商贩为了经济利益,不尊重藏族文化,不尊重民族宗教感情,不顾唐卡艺术的庄严性、神圣性和高超的艺术性,随心所欲地侵犯、剽窃、复制别人的传世作品,大量印刷量度、色彩、规格等不合格的劣质、次品唐卡。这严重影响了藏族精品艺术的声誉,对整个热贡艺术的发展造成了不良影响和难以弥补的损失①。

还有一点值得关注的是,在世界性非物质文化遗产保护的浪潮中,对于民间艺术类非物质文化遗产的人才培养教育问题也越来越引起社会各界的关注。手耳相传或者家族传承的方式已经成为诸多非物质文化遗产传承的瓶颈,为了打破这种局面,上至政府机关、地方文化部门,下到民间机构团体,都将传承人保护和培养作为了非物质文化遗产保护和传承的着眼点,力图将学院教育这种“主动和规范科学的传承模式”带入非物质文化遗产的传承保护中。我国早在20世纪50年代就尝试请民间艺人进入高校做现场表演和示范,譬如在1956年,中央工艺美术学院就邀请天津“泥人张”、北京“面人郎”和“葡萄常”等著名艺人进校园;80年代中期,中央美术学院将连环画专业改为民间美术系。这些都是有益的尝试,包括现在许多省市自治区都有了独具当地特色的民间美术专科学校,力图培养专业的掌握民间美术技艺的人才,这种技能性的传承,还是应该由高等院校和专业院校承担对其规范化、全面化的教育。与此同时,一些地区将地方性民间美术技艺带入中小学生课堂,将地方民间美术作为一种实践动手的素质教育进行开展,并非要使学生从小掌握该类文化遗产技艺,而是要在学生中建立和培养对地域文化的认知和理解,使民间美术得以在现代生活中的人们心理上留存下文化基因,树立一种地方性文化遗产的心理尤为重要。而对多民族丰厚浩瀚的民间美术资源和文化多样性,我们需要专业的学者从教育体制、教育观念、知识体系、学科建设等方面做出指导性的意见,引入新的符合时代特色和发展需要的教育理念,加大

① 马花:《新时期民族民间美术的保护和传承——谈青海热贡艺术》,《艺术理论》2008年第10期。

多媒体教学方式在人才培养中的运用。故而,当代学者肩负着对本土的活态文化保护发展的文化使命,提倡教育传承的意义正在这里。如建立多媒体民间美术数据库,担负资料保存、记录等多方面的功能,正是对传统传承方法的更新和接续。它可以为现代学子提供学习、设计、研究等多方面的素材和参照,是具有现代意识的保护和传承方式。①

民间美术是一种带有原始艺术因素的文化形态,尽管在不同时代和地区,民间美术在内容和形式上都有所变化,但从各方面来讲它都和原始艺术有着密切的血缘关系,其创作动机、主题内涵、艺术形式都和原始艺术一脉相承。从众多考古的研究中,我们可以发现,最早的原始美术它并非旨在审美,而是为了原始信仰的祭祀、巫术等活动,为了表达各种思想观念,大量与神灵有关的意念通过原始美术符号表现出来,形象成为观念的物化象征。② 同样,由原始美术演化而来的民间美术在传统社会中,最主要的特性是实用功利性,而非纯粹的审美。这种实用性大体可以分为两种:一是以精神上的实用性,如窗花、年画等,这类作品表达并满足人们的祝愿吉祥、驱邪避鬼的愿望;二是以物质实用性为主,如坛、罐、碗及其上的雕花、雕刻等生活生产用品。③ 民间美术作为原始美术的重要传承体,尤其是体现在第一类精神实用性上的艺术形式,带有浓重的符号意义,这也成为它在艺术上重要的价值体现。

现今国内外众多研究者都认为,在消费社会中,民间美术作为物质实用的特性已经逐渐退出人们的生产和生活,或者说它的实用价值已经居于次要位置,上述分析也谈到,如果紧抓民间美术在传统社会中的实用作为着眼点,那么必然会得出民间美术在现代社会中的失落甚至濒临危机的结论,而忽视其精神实用性的重要作用,尤其是对于特定的民族地区人们在精神上的满足,也会使民间美术的保护和开发工作陷入泥沼中止步不前。所以,对于民间美术的保护,应该将挖掘它的文化内涵和符号意义作为重要关注点,这是有关学者和研究机构应该予以重视的方面,保留下民间美术的符号意义,就等于留存住了这种文化遗产的精髓和灵魂,也有利于其能够在适应现代社会生活方式的背景下留存与传承。对于民间美术符号意义的探究和研究,也有利于在进行生产性保护的过程中的使用和开

---

① 王海霞:《民间美术保护工作应注意的两个问题》,《美术观察》2007 年第 11 期。

② 杨传喜:《对民间美术形象符号及其文化内涵的解读——一种民俗文化传承的视角》,福建师范大学硕士论文 2006 年。

③ 同上。

发,不至于在产业运作的过程中对文化遗产造成不可逆的损害,避免盲目开发和单一开发,着眼于符号价值也成为民间美术重回市场的一个契机,也将成为文化产业和非物质文化遗产有机结合的推动力。

(产业开发模式参见《传统技艺类非物质文化遗产保护与开发》)

第十一章

传统技艺类非物质文化遗产保护与开发

【本章导读】传统手工技艺是非物质文化遗产的重要门类，它具有明显地域性特点，在人们的日常生活中有很强的实用性功能，但传承方式也有一定范围内的局限性，传统手工技艺的开发可通过深化产品开发、与旅游产业结合来进行。

第一节　传统技艺概述

传统技艺，亦可称传统手工技艺，以下用传统手工技艺。传统手工技艺是非物质文化遗产的重要门类，在不同时代与地域，传统工艺满足了不同民族在衣、食、住、行方面的物质需求。同时，它是人们生活方式、生产方式、思维方式、风俗习惯和社会心理的一种主要载体，也体现了政治、经济、科学、技术、哲学、宗教、艺术和审美价值。它既具有非物质文化遗产的传承性、非物质性、活态性、流变性和社会性，也具有自己独有的特性。①

明显的地域性：传统手工技艺从制作材料的选取、加工制作、工艺设计等流程都体现着明显的地域特征，从原材料的选取来说，制作民族传统手工艺首选的材料，一般都是当地独有的自然资源。如布依族蜡染的靛蓝等材料，这些原材料都取源于当地的自然界，它不会给人的生存环境造成任何的污染；工艺流程也是经过该区域团体内人们长期的共同生活劳动积累，形成较为固定的、拥有特征性的制作技艺，和人们的生活密切相关，其产品和作品能够满足当地人民生活生产、习

① 参见马文静：《民族地区传统手工艺的传承与发展问题探讨》，《贵州民族研究》2009 年第 1 期。

俗、宗教信仰和审美的需求。

传承方式的局限性：同许多其他非物质文化遗产类别一样，传统手工技艺类遗产具有相对较为固定的原材料选配、工艺制作方式和一些独门秘技，拥有高技术含量的“祖传秘方”，所以在传承方式中主要也是以家族传承或者师徒传承为主，一般是在一定亲缘或者师门范围内的口耳相传、手把手传授，较少有对其技艺制作过程、操作要领的文字记录，这就造成了该类文化遗产技艺的独特性和珍稀性，并且在技艺传授过程中，并没有明确的评价标准，所以学习者的接受程度大多取决于自身的领悟力和后来的勤奋钻研，在长期的实践创作中获取技艺的精髓，故而也使其在传承中遇到了难以克服的阻碍。

实用性：传统手工技艺是在人民日常生活中应运而生的，它是诸多生活需求、技巧、经验以及审美情趣、思维结构、民族传统信仰等因素叠加的产物，其中实用性表现得尤为明显。如传统的刺绣挑花工艺，早在4000多年前的《尚书》中就有所记载，在漫长的历史时期中一直经久不衰，产生了苏、粤、蜀、湘四大名绣，以及各种具有地方特色的顾、京、瓯、鲁、闽、汴等多个绣种；还有传统印染工艺，主要有蓝印花布印染工艺，扎染工艺以及蜡染工艺；传统彩扎工艺制作出的各种民俗活动工艺品，如各种花灯、马灯、树灯，还有扎制各种阴间冥器、纸人等等；传统印模雕刻工艺中，如点心模，是民间专用制作磕饽饽的模具，每逢节庆或者婚庆活动，民间都要用这点心模做点心；还有墨模制作工艺，用于古人写字墨模之用，也作为文人雅士的收藏；传统金属制作工艺，制作耳环、项圈、簪子等小件工艺品，还有铜镜、铜壶等生活用品。这些技艺都涉及人们生活中所需所用的方方面面，较强的实用性使很多传统技艺得以流传至今。

第二节 传统技艺保护

中国手工艺有万年以上的不间断历史，经历原始社会、传统社会和现代社会的三大阶段。进入20世纪，随着生产方式的巨大变革和现代化生活方式的普及，在全国大部分地区尤其是城市、乡镇地区，现代化如潮水般势不可挡的涌入人们的生活生产，改变了传统的生活方式。大机器、电气化、自动化和多媒体的广泛应用也彻底革新了传统社会以手工生产为主的生产方式。交通的便利为商品流通提供了前所未有的便利，当现代化商品遍及生活时，传统的生活方式显得单一和繁复,市场需求和经济利益具有极大的推动力,被改变的不仅仅是外在化的生活生产方式,还有人们的心理需求和结构,这诸多的变迁直接影响到了传统手工技艺的传承、发展和存活,因为当它失去了需求的土壤,失去了既是生产者又是使用者的行为主体,这类文化遗产的非物质性又使其不能作为博物馆遗产加以固态抢救和保存,甚至缺乏对其技艺的文字和影像资料,这使得很多手工技艺类文化遗产面临失传和濒临灭亡。单就北京来说,根据相关数据显示,传统工艺美术行业曾一度处于萎缩状态,各类工艺美术设计和制作的传统手工大师,已经从解放初期的1600多人减少到不足1000人。对我国民族民间手工艺的现状,学界形成了两种比较有代表性的观点,一种观点认为民间手工艺在逐渐消失,另外一种观点则认为民间手工艺发生了转型。持前一种观点的学者有张明生、韦贻春、杨福泉等人。张明生认为,由于高科技取代了诸多效率低下的手工业操作手段,民间手工艺存在着艺人"老年化"、传人"稀有化"、技艺"衰退化"、发展"迟钝化"的现状。民间手工艺正经历着一种逐渐消失的趋势①。韦贻春认为传统工艺正面临着历史淘汰、自然消失及地方传统工艺日渐衰微这两种现状。② 杨福泉则认为,日益发达的机器生产为人们赢得了效率和利益,却也成了传统手工艺的致命伤,那种凝聚在一针一线、一刀一凿中的古老的诗意和个性差异的美,都消失在那千篇一律毫厘不差的图案和一刀切的制作模式中。③

主张后一种观点的学者则有黄柏权、诸葛铠、胡平、邬烈炎等人。如黄柏权通过对土家族地区传统工艺的田野调查,认为土家族民间工艺的转型是极其复杂的,但是,转型是必然的,是符合事物发展运动的规律的;而且转型也是渐变的,有的甚至是十分缓慢的;还有就是各种民间工艺转型是不平衡的,有的是彻底全面的转型,完全退出当地人的生活,有的却是局部,许多民间工艺甚至永远将伴随这个民族的生活④。诸葛铠认为中国传统手工艺存在市场日渐缩小、对手工艺品价值认识偏移以及手工艺的创作观念难以与时代同步这三个方面的转型⑤。胡平则认为,中国近百年的产业史实际上就是手工艺基础向现代工业基础转换的历史,在这样的历史转型当中,传统手工艺的基础必然被渐渐抽薄,并且退居非主流

① 张明生:《山西民俗博物馆与民间手工艺》,《文物世界》2004年第6期。
② 韦贻春:《对民族传统工艺现状、价值及其发展的思考》,《吉首大学学报》2002年第3期。
③ 杨福泉:《正在消失的手上的文化》,《人与生物圈》2005年第1期。
④ 黄柏权:《土家族民间工艺变迁研究》,《中南民族大学学报》2007年第1期。
⑤ 诸葛铠:《适者生存:中国传统手工艺的蜕变与再生》,《装饰》2003年第4期。

的地位，成为产业历史舞台上的配角①。邬烈炎认为，虽然近150年以来的艺术设计进程，是以现代主义、后现代主义等设计思潮发展为主要线索，风格占主流地位的发展过程，是工业文明与机械美学支配设计方法、形态、技术与主导形式的发展过程，但手工艺非但没有消失，反而是以自身的发展使其获得本体形式，是在现代设计理念引导下流派层出不穷及形式现代化的演化，是以另一条独特的线索与现代设计并行地发展着。从某种意义上讲，正是工业革命及机器文明催化了现代手工艺的形成，从而使手工艺的发展逐渐脱离了传统色彩，获得了新的现代的理念、方法、形式②。

事实上，传统手工技艺现在面临的处境是现代性和全球化必然的结果，也是现代社会发展不可回避的一个问题，我们需要一直探讨如何处理好传统与科技的问题，任何偏执的观点都是不可取的。传统手工技艺目前确实遇到了前所未有的巨大挑战，这是因为它所生存植根于的土壤已经发生了根本性的变化，文化生态环境的变化必然要求其中的文化形式随之改变或者消亡，其实面临挑战的又何止传统手工技艺或者其他门类的非物质文化遗产，就是那些在人类历史上被膜拜的学院式艺术也遭到了现代性的冲击，20世纪30年代本雅明就在《机械复制时代的艺术品》中就谈到了传统艺术光晕的衰落和机械复制艺术作品的兴起，当艺术品的膜拜价值变成了可随意移动的展览性，独一无二的光环跌落为随处可见的廉价复制品时，传统艺术的出路又在哪里？本雅明无疑是乐观的，纵是摄影术和电影的出现及普及，传统人物风景绘画或是舞台剧表演依然没有完全就此消失，而是卸去了其原本的现实实用效用，作为更加纯粹的特定门类的审美艺术形式而存在。我们认为传统手工技艺最初的出现实用性大过审美性，审美性是在日积月累的生产实践中逐渐产生并且稳定下来的，当机械生产在一定程度上取代了手工作坊式的生产，提高了生产效率，也保障了其产品标准化和品质化的特性。对于过去那些必须依靠手工生产的物品来说，无疑是会投入机器生产的浪潮中。那么作为人类智慧结晶和创造力体现的传统手工技艺又该如何保存，我们认为该类非物质文化遗产的保护要依靠政府自上而下的行政管理、立法保护，做好田野调查、收集、整理、普查和个案的专业工作，尽量对其进行文字记录和运用多媒体技术进行影像记录；对其传承人进行登记，发放生活补助，进行知识产权保护；将民间手工

① 胡平：《中国传统手工艺的复兴》，《传统手工艺百年回顾研讨会论文》1999年。
② 邬烈炎：《手工艺的现代演化与形态呈现》，《南京艺术学院学报》2002年第3期。

技艺同当地的教育结合,使其成为具有地方特色的普及教育门类,而并非简单生存技能培训;开办专门的学院、工作室,支持和鼓励艺术家进行创作;建立博物馆、文化馆进行展览、宣传,通过媒体开展公益广告的推广等等。这些自上而下的措施主要依靠政府、文化机构和传承人艺术家相结合的方式,投入人力物力财力进行统一规划管理。但是这也会造成政府财政压力较大,单纯的投入资金很难激活整个保护体系,这类非物质文化遗产因其特殊性质,我们认为最适宜也最应该进行生产性保护。只有通过生产性保护,结合多方因素,做到官产民学艺相结合,才能激活整个保护链条,带动多方积极因素,才会找寻到出路。

对于传统手工艺所面临的机遇和挑战来说,保护是第一位的,也是最重要的,新中国成立后,政府和社会各方力量都在努力,为保护传统手工技艺做出了不懈的努力与不断的探索尝试:

一、政府部门对传统手工技艺的保护措施

建国后,各级政府都组织了对各地区和少数民族的民间传统技艺的记录调查,出版了《国家民委民族问题五种丛书》和《中国少数民族社会历史调查资料丛刊》等;各行政区还对当地的非物质文化遗产包括传统手工技艺进行了普查、传承人认定等工作,出版了一系列省级市级名录,对那些极具地方特色的传统手工技艺还进行了专门的介绍,出版了相关图书和影音制品,其中,对民间艺人的研究,最有代表性的著作是叶继红所著《传统技艺与文化再生:对苏州镇湖绣女及刺绣活动的社会学考察》一书。另外,在财政部的支持下,确定了 40 个“保护工程”国家级试点,其中,区域性的综合试点 6 个(如云南省等)、专业性试点 34 个(如新疆维吾尔木卡姆等);2000 年,联合国教科文组织启动了“人类口头和非物质遗产代表作”项目,2004 年 8 月,经全国人大常委会批准,我国正式加入了在第 32 届联合国教科文组织大会上通过的保护非物质文化遗产公约;2006 年 5 月 20 日,国务院公布了第一批国家级非物质文化遗产名录,名录包括了传统手工技艺类 89 项。21 世纪以来,各省市自治区大力开展当地非物质文化遗产包括传统手工技艺类文化遗产的宣传工作,一些政府门户网站开辟了非物质文化遗产专栏,运用网络等新媒体技术进行文化遗产普及和宣传工作,将传统与现代生活结合,如宜兴市的紫砂壶制作技艺,已经成为宜兴市在全国范围内几乎家喻户晓的地方名片。

二、研究机构对传统工艺传承与保护的研究现状

通过对民族民间文化艺术的抢救、发掘、整理和研究，不仅保存了大量珍贵的文化资源，也造就了一支有相当学术积累的科研队伍。以科技考古、传统工艺保护和研究、传统工艺文化研究为主要研究内容的各类事业单位层出不穷，涉及考古部门、博物馆、学术团体、高校和各类培训机构等。① 各种官办和民办的传统手工艺学校、工作室也应运而生。如北京的百工坊于2003年11月26日正式开坊，其中工艺技艺门类超过32种，收藏6万余件大师的作品。目前投入使用的包括40多个特色工艺坊和100多位大师工作室，品种涉及景泰蓝玉雕牙雕等“燕京八绝”，以及泥人内画等30余个类别的传统工艺和民间工艺，是目前全国规模最大的专业工艺美术创作和研发基地。

三、传统手工技艺的学术研究状况

对于如何保护民族传统手工艺，也是学界关注的焦点，有学者提出了在调查研究基础上进行记录式立法与分类分层保护的措施；还有学者提出了动静结合的保护发展模式及有特色的商品化开发来保护传统手工艺这一特别的见解。② 如符娅、王德清等认为应该从以下几方面来保护与发展传统手工艺：(1)采取动态和静态相结合的保护与发展模式。静态的保护与发展模式包括博物馆式的收藏保护与采用录音、摄像、拍照和文字记录等手段进行保护。动态的保护与发展模式包括命名式保护；立法性保护；选定场所，定期举办培训班，增强传统手工艺文化的传承教育；建立展示民间手工艺品制作流程的家庭作坊；建立切合当地群众意愿的民间手工艺行业协会。(2)加强经济联系与交流坚持民族特色与面向市场相结合。(3)转变观念、灵活经营，走创新发展之路。(4)大力拓展少数民族地区民间手工艺品的需求市场。(5)积极发展少数民族地区旅游纪念品的生产。(6)力争尽快培养一批素质较高、技艺成熟、职业稳定的民间手工艺人③。

---

① 曾令发、黄万稔：《从科学学的角度看传统工艺的发展》，《广西民族大学学报(自然科学版)》2007年第13期。

② 袁东升：《近20年来中国民族民间传统手工艺研究评述》，《湖北民族学院学报》2009年第27期。

③ 符娅、王德清：《西南少数民族地区传统手工艺的保护与开发》，《贵州民族学院学报》2006年第1期。

四、企业与传统手工技艺的保护

在现有的对传统手工技艺采取多方保护的基础上，应该着重注意的是，要处理好保护与地域民族间的关系协调问题。因为多数传统手工艺是留存在少数民族地区或者偏远山区，所以，政府、学界和企业在保护与开发时要注意处理好同当地居民、生活环境、民族风俗习惯、信仰等相关的问题，使传统手工技艺得以在其产生发源的文化生态环境中继续传承和发展。再者是在进行生产性保护的开发过程中，尤其是以旅游业为主要方式的相关开发中，一定要处理好保护和开发的关系，必须要认识到进行旅游开发是良性、合理的，不能走向功利性、片面性，经济利益驱动下的文化遗产滥用的一面；另外，随着时代的影响和非物质文化遗产自身的流变性的特征，保护不能简单地理解成单纯的保留、留存和展示，还应该在保护继承的基础上创新，尤其是对传统手工艺和民间手工技艺而言，它是传统手工艺不断发展延续的形式，是人民生活生产方方面面的体现，应随着人们生活方式和心理结构的变化，不断拓展传统手工艺的范围和形式，增加一些新的品类、形式、风格和材料，使其在全球化和文化多元化的大环境中与时俱进，体现民族地区特色，能够继续传承发展和推广。

第三节　传统技艺的产业研发

一、产品开发

就传统手工艺而言，最简单也是最直接的就是以非物质文化遗产为依托的产品开发。尤其是传统手工技艺、民间美术等技艺类文化遗产，它们制作技艺的“非物质性”最终要通过“物质性”为载体展现出来的，所以对于这类非物质文化遗产，应该首先走制作技艺的物质化产品开发道路，使这类文化遗产不仅作为古董和收藏品被固态保护，还可以通过激活整个从生产——开发——保护——再生产的链条，充分利用这种存留于人民生活生产中、饱含着劳动人民聪明才智和审美情趣的文化形态，使其在新时期实现由文化遗产到文化资本的转化，反哺于非物质文化遗产的保护，走一条生产性保护的道路。

但是由于非物质文化遗产尤其是这类从传统社会流传至今的制作技艺类遗

产在形式上的特殊性,在产品开发中也应该实行梯度开发,而不是盲目的由手工作坊“升级”成为规模性工厂生产,这种方式往往会对文化遗产本身造成很大的伤害,尤其是一些小工厂谋取一时私利,在产品制作技艺和原料选取上偷工减料,产品粗制滥造,只着眼于产量而完全忽视传统手工品的艺术价值,或是跟风似的盲目开发,一时之间,各种私人作坊比比皆是,形成恶性竞争,破坏市场秩序也伤害了文化遗产固有的艺术品位。

1. 文化性、产品性和艺术性

在对传统手工技艺类非物质文化遗产进行产品开发的过程中,要立足于外部和内部两方面的整合,针对产品内部,首先就是要处理好产品的文化性、产品性和艺术性三方面的关系;外部方面是要求在进行开发前对各个种类的文化遗产进行科学认知与分析,以及做好市场调查,在综合上述内外各个因素的基础上进行适度开发。

简单来说,产品内部即产品自身,包含着该类非物质文化遗产所表达的人类学方面的因素,民族地区和不同时代条件下对人民日常生活的效用;还包括在满足人们实用性基础上表现出的审美趣味、心理结构等复杂因素。所以,在进行产品开发时,不能脱离了传统手工技艺类文化遗产的文化生态来进行单纯开发,这样只会产生“为开发而开发”的“工业制品”,而失去了传统手工技艺最核心的文化内涵和艺术追求。拿南京云锦开发这一例子来说,云锦制作技艺发源于公元3世纪,因其灿若云霞、美若绮云而得名,是我国丝织工艺中具有优秀艺术传统、鲜明地方特色和独特艺术风格的织锦,被称作是中国织锦艺术的“活化石”。

云锦在文化性上,主要体现在图案纹样及色彩装饰上。最显著特点就是花色以大朵花为主,设色浓艳,和一般普通织品相比较,显得富丽堂皇,更具王者气度。这主要是由于在历史上,南京云锦在元、明、清三朝,均被指定为皇室御用品,是龙袍冠带、嫔妃衣饰的主要用料,亦是馈赠国外君主、使臣和赏赐朝廷大臣、皇亲国戚的高贵礼品。作为一种面料,而并非是寻常百姓家庭能够使用的织锦物,所以它的制作技艺复杂,工期长,产量低,其产生环境是服务于宫廷贵族,体现出带有皇家尊贵的审美趣味。而现今,人们在衣饰穿着和居室装饰上更喜欢简洁雅致、朴素自然、不喜浓艳和铺张,这样的审美时尚就与传统云锦美艳华贵的风格不相协调,只有在传承的基础上融入时代的审美趣味,紧扣时代脉搏,才能具有更大的市场价值。在生产工艺方面,云锦是由木机手工生产,其制作工艺决定了不可能由大工业、大批量生产制造。因此,只能被界定在传统手工艺品而不是工商品的范畴。以前,云锦也曾尝试过机械化生产,但未能完全保留其特色,例如,不能达到逐花异色的效果。而且,机械化的结果可能会使云锦失去“寸锦寸金”的美誉。在产品定位方面。过去人们认为,南京云锦只是一种艺术。用发展的眼光看,南京云锦也是一种文化产品。因而,不可简单地被界定为织锦商品,而应视其为文化产品。既是一种文化产品,就应积极地去反映或彰显其所蕴涵的文化历史与积淀,而不是一味地根据市场需求制作,盲目地追求销量。①

传统手工技艺这一文化遗产的自身特性所带来的其产品的特殊性,还要结合外部条件的研究与配合,才能制定出合理适度的开发模式,在不损害文化遗产的基础上进行生产性保护,达成保护和开发的双赢目标。学界对非物质文化遗产的研究,早期主要集中在理论层面,包括非物质文化遗产的概念界定、价值认识和保护原则上,而缺少一些对文化遗产本体进行细致的分门别类的研究,在市场经济的条件下,应将非物质文化遗产自身特性同市场产业开发结合起来进行更大范围的着眼。在缺乏上述二者认知的情况下进行开发势必是盲目的和有害的,不但难以产生长期的经济利润,还会破坏文化遗产本身的文化性和艺术性。还是以云锦为例,在 20 世纪 90 年代,南京云锦研究所步入市场,由于云锦是木机手工生产,产量低,耗时长,加上宣传不够,导致销路打不开。云锦研究所一度只得开发天鹅绒毯等一般工艺机织物以维持日常支出,结果是一批老工艺人员退休,技术人员开始大量流失。云锦织机也由原来的 50 台下降到 13 台。与此同时,一些商家开始盯上云锦,加入到云锦市场的开发中。目前南京有 300 多家礼品公司,几乎家家都可以生产“云锦”,而云锦品牌更是多达十个,这在一定程度上刺激了云锦市场的活跃。然而这些商家通常不具备生产真正意义上南京云锦的能力,往往只能生产一些低质量的仿云锦制品,导致在南京市场上,各种“云锦”制品比比皆是,而且大多价格低廉,和普通的旅游纪念品放在一起销售。在很大程度上又给整个云锦市场造成了负面影响,无论是当地人还是旅游者对于那种随意兜售于旅游景区的廉价“云锦”几乎都是不敢购买,甚至人们在怀疑市场上是否还有真正的云锦。这就是盲目开发造成的市场混乱,反过来又导致了云锦市场的滞销,也使云锦这一文化遗产的品牌效应大打折扣。其次,由于云锦的开发成本高,尤其是前期设计投入更高,因此,很多云锦生产厂家都省去了设计环节,而从别人手里购买现成的云锦图案,导致同一图案出现在不同的织机上,市场常见的云锦图案仅剩下龙、

① 周艳:《南京云锦的产生、发展及市场化思考》,《现代丝绸科学与技术》2005 年第 3 期。

凤、牡丹。很多传统的吉祥图,像双鱼图、娃娃莲藕图因为大众对它们的含义不了解,很少有人会购买,而现在的云锦生产商也为了迎合市场,对那些带有特殊传统吉祥或节庆图案也不再生产,就导致了云锦图案的单调划一。① 这样造成的结果不仅是云锦的市场前景暗淡,而且直接损害了云锦作为传统文化遗产的艺术性和文化性,对文化遗产本体造成了严重的损害。

因此,立足于对南京云锦的传统制作技艺价值的认知基础,以及结合对现有云锦市场的反思,南京云锦研究所及其他机构的设计人员一直都在探索让云锦走向大众的尝试,打破云锦曾仅局限于皇家御用品的高高在上的地位,使其从带有浓郁皇家审美特质的织物品走入现代人民生活中,符合现代人的审美趣味,他们设计制作出云锦提包、手机袋、钱包、纸巾盒、背包等日用品,均受到市场的好评。在销售渠道上,除借助中国工美集团海外网络外,南京云锦研究所还将在国内广开专卖店。这里要注意的是,用发展的眼光看,南京云锦不可简单地被界定为织锦商业开发,也不适宜大规模的机器生产,它的技艺特性要求其只能在手工木机制作和严格精细的图案设计基础上才能体现出其文化艺术内涵,所以对于云锦的产业性开发,尤其是在产品开发过程中,一定要把握住这个度,适度开发,有限度的进行产品生产和销售,并不适宜大规模生产投入市场。对此,可以尝试开展一些文化博览会进行推广和宣传,还可以营造创意性文化体验区,让人们亲身走入云锦制作现场,体验云锦的工坊制作。

2. 梯度开发

另外,就传统手工技艺和民间美术这类可以被"物化"为文化产品的文化遗产而言,一部分如南京云锦那种不适合投入大规模机器生产,完全需要依靠手工传统制作才能最完整最真实的实现其文化价值的遗产外,还有一部分产品生产在脱离了日常实用性这一背景下,同旅游产业结合而作为旅游产品或是具有审美价值的工艺品而走向市场,这就首先需要规模化的经营。在历史上,家庭作坊式的传统经营对产业产品开发十分有限,并且家庭手工作坊生产出的产品质量缺乏保障,良莠不齐,所以产品开发首先要求对其进行规模化经营。其次,规模化经营离不开对产品多层次、多梯度的开发,既要着眼产品本身的开发层级,也不能忽视产品同其他产业的结合,同大众传媒的结合以及符合市场化要求等多方面因素。苑利和顾军在专著《非物质文化遗产学》中,就将这种产品开发归为了五个不得不考

---

① 周艳:《南京云锦的产生、发展及市场化思考》,《现代丝绸科学与技术》2005 年第 3 期。

虑的梯度①。

产品一度开发是依照原来的样子进行原汁原味的复制过程，如无锡惠山泥人中的阿福、凤翔泥塑、杨柳青剪纸等，还有传统医药中的中药配方，这种一度开发主要是将产品从家庭作坊式生产纳入规模化经营中，使其获得统一的标准和质量品质的保障。

产品二度开发，是指在产品制作原料不变的条件下，根据市场需要和审美需要，实行的变量开发。如一些戏剧脸谱被制作成工艺挂件，以满足现代人对室内装潢的需要，还提到阿福作为无锡市地域标志性文化，可以通过放大的方式，作为大型城市雕塑，使之成为无锡的城市符号，还有传统中药因为其熬制不便，而通过现代科技将其制作成冲剂形式，直接冲泡饮用丝毫不影响药效。

产品三度开发，是指在保留原有形态的基础上，对产品的制作材料以及体积大小进行同时改造。这种改造可以解决一些因原料不足或者出于环保角度的考量，而对其材料进行的更换，或是因为产品体积的携带不便，而造成了销售的困难。同时这样也有效的更改了产品生产的成本价，使其在价值上发生变化。

产品四度开发，是根据“去粗取精”的原则，在保留原物精华部分的基础上，对原物实施选择性开发。这类在民间文学方面表现尤为突出，比如迪士尼电影《花木兰》并没有完全依照原版故事情节进行编剧拍摄，而是截取原故事中的木兰形象和故事“孝道”的文化母题，进行了故事的再创作，这样既保留了非物质文化遗产中的文化母题和文化内涵，也使其制作出的影视产品更具有大众传播时代的时代性和消费性，更容易为人们所接受与喜爱。

产品五度开发，是对非物质文化遗产所进行的深度开发，这种开发在理论上没有离开原有产品，但事实上已经与原有产品没有太多关系了，这就需要专家学者等在产业开发过程中，对非物质文化遗产内涵和外延进行更深度地挖掘，以期在原有的文化内涵中获得新的文化元素和新的视角，非物质文化遗产和创意产业的结合正是在此方面进行的尝试。

二、旅游产业模式

非物质文化遗产是一种带有地域性和民族性的集体文化遗产形式，故而现行的对于非物质文化遗产的开发，也多数立足与地方旅游业的结合，以期形成跨领

① 参见苑利、顾军合著《非物质文化遗产学》，高等教育出版社 2009 年版，第 142－143 页。

域的产业链,将旅游产业、地方形象宣传和经济发展结合起来,形成区域性的产业集群效应。

因为非物质文化遗产旅游与民俗文化旅游有一定的共性,所以对当前对非物质文化遗产旅游的开发业主要是以民俗旅游为着眼点,现在各省都有针对当地文化遗产现状开展的旅游,但是往往都套用一些常规的民俗旅游模式,缺乏对不同类别非物质文化遗产进行有针对性地开发措施。在此,我们列举几种常见模式,亦也力图在此基础上能够结合非物质文化遗产自身的不同特质,补充和完善当前现有模式。

根据国家旅游局2003年颁布的《旅游资源分类、调查与评价》(GB/T18972—2003),非物质文化遗产与物质载体结合,大致可以形成G——旅游商品类、H——人文活动类如艺术、民间习俗类的人文旅游资源。一般来说,这些可供开发的非物质文化遗产的旅游吸引力具有:易参与性(如节日节庆)、艺术魅力大(如舞蹈、杂技表演)、视觉或听觉享受(如戏剧曲艺艺术)、文化内涵深厚(如手工艺绝活表演)、丰富多元性(如少数民族史诗),传统手工技艺和民间美术都属于具有深厚文化内涵、植根于人们生产生活中的文化遗产类型,如上述,它们在最初产生之时带有强烈的实用性色彩,为了满足人们生活生产或是祭祀宗教活动的需求而产生的,由人民在生产生活中自觉创造出来的,故而反映了特定时期地域人们的心理结构,体现了人们对自然、生、死等问题的认知,后来随着时间和地域的流变而产生了新的审美趣味,有些文化遗产就在满足人们实用需求的基础上逐渐作为审美艺术需求而存在。所以,将传统手工技艺和民间美术这些非物质文化遗产同旅游业结合的时候,也一定不能忽视这一特性的存在,就是经由历史推演和地域传播而积淀下来的深厚的文化因素,旅游开发应该要在激活这种文化生态为前提的基础上进行。

1. 博物馆开发模式

"博物馆"一词源于希腊语mouseion,即"供奉缪斯及其所从事研究的处所"。17世纪英国牛津阿什莫林博物馆建立,museum才成为博物馆的通称。① 博物馆是人类不断对其历史和行为反思的产物,现代博物馆带有浓重的现代性特征,它不仅成为人类有关历史、文化、艺术、科技等方面的文物或标本的展示场所,还集中了对文物的搜集、保存、研究等功能。现代博物馆还作为展示一个国家和民族

① 王宏均:《博物馆学基础》,上海古籍出版社2001年版,第36页。

文明的重要窗口,而且还是进行国民教育、科普宣传、历史文化和艺术熏陶的重要课堂。

在此常常存在一种误解和争议,因为传统手工技艺和民间美术作为“非物质性”的文化遗产,我们反对将非物质文化遗产以博物馆式的方式加以保护,这一定程度上就会扼杀了其文化的活态性,而使其变成了冷冰冰的展览文物。但是,这里我们说的将博物馆作为一种在保护和开发非物质文化遗产过程中的方式手段,它只是作为对非物质文化遗产的固态产品的展示和留存场所而存在,这同鼓励博物馆式的保护是有很大差别的。博物馆式保护是将非物质文化遗产保护简化为对其产品的收集、整理和保存,并且进行展览和研究,这就完全无视非物质文化遗产的“非物质”特性,将其背后所包含的人类物质活动和精神活动都统统抛之脑后,这种保护方法是我们要反对的,但是并不同博物馆作为旅游开发模式相矛盾。就像非物质文化遗产所强调的是人类活动这一“非物质性”,但我们还是在进行相关的产品生产、开发,恰恰大多数非物质文化遗产尤其是传统手工技艺和民间美术这种技艺类遗产,正是通过其制作出的物品的物质形态得以展现和推广的,这只是其文化遗产的一种表现方式,并不是否定了其所包含的人类活动的动态性、非物质性特征。

在面对手工技艺和民间美术这类技艺类非物质文化遗产的博物馆化保护开发过程中,要有双向思维,一方面可以为“活态”的文化遗产赋形;同时,“博物馆化”并不一定“化”的是文化遗产本身,它也可以采取多种形式适应这种技艺类遗产的保护与开发。因此,对技艺类非物质文化遗产采用“博物馆式”的保护开发模式可以首先针对那些在现实中已经濒临灭亡,难以维系其自身传承的、但尚有生存希望的文化遗产。要调动现代科技手段,将那些濒临灭亡的非物质文化遗产以活动内容全景式的采制下来,在其原生地建立专项博物馆和传承机构,以文字、实物和多媒体等多种方式为人们展现出该类文化遗产技艺的全貌,为当代人提供观览、研习的场所。如民间刺绣博物馆,南京云锦博物馆,中国木版画博物馆等,在馆内由专业人员进行讲解,配有图文说明,还可以开辟一些区域,模拟该手工技艺活动的全景情境,使人们直接观看和体验到技艺类文化遗产的制作过程。① 如河北武强县 1985 年建立了全国第一家年画专业博物馆,1993 年武强县被文化部誉

① 王凤丽:《非物质文化遗产的旅游开发研究》,华中师范大学硕士学位论文 2008 年,第 33 页。

为“中国木版年画之乡”。“中国民间木版年画出版研究会”会址就设在武强年画博物馆。全馆占地25100平方米，馆藏年画古版4000余件，古旧年画及原稿资料6000余件，三级以上文物500余件，现在还开设了5个展示厅和一个仿古年画作坊，是历代流传的“四大发明”之一的雕版印刷术这一古老技艺在此得以很好的保存。武强年画博物馆自建馆以来就得到各级政府的重视，1999年被河北省委、省政府命名为省级爱国教育基地，2002年被国家文物局和省文物局定位“国家重点博物馆”，2003年被文化部定为中国民族民间文化保护工程十大试点之一，同时被省旅游局定为“国家AA级旅游景点”。现在，武强年画博物馆已经成为衡水乃至河北省对外文化交流的窗口，年接待游客十万余人，国内外影响巨大，加快了整个衡水地区的旅游产业链的形成。

同传统的博物馆展示有所不同，现代博物馆更注重传播、交往、审美的功能，与现代人追求旅游体验的要求相契合，借助多媒体技术的全方位展示和更多参与性、互动性的注入将使博物馆在非物质文化遗产保护和开发方面有重要的地位。以广东东莞千脚灯为例，由于千角灯制作工艺经七百多年的发展，积累了大量的资料，包括静态的工具以及动态的记忆，目前对千角灯的保护和发展也需要对这些传统资料进行保存和展示。可通过拍照、摄像等数码技术手段，对千角灯制作工艺及相关实物进行数字化记录，保存于“千角灯活态民俗博物馆”中。此外，还可以凭声、光、电、影的高科技手段，配以多种智能设备，增强游客在视觉、听觉、触觉、手工参与以及心灵感受等多方面体验，为游客提供多方位、多种体验的手工艺遗产的审美与认知体验之旅。同时，为使游客更真切地了解千角灯神秘有趣的技术，可在博物馆设立千角灯制作表演坊、学习坊、体验坊，既可以给千角灯文化遗产的传承人以展示技艺的机会，又可以让游客在参观制作表演的同时，学习和体验该种神奇工艺的制作乐趣，提高游客对手工类遗产的认知。①

2. 文化体验模式

非物质文化遗产的保护和开发都立足于其“活态性”特征，要力求保持文化遗产所赖以生存的文化生态，完全意义上的保护不但要保护非物质文化遗产的自身及其有形外观，更要注意它所依赖、所因应的构造环境。② 在面对技艺类非物质

---

① 李文丽、章牧、白华：《手工类非物质文化遗产的保护性开发研究——以广东东莞千角灯为例》，《特区经济》2010年第9期。

② 刘魁立：《论非物质文化遗产保护的整体性原则》，《中国少数民族艺术遗产保护及当代艺术发展学术研讨会论文集》，文化艺术出版社2004年版。

文化遗产的旅游开发时,也应该将保持文化生态全貌和文化遗产的体系化过程作为重要着眼点。鉴于技艺类非物质文化遗产如传统手工技艺、民间美术类,所强调的文化价值在于其技艺制作过程,以及掌握这种技艺过程所承载的长久积淀下来的个人和群体性的文化心理、生活习惯等因素,所以在将其作为地方旅游方案的开发创意中,就要考虑到如何将这种技艺本身展示出来,而并非仅仅展示和销售制作产品。任何一种文化的保留和展示都需要文化空间,而非物质文化遗产存在的文化空间又依赖于物理空间而存在,无疑,开设一种"进入式"的文化体验是针对于此的适宜方案,这种方式类似于一种文化生态博物馆,同普通意义上的博物馆有所区别,这种文化展示体验空间更类似于一种开放的生态博物馆,在它同旅游结合的时候,可以在旅游观光的过程中将游客引入文化遗产的制作当中,让他们见证和参与全程技艺制作流程,在一种复原了所属文化背景的条件下,亲身体验在特定民族地区和文化背景下的技艺制作,甚至可以让游客参与到制作过程本身,增加文化体验的开放性和趣味性,为逐渐在现代生活中式微的技艺类非物质文化遗产提供一种绝佳的重新焕发活力的平台。

当然,在这种文化体验的设计开发过程中,可以针对不同类别的文化遗产类别进行有选择性的体验设计。主要的模式可以有两种可以借鉴:

1. 民俗生态园区

对传统文化生态保持较完整并具有特殊价值的村落或特定区域,进行动态整体性方式的保护,创建并命名民间传统文化之乡,建立文化生态保护区,这种开发模式适用于民间文化遗产中遗存和体系较为完备的地区,可开发的旅游产品类型为专题文化旅游产品和观光度假旅游产品,这一点可以同现代化博物馆、美术馆方式的开发相结合。建立民族文化生态保护区,既能将其纳入地区性旅游开发的规划设计中,成为地区旅游的文化代表项目,还能够通过这种旅游方式获取经济效益和社会效益,从而为已经逐渐失去活力被人们遗忘的技艺类文化遗产注入新的活力,又能将民族文化遗产原状地呈现在其所属的环境之中。1997 年,云南大学提出建设"民族生态文化村"的构想,1998 年在云南省选择 5 个村寨作为试点。事实证明,规划文化生态区,认真加以保护和开发,是民间文化艺术立体活态生存的有效方式。① 再如广西河池市南丹县在 3 个瑶寨建的白裤瑶生态博物馆,由于

① 李荣启:《采取系统科学的有效方法做好非物质文化遗产保护工作》,《重庆社会科学》2006 年第 4 期。

当地的自然环境、社会结构、经济状况和精神生活仍保存在一种较完整的文化生态中,原汁原味,活态的非物质文化遗产对旅游者有强大吸引力。①

再者,这种文化生态保护区的建立,不仅能够针对一种特定的非物质文化遗产项目进行专门的、特定的文化旅游开发和保护,还能实现以区域性的整体化模式将特定地区的各类文化遗产有机结合,共同纳入区域旅游开发和保护的行为中来。这样既丰富了作为旅游项目的观光体验的丰富性,也使当地地区性文化遗产有机结合在一起,保持原生态的共生形式,形成各种民间文化遗产现代化呈现过程中的"互文"效应。早在《国家"十一五"时期文化发展规划纲要》明确指出,在"十一五"期间,我国要"确定10个国家级民族民间文化生态保护区",对非物质文化遗产内容丰富、集中的区域,实施整体性保护。自2007年始,文化部在对各地文化生态综合调研考察的基础上,启动文化生态保护实验区建设工作。到2015年先后建立了闽南文化生态保护实验区、徽州文化生态保护实验区、热贡文化生态保护实验区、羌族文化生态保护实验区等18个文化生态保护实验区。文化生态保护区,将民族民间文化遗产原状地保存在其所属区域及环境中,使之成为"活文化",是保护文化生态的一种有效方式。

2. 工业生态园区

这种方式尤其适用于技艺类非物质文化遗产,因为不同于民间音乐、民间舞蹈等注重表现性的形式,这类文化遗产一方面强调其制作技艺的过程,另一方面还需通过制作出的产品来表现。它们在产生之初就有着明确的实用性,现在有些技艺的实用效应仍然为我们现代生活所沿用,而有些则被工业时代机械制造所取代,它们要得以流传就需要寻找适应现代社会生活方式的方法,在同旅游产业的结合时,它们一方面可以通过对技艺的制作过程的展示和复原其原本的生存生态而进行(主要是文化生态园区),另一方面,就应该考虑将其技艺展示和制作出的产品相结合,将生产和展示结合起来,使其制作出的产品从实用价值逐渐转换为审美价值。如传统手工技艺中的山西汾酒制作技艺,可以利用汾酒集团的场地、设施,将工业与旅游密切结合,建立一种供游客参观酿酒厂,了解酿酒工艺,品尝美酒的开发模式。这种方式可以让企业、游客和地区经济多方受益,从而达到非物质文化遗产的开发与保护的双赢。并且鉴于技艺类文化遗产可以"物化"为文

---

① 贾鸿雁:《论我国非物质文化遗产的保护性旅游开发》,《旅游学研究(第二辑)——文化遗产保护与旅游发展国际研讨会论文集》东南大学出版社2007年版,第80-83页。

化产品的这一特性,如刺绣、剪纸、陶瓷等相关产品,也可以作为旅游时具有区域代表性的纪念品、工艺品进行销售,这就能有效改善现在我国各地旅游产品内容重复、质量优劣不一的局面,借助传统手工技艺和民间美术的独特艺术性和地方性,遵循着产品开发要趋向精品化、专业化、小批量的原则,避免出现有些旅游纪念品粗糙的规模化商业生产,既改善了旅游纪念品市场的现状,也找到了地区技艺类非物质文化遗产同旅游产业的结合点,使一些在现代社会失去实用性或者被工业制造取代的技艺产品重新走入人们的生活,它的审美性、趣味性上也能够更突出的体现。①

3. 文化创意产业模式

文化创意产业,国际上的通行叫法是"创意产业"。我国受英国影响,北京、香港和台湾都采用"文化创意产业"这一名称。其主要特征体现:依靠个人或团体的知识素养,发挥个人或团体的主观能动性,依托现代科技和艺术体系,从而实现文化产品的高附加值。在全球一体化的进程中,我国经济发展引发了的文化乃至社会结构的整体性转变,生产领域的结构转型酝酿了对文化消费方式的变革,非物质形态的文化以及消费符号在今天的文化消费中占有越来越大的比重,在国际潮流的影响下和国家政策的鼓励下,创意产业如雨后春笋般纷纷出现,创意产业园区也成为一些地区文化产业的重点发展方向,但是对照创意产业的特点,再对照我国现有的开发现状,则存在着产业发展缺乏文化渊源、产业发展缺乏民族特色以及本土人才的缺失等诸多亟待解决的问题。故而,我们应该重视非物质文化遗产中所具有的深厚历史积淀和丰富的文化资源,在非物质文化遗产从传统社会走向现代社会的进程中,充分利用创意产业这一时代趋势,使手工技艺类非物质文化遗产走入现代社会,以顺应现代性的方式继续留存与发展。

① 王凤丽:《非物质文化遗产的旅游开发研究》,《华中师范大学硕士学位论文》2008 年。

第十二章

传统医药类非物质文化遗产保护与开发

【本章导读】传统医药是中华传统创造的、代代相传的、有价值的医药卫生知识，它们是中华民族的亿万祖先对抗疾病，延续生命，同自然抗争的具体表现，长期以来对维护人民生命健康发挥了巨大功用。由于传统医药与西医在认知上的差异，其产业开发也需要与时俱进，深化开发相关医药产品。通过宣传，加强人们对传统医药的进一步了解，还可以通过拍摄影视产品、出版书籍等方式来进行。

第一节　医药类非物质文化遗产概述

在2006年5月国务院公布的第一批国家级非物质文化遗产名录中，中医药作为名录中的10个分类之一被单独列出，主要包括中医生命与疾病认知方法、中医诊法、中药炮制技术、中医传统制剂方法、针灸、中医正骨疗法、同仁堂中医药文化、胡庆余堂中药文化以及藏医药等。2008年6月，国务院公布第二批国家级非物质文化遗产名录，医药类非物质文化遗产增加了8项，包括中医养生（药膳八珍汤、灵源万应茶、永定万应茶）；传统中医药文化（鹤年堂中医药养生文化、九芝堂传统中药文化、潘高寿传统中药文化、陈李济传统中药文化、同济堂传统中药文化）；蒙医药（赞巴拉道尔吉温针、火针疗法）；畲族医药（痧症疗法、六神经络骨通药制作工艺）；瑶族医药（药浴疗法）；苗医药（骨伤蛇伤疗法、九节茶药制作工艺）；侗医药（过路黄药制作工艺）；回族医药（张氏回医正骨疗法、回族汤瓶八诊疗法），同时国家公布了传统医药的传承人名单。按照非物质文化遗产的概念及包括的内容，医药类非物质文化遗产可以归入联合国教科文组织《保护非物质文化遗产公约》分类体系中的第四类即“有关自然界和宇宙的知识和实践”。

2004年的国家中医药管理局重大专项“中医药传统知识保护研究”课题，在参照国际“传统知识”定义基础上，参考了其他传统知识拥有国的定义方式，对中医药进行了如下定义：中医药是基于中华传统创造的、世代相传的、有价值的医药卫生知识；同时包括了由该领域中智力活动所产生的革新和创造。中医药知识可以文字、语言、声音、图像、符号、标志、名称、姿态、动作等方式存续和表达，又承载于医药文献、医药文物、医疗器具、传承者等，其与社会文化背景、生态环境、动植矿物资源等密切相关。① 这一定义不仅囊括了中医药包含的各项内容，还在传统文化意义上给予其基本的定位，为保护中医药奠定了理论基础。但遗憾的是，目前在学术界尚未形成一个公认的医药类非物质文化遗产概念，这应该是未来学术界要加以重点讨论的问题之一。

具体来看第一批国家级医药类非物质文化遗产中的各项：中医生命与疾病认知方法是构成中医学知识体系的核心，是建立在中华民族传统文化基础之上对于生命的认识和感知，是古代劳动人民珍惜生命、对抗疾病的智慧成果。其主要包括阴阳、五行、脏象、经络、疾病与症候、病因病机、辨证、治则治法、预防、养生等内容，与中国传统哲学、文化有密切联系。

中医诊法是中医学的重要组成部分，主要包括望、闻、问、切四种诊法。是医生运用视、听、嗅、触等感觉功能，通过与病人或知情者交谈，可以全面了解疾病各种相关信息，以探求致病原因、病变部位、病势转归和病症特点，从而指导临床治疗的方法。② 对中医诊法的保护具有很强的现实意义和实际意义，它以中医理论为指导，通过“四诊法”对病患做出诊断，从而达到治疗的目的，医生在长期的诊疗过程中积累经验，在实践中传承中医诊法。

中医正骨疗法同样是带有实践性的医药类非物质文化遗产，并且具有很强的针对性，主要适用于以下几个方面：关节内软骨板损伤；各种关节的脱位、半脱位；肌腱滑脱；新伤骨折。中医正骨疗法具有悠久的历史，早在3000多年的商代就产生了专治骨折的医生，秦汉时期形成了基本理论和技术，清代吴谦总

---

① 王凤兰：《谈中医药非物质文化遗产保护的几个学术问题》，《南京中医药大学学报》（社会科学版）2007年第8期。

② 《国家级非物质文化遗产大观》，北京工业大学出版社2006年版，第333页。

结前人经验，归纳出正骨八法即摸、接、端、提、推、拿、按、摩，成为正骨的基本方法。中医正骨疗法、中医生命与疾病认知方法与中医诊法的申报单位同为中国中医科学院。

炮制是中药传统制药技术的集中体现和核心。中药炮制是指在中医理论的指导下，按中医用药要求将中药材加工成中药饮片的传统方法和技术，古时又称"炮炙"、"修事"、"修治"。药物经炮制后，不仅可以提高药效、降低药物的毒副作用，而且方便存储，是中医临床用药的必备工序。[①] 南北朝时期《雷公炮炙论》被认为是中国第一部中药炮制专著，详细记载了300种药物的炮制方法与技术；李时珍在《本草纲目》中专列"炮制"一项，收录各家之法。炮制技术对我国中药技术的发展影响深远，是中国特有的制药方式，对中国医药的发展做出了独特的贡献。

中医制剂，总称方剂，是指在对疾病进行辨证、明确诊断和确立治法的基础上，选择两味或多味药物，酌定用量和剂量，经过配伍组成的中医处方，是中医理、法、方、药的重要组成部分。[②] 千百年流传下来的"丸、散、膏"至今仍被广泛使用在临床实际治疗过程中，为普通百姓接受。在2001年非典时期，采用中药制剂制作出的药剂对抗击非典，预防疾病起到重要作用。中国中医科学院及中国针灸学会联合申报中医制剂与中药炮制技术。

针灸是我国传统中医的重要组成部分。针灸即以针刺、艾灸防治疾病的方法。针法是用金属制成的针，刺入人体一定的穴位，运用手法，以调整营卫气血；灸法是用艾绒搓成艾条或艾炷，点燃温灼穴位的皮肤表面，达到温通经脉、调和气血的目的。[③] 约成书于战国时期的《素问》中记载到："有病颈痈者，或石治之，或针灸治之而皆已。"此时期针灸疗法已经相当成熟，出现了大量拥有针灸技术的医生，《史记·扁鹊仓公列传》："或不当饮药，或不当针灸。"与其他治疗手段相比，针灸具有副作用小、见效快的特点，所以长久以来被我国广大人民群众接受。发展至今，治疗范围也在不断扩大，在世界卫生组织公布的针灸临证指南中，针灸可以帮助的病症涵盖了包括呼吸系统疾病，眼科疾病，口腔科疾病，胃肠系统疾病，神经、肌肉、骨骼疾病等43种，涉及内、外、妇科、五官等多种疾病。也因为针灸的

---

① 百度百科，http://baike.baidu.com/view/628595.htm。

② 《国家级非物质文化遗产大观》，北京工业大学出版社2006年版，第334页。

③ 百度百科，http://baike.baidu.com/view/26752.htm。

这些优点,在长期对外传播的过程中,影响了日本、韩国、东南亚诸国的医学发展,为世界人民的生命健康做出了独特贡献。针灸的申报单位为中国中医科学院及中国针灸学会。

藏医药简称藏药。以藏药为主的少数民族在漫长的医疗实践中创造发展起来的传统医学,是中华传统医学的重要组成部分。它主要流行于藏族聚居地区,包括西藏、青海、四川、甘肃、云南、内蒙古等省;在国外,尤其是南亚地区如印度、尼泊尔等国,也较为流行。① 藏医药是我国少数民族人民与疾病斗争流传下来的智慧结晶,是藏医独具特色的一部分,是少数民族独特文化的体现。14 世纪以后,藏医药分为南、北两派,两派互有所长,相互交融发展。北派代表为拉萨北派藏药水银洗涤法和“佐塔”工艺,申报单位为西藏自治区及中国民族医药学会;南派代表为甘孜州南派藏医药,申报单位为四川省甘孜藏族自治州。

以上 7 项中医药非物质文化遗产均为政府或相关部门申报,同仁堂中医药文化与胡庆余堂中药文化的形成则带有明显的家族化色彩,个人在创立和传承的过程中起到了重要的作用。

同仁堂,作为中国医药的老字号招牌,至今已有 352 年的历史,自清代至今同仁堂伴随中国经历了从衰到盛的历史。在长期的实践与探索过程中,同仁堂形成了特有的药品系统和疗效,代表着中国中医药的最高品质,在世界范围内享有盛誉。同仁堂的申报单位为中国北京同仁堂有限责任公司。

有“红顶商人”之称的胡雪岩在 1874 年建立了胡庆余堂,它和北京同仁堂并称为中国著名的南北两家国药老店。胡庆余堂在发展初期以南朝官方制定的《太平惠民和剂局方》为基础,吸收各家古方、秘方,形成了独特的制药技术。“戒欺”是胡庆余堂的店训,由胡雪岩亲笔写就。一百三十余年来,胡庆余堂始终恪守“戒欺”原则,秉承中国传统伦理道德和中医药文化,形成了以“戒欺”为内涵特色的经商理念和店规,这种理念具有超越企业层面、倡导社会公德的特征。② 此外,胡庆余堂是我国保存最完好的一处晚清工商型古建筑群,系徽派建筑风格之典范。古建筑占地八亩,面积 4000 平方米,分隔为“三进”;古建筑四周,筑以高达 12 米的

---

① 《国家级非物质文化遗产大观》,北京工业大学出版社 2006 年版,第 338 页。

② 中国非物质文化遗产网,http://www.ihchina.cn/inc/guojiamingluнry.jsp?gjml_id=447。

“神农氏”封火墙,墙上书有“胡庆余堂国药号”七个大字。① 胡庆余堂建筑本身即具有浓厚的文化、历史保护意义,1988 年被列为国家重点文物保护单位。胡庆余堂中药文化的申报单位为胡庆余堂中药博物馆。

第二节 医药类非物质文化遗产的产业研发

医药类非物质文化遗产是我国非物质文化遗产体系中不可缺少的一部分,对这些非物质文化遗产的保护不仅具有文化意义、历史意义,更加具有实践意义,它们是中华民族的亿万祖先对抗疾病,延续生命,同自然抗争的表现,与我国传统文化的发展密切相关。同时,保护医药类非物质文化遗产有助于提高我国医学技术在国际上的地位,扩大中医影响力,为世界医学事业的发展和人类生命健康做出积极的贡献。基于这些方面,我们要重视医药类非物质文化遗产的保护和传承,更要注重在传承中发展我国的中医药事业,进一步发掘民间中医药的秘方、古方,建立更加完备的中医药体系,使之得到更大范围的认同和接受。近几年来,我国对医药类文化遗产的保护取得了很大进展,同时也面临不少问题。

一、扩大中医药科研、实践机构及从业人员

我国政府一直重视中医药事业的发展,2003 年出台了《中华人民共和国中医药保护条例》,2006 年、2007 年、2008 年先后颁布了《中药现代化发展纲要》、《中医药创新发展纲要》、《中医药国际科技规划纲要》(2006 - 2020),②不仅为中医药生存做出了根本保障,也对我国中医药如何发展指明了方向。

根据中国国家中医药管理局出版的《中国中医药统计摘编》,截至 2008 年底,我国中医医疗机构达 33817 个,占全国卫生机构的 12. 17% ,其中中医类医院共有 3115 家,职工 533919 人,卫生技术专业人员 435760 人,编制床位 400861 个。这不仅使原有的中医配方、药剂得以在百姓的生活中发挥作用,提高了对中医功能的认同感,还增加了大量临床经验,进一步丰富了中医学知识体系。

---

① 《国家级非物质文化遗产大观》,北京工业大学出版社 2006 年版,第 338 页。

② 吕云飞:《中医药文化在传承和创新中发展》,《学理论》2009 年第 9 期。

根据统计数据显示，2008 年中医科学研究及相关技术开发机构全国共有 50 个，其中中医省属科研机构数量最多为 48 个，总计从业人员 13202 人，省属科研机构有 8324 人。全国研究人员发表论文共计 3960 篇，包括在国外发表的 107 篇；专利授权数 41 件。中医科学技术信息和文献机构有 2 个，从业人员 121 人，共发表科技论文 128 篇。这些研究使保护医药类非物质文化遗产更据科学性，同时各地医药类非物质文化遗产的保护和发掘重新引起人们对传统医学的重视。同时坚持科研与实践结合，不断创造中医药价值，增强了在我国医疗卫生事业中的重要性。

在少数民族医药机构与人员队伍的建设中，截至 2006 年，全国建立少数民族医院 165 所，其中藏医院 57 所，在西藏、新疆、内蒙古、四川、云南等地建立民族医药研究所，开展社会调查、文献整理、临床以及药剂研究。对以藏医药为代表的少数民族医疗事业的帮助，体现出我国多民族存在的特性，以及我国传统文化的多元性和兼容并包。大部分少数民族聚居地在我国中西部地区，经济相对较为落后，通讯传播等基础设施建设滞后，此外加上地形、气候变化、地质灾害频繁等因素，为非物质文化遗产的保护提出了更高的要求。

另外，在传承人培养方面，国家一直重视高校中医学生培养。2008 年全国高等中医院校 47 个，设置中医药专业的高等西医药院校 89 个；高等中医药院校毕业生 95692 人，博士生为 975 人，招生 119748 人。全国大部分省市建立了中医药高等院校，形成了基础中医药教学体系，为中医药的传承、科技的研发与中医药的临床应用提供了人才保障。

总的来说，为保护医药类非物质文化遗产，我国政府在临床实践应用、科研机构设置、高校后备人才培养方面都做出了积极的工作。这些措施符合中医药知识和药剂、应用的传承与发展特点，也满足了百姓在正常生活中治疗疾病的要求，提高人们对中医科学性的认同感，在实践中发展了我国的中医药事业。①

二、有关中医药知识书籍、影像产品的出版

随着人民经济水平的提高和收入的增加，人们越来越重视身体健康与医疗保健，亚健康状态引起广泛的关注，更多的年轻人投入到健身事业中，中老年人开始注重自己及家人的养生。在治疗突发性疾病方面，西医取得了重大突破，部分癌

---

① 此部分数据来源：http://www.satcm.gov.cn/96/全国中医药统计摘编/main.htm。

症已经可以治愈，但在预防疾病与养生领域，中医则无疑占据有利地位。有关中医药知识以及养生问题的书籍开始进入普通大众的视野，在卓越网公布的2009年上半年图书销售排行榜上，中医养生类书籍进入新书排行榜前20名，在其他网站的销售排行榜上，该类书籍的销售量也都名列前茅。据中华中医药学会学术顾问温长路披露，近两年来中国每年出版养生类书籍3000余种，2007年大众健康类图书销售增长率达到25%，远高于整体图书销售10%的增长。① 这些书籍主要包含以下几个方面：

1. 提供治疗一般常见病、慢性病的方法和秘方，大都简单易行，患者在家中便可以进行治疗，强调对身体进行长期的自然疗法。

2. 介绍身体经络知识，提倡穴位按摩、刮痧等传统中医学治疗疾病的方法。

3. 食疗方法，这是大部分养生书籍的主要内容，但各类书体例不同，部分按照人体系统给出养生食谱，部分则根据疾病症状建议病人采用何种食材。

4. 用中医传统方法或知识解决西医定义中的疑难杂症，强调日常保养方法。

综观这些养生书籍，都突出了中医知识与我国传统文化之间的关系，主张“人与天地相参”，强调《易经》、天人合一宇宙观、阴阳五行等对中医学的影响。中医类养生书籍的热销说明普通百姓对中医及其疗效的普遍认同感，认为中医治病具有其科学性，特别是一些食疗配方，在民间广为流传，这也证明对医药类非物质文化遗产的保护在当代社会具有和谐价值，对保证人民身体健康能起到积极作用，同时医药类相关书籍的大量出版掀起了“中医热”，西医在进入中国若干年后，不得不重新审视传统中医在我国人民心目中的地位。

三、中医药产业的现代化

自1999年5月我国科技部推出“中药现代化研究与产业化开发”项目后，我国中医药逐渐走向产业化、现代化之路。国家创新体系初步形成，中药行业在中药规范化生产，中药饮片工业化生产，中药材规范化种植，标准体系建设，新药研究，产业规模等方面都取得了令人瞩目的成就。② 从保护非物质文化遗产的价值和意义看，中医药产业的现代化所带来的经济效益和社会效益，表明医药类非物

---

① 数据来源：转自凤凰网：http://book.ifeng.com/yeneizixun/detail_2008_12/11/309572_0.shtml。2008年12月11日《科学时报》。

② 吕云飞：《中医药文化在传承和创新中发展》，《学理论》2009年第9期。

质文化遗产具备自我延续、自我生存的能力,它们所创造的物质财富使传承活动本身具有外在保障。同时,中医药产业的现代化对以同仁堂、胡庆余堂为代表的老字号药店无疑注入了新的生机,使一部分中医药企业成为宣传中医药文化、扩大中医药影响力的成功范例。中药饮片、中医药、中药材被称为中医药产业的三大支柱,通过具体分析这三大支柱可以看出保护医药类非物质文化遗产在实践中取得的进展:

1. 中药饮片,是中药材经过按中医药理论、中药炮制方法,经过加工炮制后的,可直接用于中医临床的中药。中药饮片是中成药的原料,主要应用于中医临床用药,需要根据病人身体病症的不同做出调整,延续了传统的炮制方式,也因此在使用中产生一定局限。常见的中药饮片有:甘草、黄芪、何首乌、朱砂、白芍、石膏、滑石粉、白术、丹参、黄连、冰片、芦荟等。

2. 中成药,是以中草药为原料,经制剂加工制成各种不同剂型的中药制品,包括丸、散、膏、丹各种剂型。借鉴了西药的储存方式,在保证原有中药材药效的同时,省去煎、熬的制药过程,携带方便,最易被百姓接受。国家基本药物目录中第二部分所列中成药的治疗范围包括:内科用药、外科用药、妇科用药、眼科用药、耳鼻喉科用药、骨伤科用药共102种,涵盖了临床大部分常见疾病。

3. 中药材,品种繁多,成分复杂,是中药饮片的原料。传统的种植、采摘已经不能适应中医药市场化的需求,自60年代我国科研人员开始研究中药材的栽培技术,克服了虫害、自然灾害、污染等多种困难,取得了很大成就,目前我国主要中药材市场分布在安徽亳州、河北安国、河南禹州、江西樟树,该四地也被誉为中国四大药都。中药材的规模生产为中成药的发展奠定了良好的基础。

中医产业的现代化,证明医药类非物质文化遗产具有活态性的特点,临床中中医药的使用范围不断扩大,使原有技艺在传承的基础上得以改进。此外,治疗工具的简单化使针灸、刮痧等传统中医治疗手段被百姓广泛接受。中医产业现代化是保护医药类非物质文化遗产的经济保障。

四、电视、报纸等媒体宣传

与中医养生类书籍相比,电视、报纸、广播、网络等媒体的宣传更有普及性和推广性,身处多媒介时代的我们,接触电子媒体的时间远远超过传统的书籍。以节目、讲座、专题的形式出现在电子媒体、传统媒体中，不仅形式新颖，起到的作用往往会超过仅仅是口号式的宣传。相关部门和机构应利用多种媒介力量，使更多的人意识到医药类非物质文化遗产与我们的生活密切相关，唤醒民众的文化自觉。

中央电视台唯一一档向海内外传播中华医药文化的健康节目——《中华医药》，自 1998 年开播，一直致力于中华医药知识的传播和中医基础知识的普及。根据节目调查和群众需求，《中华医药》播出了数以百计的中医名家的健康养生经验，节目中介绍的中医特色专科，范围更是覆盖了全国各省知名中医院，成为海内外观众求医问药的重要指南。① 《中华医药》节目，不仅在更广阔的范围中传播了健康养生知识，更扩大了中华医药的影响力。利用多种媒介载体传承中华古老的医药技术，不仅是对现有中医药资源的保护，同时可以向海内外观众传播以中华医药为代表的中华文化的精髓和中国人特有的生命观、健康观。

第三节　医药类非物质文化遗产的产业研发存在的问题

中医药知识及相关产品、技术是我国重要的非物质文化遗产，2010 年 11 月，联合国教科文组织将中医针灸列入“人类非物质文化遗产代表作名录”，再次证明保护医药类非物质文化遗产的重要性。尽管我国在多年的保护和实践中取得了很大成就，但也不得不面对在保护过程中产生的新问题：

1. 传承人问题。很多中医传统秘方因为家族原因面临失传危机，高等教育中的中医学习采用西方教学体制，知识传播方式有时并不符合传统中医的特点，很多中医学生对中华民族传统文化知之甚少。

2. 关于养生类书籍、节目的问题。与西医的理论性、体系性相比，人们在很长的一段时间内普遍认为中医不具科学性，在这种大背景下，相关媒体要严格把好质量关，对所宣传的中医知识和中医专家要多考证，以免误导消费者。

3. 分类保护问题。中医知识博大精深，内容庞杂，不仅要重视非物质文化资源，也要对实物资源进行分类保护，各种资源相互依存才能构成一个完整中医学

① 尹鸿：《<中华医药>：传播东方生命观的魅力》，《现代传播》2008 年第 5 期。

体系。长期以来,我国对医药类非物质文化遗产挖掘不够,很多散落在民间有价值的秘方、配方和技术因没有引起足够重视而面临失传,偏远少数民族地区的情况更是如此,有关部门应加强这些地区的调查,及时建立数据库,丰富医药类非物质文化遗产体系。

第十三章

民俗节庆类非物质文化遗产保护与开发

【本章导读】民俗文化是中国传统文化的主要体现，民俗文化的产生包含地域、语言、经济、宗教等多种因素，是物质文明与精神文明的集合体。在民俗类非物质文化遗产的保护过程中，要注意相关文化产业的发展，在发展中赋予民俗文化以新的时代内涵，同时，要充分利用已有的媒体、经济资源，保护、宣传各地民俗，让更多的人自觉加入到保护民俗类非物质文化遗产的队伍中。

第一节　民俗类非物质文化遗产概述

民俗，即民间风俗，作为一种文化现象，是地区或民族内部人们经过长期历史积淀而创作的生活文化。2006 年 5 月国务院公布的第一批国家级非物质文化遗产名录中，民俗类非物质文化遗产占 70 个，2008 年 6 月 14 日，国务院发布的第二批 510 项国家级非物质文化遗产名录中，增加了包括元宵节、宾阳炮龙节、庙会、水乡社戏、蒙古族服饰、朝鲜族服饰、珠算、南海航道更路经、汉族传统婚俗等 51 项民俗类非物质文化遗产，包含了更多的少数民族民俗文化、民间信仰、婚礼与习俗。

各项民俗类非物质文化遗产是各地区、各民族先辈创造的含有本民族文化、经济因素的集合体，人们在民俗活动中寄托着自己的某种思想和感情，并通过特定的仪式、符号、物质进行表达与沟通。多数民俗的产生经历了漫长的历史过程，起源于特定的历史时期，经过前人传承至今，由当代人赋予其新的内涵并延续下去。可见，民俗类非物质文化遗产是一条沟通过去、现在、未来的桥梁，带有久远的民族记忆，同时展现新时代精神，在现代社会文化的发展中有承前启后的作用。

我国民俗类非物质文化遗产涵盖的地域广阔，几乎涉及了全国各个民族和地区，这些民俗文化的产生包含地域、语言、经济、宗教等多种因素，是物质文明与精神文明的集合体。传承民俗类非物质文化遗产，有利于我们研究某地区或民族的历史文化创造和群体精神内涵。同时，传承民俗类非物质文化遗产对于熟悉中华民族文明、团结各民族、加强国家凝聚力有着不可忽视的现实意义。

民俗类非物质文化遗产中，传统节日类占据大多数，其他还包括祭典、民族服饰、习俗、庙会、灯会、歌会、书会等。中国传统节日不仅在民俗文化中占有重要地位，还是整个非物质文化体系中的重要组成部分。传统节日的产生与劳动生产密切相关，带有对自然、神鬼和祖先的崇拜，有些还具有一定的人伦色彩。公历4月5日左右的清明节，流行于全国大部分地区，不仅是传统节日类民俗，还是农历二十四节气之一。在清明节期间，人们植树踏青，祭扫坟墓，表达对先人的尊敬。此外，清明前后，气温回升，雨水增多，是一年中春耕的好日子，故民间也流传有"清明前后，点瓜种豆"的俗语。另外一个被誉为"中国传统四大节日"之一的中秋节，正值八月十五月圆之时，全家人往往相聚在一起赏月亮、吃月饼，月饼既是农业丰收、五谷丰登的象征，又寄托了一家人在一年中圆圆满满、平平安安的美好愿望。在少数民族的传统节日类民俗中，引水节和播种节是塔吉克族的传统农事节日，当地语分别为"孜瓦尔"和"哈莫孜瓦斯特"，塔吉克族主要生活于新疆帕米尔高原上的塔什库尔干塔吉克自治县，每当春天来临，当地族人便凿冰引水、灌溉农田，引水成功后要举行一系列的庆祝活动。每年春播的头一天是播种节，由本族有威望的老人拿着种子扫向人群和大地，面对苍天和土地进行祈福，希望来年可以农业丰收，族人生活富足。"撒完种子，由一人牵着一头膘肥体壮的耕牛到地里进行象征性的犁几下，并撒几把麦种表示开播"①，整个仪式也叫"哈莫孜瓦斯特"，播种节结束后人们便大面积犁地播种。传统仪式，同时还是我国各民族农耕文明的集中体现，也是中华民族祖先几千年来的智慧结晶，表达着我国农民朴素的价值观和勤劳的品质。把这些明显带有农业文明色彩的传统节日定为非物质文化遗产，说明我国政府重视关系到百姓生存的最基本的农业问题，在传承这些传统节日中的文明和智慧时，延续我们在几千年农业文明中形成的民族品格与精神。

传统节日的形成除了与生产劳动、自然气候有关，有些还显示出浓厚的人神

---

① 《国家级非物质文化遗产大观》，北京工业大学出版社2006年版，第362页。

崇拜色彩。在贵州榕江县、黎平县、从江县及周围的侗族地区流传有“萨玛节”，其中以榕江县车江、三宝侗族“萨玛节”最为有名，是一年中侗族最热闹的节日之一，一般在农历正月或二月举行。“萨玛”是侗族语言，“萨”即祖母，“玛”为大，“萨玛”即“大祖母”、“先祖母”，是侗族神灵的象征，同时反映了最初当地母系氏族社会的特征。相传“萨玛”是具有法力的女神，能帮助人们战胜各种自然灾害、战胜异邦敌人，保护当地族民。同时，“萨玛”又是侗族传说中的女英雄，在本民族的政治、军事历史发展中起到重要作用。萨玛节寄托了侗族人民的一种精神信仰，这也是其他类似节日的共同点。又如怒族仙女节，相传是为纪念一名叫阿茸的姑娘，她发明了可以横穿怒江的竹篾溜索，解决了族人的饮水问题。这些民俗中的传统节日类非物质文化遗产是自然时间与人文时间的结合，人们在长久的生产劳动与生活中，赋予自然时间以特定的人文内涵，在庆祝传统节日的过程中，经由历史沉淀下的民族精神在不断传递。

在民俗类非物质文化遗产中，还有一类较为集中，影响范围较广，即各种祭典。第一批名单中公布的主要祭典有黄帝陵祭典、炎帝陵祭典、成吉思汗祭典、祭孔大典、妈祖祭典、太昊伏羲祭典、女娲祭典、大禹祭典。对这些祭典的保护与重视，有利于传承历史悠久的传统文化，延续中华民族传统文明，这些祭典大都反映了后世子孙对祖先的敬重与崇拜，是中华儿女对民族文化具有心理认同感的集中体现。以大禹祭典为例，其申报单位为浙江省绍兴市，位于绍兴市东南会稽山的大禹陵是全国祭祀大禹的中心，《越绝书·越绝外传记地传》记载：“禹因病亡死，葬会稽。”①民间流传的有关大禹的诸多传说，如划分九州、大禹治水、铸造九鼎等。大禹不仅是一位历史人物，在百姓心中，他更是勇抗洪水，在科技不发达的古老时代敢于同自然抗争，集智慧与民族精神于一身的英雄般的人物，有学者指出：“大禹在治水和立国大业中所表现出来的大禹精神，是中华民族优秀传统文化的重要内容。这种优秀的传统文化已转化为民族精神的重要内核，成为千百年来激励一代又一代中华儿女为民族振兴、国家繁荣而前赴后继、奋斗不息的精神支柱。”②当代赋予大禹精神的特殊内涵为：一、公而忘私，忧国忧民的奉献精神；二、艰苦奋斗，坚忍不拔的创业精神；三、尊重自然，因势利导的科学精神；四、以身为度，以身为律的律己精神；五、严明法度，公正执法的治法精神；六、民族融合，九州

① 《国家级非物质文化遗产大观》，北京工业大学出版社2006年版，第371页。

② 孙远太：《大禹祭典与大禹文化的传播》，《前沿》2010年第9期。

一家的团结精神。大禹精神在千百年里代代相传,成为中华民族精神中的重要组成部分,大禹祭典是传扬这种精神的主要方式。各种民俗类祭典中,还要提到一个重要的祭典——祭孔大典,申报单位是山东省曲阜市。现在的祭孔大典从公历9月26日持续到10月10日,是中国(曲阜)国际孔子文化节中最有特色、最具文化色彩的活动。在祭孔大典中,用音乐、舞蹈等集中体现儒家传统文化,在2007年的祭典上,组织者还评选出"国人不可不知的五句《论语》经典"并成为2008年北京奥运会开幕式上的迎宾语,"以体现北京奥运会人文奥运的理念,表达文明古国、礼仪之邦的人民对四海宾朋的热情欢迎"①。这些根源于远古文明产生的祭典,是中华民族繁衍不息,不断在生产、文化中取得成就的历史写照,是凝聚中华民族的重要力量,是所有中华民族儿女坚守的精神家园,鲜明地体现了非物质文化遗产所具有的独特历史价值、文化价值。

民俗类非物质文化遗产中较为特殊的一类是服饰类民俗,具有特点明显、突出的物质载体,在第一批名单中主要有以下几项:苏州甪直水乡妇女服饰,申报单位江苏省苏州市;惠安女服饰,申报单位福建省惠安市;苗族服饰,申报单位云南省保山市;回族服饰,申报单位宁夏回族自治区;瑶族服饰,申报单位广西壮族自治区南丹县、贺州市。这些服装与当地气候、生存环境、风俗习惯、审美观念都有密切的联系。如苏州甪直水乡妇女服饰,"以梳愿摄头、扎包头巾、穿拼接衫、拼裆裤、束倔裙、裹卷膀、着绣花鞋为主要特征"②,即为适应当地稻作农业经济和水乡环境。瑶族男女服饰中都带有鸡仔花图案,体现本民族最早对鸡的崇拜,对研究民族历史的产生具有重要意义。传统苗族服饰,颜色鲜艳,样式丰富,材质主要集中使用当地生产的火麻土布,一套完整的苗族妇女盛装包括包头、上衣、披肩、围腰、腰带、短褶裙等大小十八件套,被形象地称作"十八一朵花","伴随着服饰工艺而产生的《种麻纺织调》、《纺织调》、《刺绣调》等是中华民族口述文学中的瑰宝"③,对研究民族文化与审美观有深刻影响。

其他民俗类非物质文化遗产还有习俗、灯会、庙会、歌会、花会、婚礼,都具有浓郁的地方文化色彩,很多民俗是研究当地历史文化的"活化石",体现出当地百姓长期形成的生活特点,有些至今仍在精神、文化生活中占有重要地位。各地民

① 张璐、胡洪林、李大庆:《山东曲阜祭孔》,《协商论坛》2008年第4期。

② 《国家级非物质文化遗产大观》,北京工业大学出版社2006年版,第392页。

③ 中国非物质文化遗产网:http://www.chinaich.com.cn/class09_detail.asp? id=1529。

俗特有的文化符号、想象力、精神价值,直接体现出不同民族或地区间的文化差异,保护这些传统民俗,体现出对各地区各民族的尊重,有利于进一步提高我国文化多样性,促进国家文化建设。

第二节 民俗类非物质文化遗产的产业研发

民俗的产生要经历一个漫长的历史过程,是在不断地传承中演变和发展的,与当地久远的生活习惯、经济状况、自然条件甚至宗教都有深刻的联系,各地民俗中所含有的文化内涵是民俗类非物质文化遗产的核心部分,"民俗文化充分表现了中华民族在历史进程中逐步形成的优秀文化价值观念和审美理想,凝聚着中华民族的深层文化基因,是我国优秀传统文化的重要组成部分"①。民俗包含丰富的文化内容,它所代表的文化符号是一个民族或地区精神的缩影,是真正体现普通百姓文化生活的一面镜子。在民俗类非物质文化遗产的保护过程中,要注意相关文化产业的发展,在发展中赋予民俗文化以新的时代内涵,同时,要充分利用已有的媒体资源、经济资源,保护、宣传各地民俗,让更多的人自觉加入到保护民俗类非物质文化遗产的队伍中。

一、传统民俗类节日法定化

传统节日作为民俗类非物质文化遗产的代表之一,是长久以来传统文化与历史发展交融的结果,在历史的时间隧道中,被族群内部或某一地区的人们接受形成心理认同,并一直延续下来成为日常生活中不可缺少的一部分。

自 2004 年起,全国人大代表、中国人民大学校长纪宝成连续三年在全国人大会议期间提出关于将中国传统节日设为法定节假日的建议,引起了社会各界的广泛关注。2005 年 11 月,中宣部、中央文明办、教育部、民政部、文化部联合发文《关于运用传统节日弘扬民族文化的优秀传统的意见》,指出要"突出传统节日的文化内涵,精心组织重要传统节庆活动,充分发挥新闻媒体的运用,积极开展传统节日

① 赵喜桃、张德丽:《陕西民俗文化的发展和保护》,《唐都学刊》2008 年第 6 期。

的研究和保护工作,切实加强对传统节日的管理和引导"①。2007 年 11 月 9 日,国家发改委公布节假日调整方案,春节假日起始时间由农历正月初一改为除夕,清明、端午、中秋三个节日增设为国家法定节假日,各放假一天。2007 年 12 月 7 日,国务院关于修改《全国年节及纪念日放假办法》的决定经由国务院第 198 次常务会议通过,于 2008 年 1 月 1 日施行,同时《办法》提出:"少数民族习惯的节日,由各少数民族聚居地区的地方人民政府,按照各该民族习惯,规定放假日期。"②

作为传统节日的除夕、清明、端午、中秋同时都是民俗类非物质文化遗产,传统民俗类节日的法定化,使对这些节日的保护上升到"国家层面"。这些传统节日凝练了族群内部的百姓日常生活方式,集中展现了历经沧桑留下的文化历史痕迹,同时这些传统节日还成为各种文化、艺术交流的平台,让平时忙于工作、学习的普通人参与到传统节日的庆祝中,在浓郁的节日氛围中传承民俗文化。有学者指出:"因为任何传统要生生不息,都离不开一定的载体。起码的时间保障,就是一个不可或缺的载体。"③同时,传统节日法定化为教育青少年接受我国传统文化提供了良好的机会,使他们享受了传统节日民俗活动带给自己视觉、感觉上的愉悦,在节日的空闲时间内感受传统文化氛围在传统歌曲、舞蹈的排演,传统手工艺的制作方面能让青少年参与其中,自觉承担起传承民俗传统的责任,保护民俗类非物质文化遗产。

二、以旅游为主的文化产业发展

改革开放以来,我国经济迅猛发展,为文化事业的发展奠定了良好的物质基础。交通工具的便捷和快速,使发展以旅游为主的民俗文化产业成为可能。民俗旅游不同于其他种类旅游形式的重要一点,即带有鲜明的文化特征。民俗文化内涵是民俗旅游的价值所在,是吸引众多游客的主要原因,通过旅游等文化产业的发展,使民俗类非物质文化遗产形象更具体,更易于被不了解相关文化、历史背景的游客接受。同时,众多国外旅游者希望通过在旅游中民俗活动的参与,直观感受中华民族的历史文化与风土习俗,了解我们在历史长河里积淀下来的生活方式

---

① 《中宣部、中央文明办、教育部、民政部、文化部关于运用传统节日弘扬民族文化的优秀传统的意见》,文明办[2005]11 号,《中华人民共和国教育部公报》,2005 年第 9 期。

② 国务院《全国年节及纪念日放假办法》,《山东劳动保障》2008 年第 1 期。

③ 唐眉江:《论传统节日法定假日化的积极意义》,《华北水利水电学院学报》(社科版)2009 年第 1 期。

和人情风俗。有学者断言:“民俗资源作为一项重要的旅游吸引物,将使民俗旅游成为现代旅游的主潮流之一,热衷于民俗旅游的人越来越多”①。以民俗旅游产业为例,我们认为重点可发展以下几种相关消费方式:

1. 参与体验式消费

在活动过程中,组织者要为旅客创作一种全方面参与的体验,在参与中获得真实的文化感染与熏陶。以“晋商社火节”为例,由山西省旅游局和晋中市人民政府联合组织,自2001起至今已有15年历史,每年社火节都有一个主题,除了传统的民间社火庆祝活动如社火表演、赏花灯、戏剧演出、高跷表演等,平遥多家民俗宾馆还联合推出“在我平遥过大年”系列活动。此外,晋中的“民间手工艺人在旅游过程中教授游客一些简单的技艺,让游客们学上几招,带一个‘DIY’的纪念品回家,让游客留作这次旅游经历的纪念”②。而游客居住的民族宾馆,本身就带有晋中传统民居特点,让游客在采光、布局、花草摆设、建筑风格的体验中了解当地百姓在日常生活中的方式与习俗。据国家旅游局数据统计,“2002年春节黄金周期间,晋中市各旅游景区、景点共接待游客22.8万人次,比上年同期增长6.12倍,其中海外旅游者4866人次,增长5.96倍;门票收入266.85万元,增长4.8倍;旅游综合收入5144.1万元,增长10.33倍。较之2001年‘十一’黄金周,人数占19%,综合收入约占50%,过夜人数占总人数的比例增加了三成。”③参与体验式消费初见成果,游客与当地百姓的互动中,感受到当地的民俗历史积淀,获得了全方位的民俗文化体验。

2. 普及性消费

随着人民物质生活水平的提高和工业机械化程度的飞速发展,原本象征特定传统民俗内涵的事物进入百姓日常生活中,例如端午节的粽子,原本是楚地人民为了不让鱼虾破坏屈原的身体,包粽子投入江中,后来民间逐渐产生端午包粽子来祭奠屈原。现在,因粽子的美味与营养,使其深受广大百姓喜爱,类似的食物还有汤圆、饺子、月饼。此外,还有楹联习俗在汉语地区广泛流传,各地不仅在春节等传统节日里贴上春联,还“应用于名胜宫殿、亭台楼阁、厅堂书屋、节日庆典、题

---

① 张晓、李美善、张琳:《浅谈民俗资源的开发与保护》,《人力资源管理》2010年第7期。

② 李志伟、廖永麟:《民俗旅游产品的体验营销策略研究——以“晋商社火节”为例》,《大众商务》2010年5月总第113期。

③ 《晋商社火节旅游专项活动情况的调查报告》,中国经济网:http://www.ce.cn/travel/bjzm/lyyj/200409/20/t20040920_1804437.shtml。

赠、祝贺、哀挽、陵墓等场合”①。楹联语言短小、内容丰富、形式对仗，是中国雅文化与民间俗文化相结合的体现，被誉为“诗中之诗”。

3. 文化符号消费

各传统民俗类非物质文化遗产在保护的过程中要不断确立自己的文化符号，像西方圣诞节中的袜子、圣诞老人的形象，情人节里的玫瑰，这些符号被人们赋予超过其本身价值的特殊文化意义。例如传统北京地区中秋节文化符号——兔儿爷，作为根据玉兔故事改编而成的形象，不仅具有艺术性，还因为其多种形象和憨态可掬的外表成为倍受喜爱的儿童玩具。每年北京中秋节庙会，兔儿爷“颇受市民和游客的青睐”，“从心理上说，买个‘兔儿爷’可以用来怀旧，它具备一定的工艺性，而且蕴涵了外地没有的历史文化，是一个有一定档次的‘拿得出手’的地方工艺品。”②伏羲祭典庙会上出售的“泥泥狗”，根植于泥土又回归大地，是象征中华民族生生不息与大自然接近的文化符号，被一些学者称为“真图腾”。这些文化符号，不仅具有深厚的精神内涵，物质性的工艺品在带来观赏性的同时，更易于被人们保存，达到宣传传统民俗文化的目的。

4. 娱乐性消费

传统民俗非物质文化遗产中的戏剧、杂技、竞技、说唱、赛歌活动不仅是活动中的一部分，本身就具有很强的观赏性，观众在观看过程中可以暂时洗去工作、生活中的烦恼与压力，使身心放松并陶冶情操。清明踏青、中秋赏月、元宵观灯、春节逛庙会都成为现代生活在城市中人们的休闲娱乐方式。

发展以旅游为主的文化产业，在传承传统民俗文化的同时，创造了丰富的物质收益，民俗活动带来的经济价值为自身传承奠定了物质基础，使民俗类非物质文化遗产具有了经济上的可传承性。

三、文化空间的构建

联合国教科文组织在非物质文化遗产代表作《申报书编写指南》中阐述了文化的概念：“宣布人类口头和非物质文化遗产代表作针对的是非物质文化遗产的两种表现形式，如音乐或戏剧表演，传统习俗或各类节庆仪式；另一种表现于文化空间，这种空间可确定为民间或传统文化活动的集中地域，但也可确定为具有周

① 《国家级非物质文化遗产大观》，北京工业大学出版社 2006 年版，第 392 页。

② 关昕：《文化空间构建与传统节日保护》，《文化学刊》2009 年第 5 期。

期性或事件性的特定时间;这种具有时间和实体的空间之所以能存在,是因为它是文化表现活动的传统表现场所。"①文化空间不仅是一个地域概念,更包含广阔的时间和空间范畴。构建民俗类非物质文化遗产生存的文化空间,保证在特定的条件下对民俗文化的进行传承,是现代社会经济、文化发展到一定阶段的必然产物。以最具特色的民俗文化为核心,在文化空间的构建中要注意对多层次主体和资源的容纳。例如对北京厂甸庙会的建设(按:厂甸庙会与上海城隍庙、南京夫子庙、成都青羊宫并称为"中国四大庙会"),它最早由群众自发形成,后几经变迁,2001 年在北京市政府和相关部门的支持下重新展现在京城百姓面前,主办方不仅组织了众多民间艺人和团体参加演出,还在近几年的庙会中专门设置了"非遗"展台,集中展示药香饰品、泥塑、空竹、皮影、北京砖雕、工艺脸谱、七巧板、核桃卢、艺术宫灯、琉璃、面人等众多"非遗"项目实现了从生活空间到文化空间构建的转变,注意了在整体的文化空间内对单个文化民俗事物的保护和发掘,庙会成为彰显当地文化特色,让百姓感受民间艺术生命力的文化空间,对于传承非物质文化遗产有不可估量的作用。

另外对文化空间构建较成功的案例是那达慕大会,"那达慕"是蒙古语音译,意为"游戏"或"娱乐",起源于祭敖包的活动。据介绍,"自古以来,蒙古族擅长骑马、摔跤、射箭,在历史发展中'好汉三艺那达慕'逐渐成为草原盛会的主要竞技娱乐项目,后来将草原上的娱乐性盛会称之为'那达慕'。"②"好汉三艺"中的项目并非简单的比赛活动,而是蒙古民族性格的象征,长期的草原生活使他们善于骑马、射箭,这些生存技能是考验一个蒙古族人力量强弱的标志。那达慕大会是集中体现蒙古族传统文化的场所,也是传承民族精神的文化空间。

2010 年 8 月 11 日,由国家体育总局、文化部、国家民族事务委员会、内蒙古自治区人民政府共同主办,鄂尔多斯市人民政府、内蒙古自治区体育局、文化厅、民族事务委员会共同承办的首届鄂尔多斯国际那达慕大会正式开幕,大会邀请了包括俄罗斯、蒙古、朝鲜、韩国、日本、匈牙利、哈萨克斯坦、塔吉克斯坦、乌兹别克斯坦、吉尔吉斯斯坦等多个国家和我国的黑龙江省、吉林省、辽宁省、河北省、河南省、甘肃省、青海省、宁夏回族自治区、新疆维吾尔自治区等九省区,以及港澳台地

---

① 乌丙安:《民俗文化空间:中国非物质文化遗产保护的重中之重》,《民间文化论坛》2007 年第 1 期。

② 旺楚格:《草原那达慕盛会》,《鄂尔多斯文化》2010 年第 4 期。

区等二十支左右的代表团参加。除了保留传统的体育竞赛活动外，还首次创办了其他四个板块：文化艺术活动、会展活动、群体活动、经贸交流活动。文艺活动中有民族服饰展演、中外精品舞台剧目展演、草原那达慕音乐节等；会展活动则包括有美术系列展，2010 首届中国西部专利技术暨产品博览会，鄂尔多斯青铜器国际学术研讨会暨青铜器精品展，全区民族用品旅游纪念品展销会，鄂尔多斯革命史展、改革开放 30 年成就展和西部大开发 10 周年成就展，国际那达慕视线（展览），其中最引人注目的是中国少数民族非物质文化遗产展，重点展出中国多个少数民族中已列入国家级非物质文化遗产名录的代表性项目和鄂尔多斯市部分自治区级、市级蒙古族非物质文化遗产名录代表性项目。具有千年历史的那达慕将现代与古代完美的结合，创办了一次成功的草原奥运会。①

民俗类非物质文化遗产文化空间的构建，在特定时间、空间内把本民族、本地区人们的感情交融于一体，并不断与外部文化融合，使传统民俗焕发新的生机。积极创造文化空间，对原有活动内容进行合理规划，有意识的对核心精神予以强调，对于积淀民俗文化新内涵，扩大民俗类非物质文化遗产的影响力有重要意义。

四、运用多种媒介宣传

通过多种媒介渠道对民俗文化及活动的宣传，使民俗传承摆脱了地域、时空的限制，是现代与传统的交织。对民俗文化的宣传丰富了电视节目内容，提高了部分节目的文化内涵，在提供娱乐休闲的同时，普及了民俗传统文化知识，极大扩展了观众的视野。传统节日、大型祭典、庙会、灯会等活动举办之前，不仅传统媒体会进行相关的报道，网络媒体也正以快速、便捷、易于搜索的特点进入百姓的视线范围，成为人们获得相关信息的重要渠道。

在 2005 年中国（曲阜）国际孔子文化节期间，“联合国教科文组织、国际儒联、中华民族文化促进会、华夏文化纽带工程组委会、国家旅游局、山东省人民政府共同主办‘2005 年全球联合祭孔’活动”②。由济宁市政府与中央电视台、台湾东森电视台等多家电视台合作，“以曲阜孔庙为主会场，在上海、浙江衢州、云南建水、甘肃武威、香港、台湾等地孔庙设同祭点，同时韩国首尔、日本足利、新加坡韭菜

---

① 资料参考中国网报道：http://www.china.com.cn/sport/txt/2010-08/03/content_20632563.htm。
② 齐鲁：《2005，全球联合祭孔》，《中国地名》2005 年第 6 期。

芭、美国旧金山、德国科隆等地为海外同祭点,可谓盛况空前"①。在央视新闻频道推出大型直播特别节目《2005 全球联合祭孔》,为观众呈现了一场全球视觉盛宴。传统民俗通过电视媒介扩大自己的影响力,吸引了更多的关注。

除了对各种民俗活动的直播外,各种媒体还对民俗知识进行了专题报道或介绍。例如中央电视台 1997 至 1998 年在《人与自然》栏目推出了《二十四节气》系列纪录片,每次节目虽然只有 5 分钟,但整个拍摄过程却历时两年,不仅涉及相关历史文物,还请来专门学者进行讲解并同百姓日常生活相联系,节目播出后受到了各界好评。

总之,民俗文化的产业开发涉及面较广,不同民俗的开发方式应当有所区别,需要结合具体的民俗及民俗产生的地域环境综合考虑,这样才不至于出现所谓的"伪民俗"。

① 齐鲁:《2005,全球联合祭孔》,《中国地名》2005 年第 6 期。

附　录

国家级非物质文化遗产代表性项目名录

第一批国家级非物质文化遗产名录

（共计518项）

一、民间文学（共计31项）

序号	编号	项目名称	申报地区或单位
1	I—1	苗族古歌	贵州省台江县、黄平县
2	I—2	布洛陀	广西壮族自治区田阳县
3	I—3	遮帕麻和遮咪麻	云南省梁河县
4	I—4	牡帕密帕	云南省普洱市
5	I—5	刻道	贵州省施秉县
6	I—6	白蛇传传说	江苏省镇江市 浙江省杭州市
7	I—7	梁祝传说	浙江省宁波市、杭州市、上虞市 江苏省宜兴市 山东省济宁市 河南省汝南县
8	I—8	孟姜女传说	山东省淄博市
9	I—9	董永传说	山西省万荣县 江苏省东台市 河南省武陟县 湖北省孝感市

续表

序号	编号	项目名称	申报地区或单位
10	I—10	西施传说	浙江省诸暨市
11	I—11	济公传说	浙江省天台县
12	I—12	满族说部	吉林省
13	I—13	河西宝卷	甘肃省武威市凉州区、酒泉市肃州区
14	I—14	耿村民间故事	河北省藁城市
15	I—15	伍家沟民间故事	湖北省丹江口市
16	I—16	下堡坪民间故事	湖北省宜昌市夷陵区
17	I—17	走马镇民间故事	重庆市九龙坡区
18	I—18	古渔雁民间故事	辽宁省大洼县
19	I—19	喀左东蒙民间故事	辽宁省喀喇沁左翼蒙古族自治县
20	I—20	谭振山民间故事	辽宁省新民市
21	I—21	河间歌诗	河北省河间市
22	I—22	吴歌	江苏省苏州市
23	I—23	刘三姐歌谣	广西壮族自治区宜州市
24	I—24	四季生产调	云南省红河哈尼族彝族自治州
25	I—25	玛纳斯	新疆维吾尔自治区克孜勒苏柯尔克孜自治州、新疆维吾尔自治区文联民间文艺家协会
26	I—26	江格尔	新疆维吾尔自治区和布克赛尔蒙古自治县、博尔塔拉蒙古自治州、巴音郭楞蒙古自治州、新疆维吾尔自治区文联民间文艺家协会
27	I—27	格萨(斯)尔	西藏自治区、青海省、甘肃省、四川省、云南省、内蒙古自治区、新疆维吾尔自治区、中国社会科学院《格萨(斯)尔》办公室
28	I—28	阿诗玛	云南省石林彝族自治县
29	I—29	拉仁布与吉门索	青海省互助土族自治县
30	I—30	畲族小说歌	福建省霞浦县
31	I—31	青林寺谜语	湖北省宜都市

二、民间音乐（共计72项）

序号	编号	项目名称	申报地区或单位
32	II—1	左权开花调	山西省左权县
33	II—2	河曲民歌	山西省河曲县
34	II—3	蒙古族长调民歌	内蒙古自治区
35	II—4	蒙古族呼麦	内蒙古自治区
36	II—5	当涂民歌	安徽省马鞍山市
37	II—6	巢湖民歌	安徽省巢湖市
38	II—7	畲族民歌	福建省宁德市
39	II—8	兴国山歌	江西省兴国县
40	II—9	兴山民歌	湖北省兴山县
41	II—10	桑植民歌	湖南省桑植县
42	II—11	梅州客家山歌	广东省梅州市
43	II—12	中山咸水歌	广东省中山市
44	II—13	崖州民歌	海南省三亚市
45	II—14	儋州调声	海南省儋州市
46	II—15	石柱土家啰儿调	重庆市石柱土家族自治县
47	II—16	巴山背二歌	四川省巴中市
48	II—17	傈僳族民歌	云南省怒江傈僳族自治州、泸水县
49	II—18	紫阳民歌	陕西省紫阳县
50	II—19	裕固族民歌	甘肃省肃南裕固族自治县
51	II—20	花儿（莲花山花儿会、松鸣岩花儿会、二郎山花儿会、老爷山花儿会、丹麻土族花儿会、七里寺花儿会、瞿昙寺花儿会、宁夏回族山花儿）	甘肃省康乐县、和政县、岷县青海省大通回族土族自治县、互助土族自治县、民和回族土族自治县、乐都县宁夏回族自治区
52	II—21	藏族拉伊	青海省海南藏族自治州
53	II—22	聊斋俚曲	山东省淄博市
54	II—23	靖州苗族歌鼟	湖南省靖州苗族侗族自治县

续表

序号	编号	项目名称	申报地区或单位
55	II—24	川江号子	重庆市　四川省
56	II—25	南溪号子	重庆市黔江区
57	II—26	木洞山歌	重庆市巴南区
58	II—27	川北薅草锣鼓	四川省青川县
59	II—28	侗族大歌	贵州省黎平县、广西壮族自治区柳州市、三江侗族自治县
60	II—29	侗族琵琶歌	贵州省榕江县、黎平县
61	II—30	哈尼族多声部民歌	云南省红河哈尼族彝族自治州
62	II—31	彝族海菜腔	云南省红河哈尼族彝族自治州
63	II—32	那坡壮族民歌	广西壮族自治区那坡县
64	II—33	澧水船工号子	湖南省澧县
65	II—34	古琴艺术	中国艺术研究院
66	II—35	蒙古族马头琴音乐	内蒙古自治区
67	II—36	蒙古族四胡音乐	内蒙古自治区通辽市
68	II—37	唢呐艺术	河南省沁阳市、甘肃省庆阳市
69	II—38	羌笛演奏及制作技艺	四川省茂县
70	II—39	辽宁鼓乐	辽宁省辽阳市
71	II—40	江南丝竹	江苏省太仓市、上海市
72	II—41	海州五大宫调	江苏省连云港市
73	II—42	嵊州吹打	浙江省嵊州市
74	II—43	舟山锣鼓	浙江省舟山市
75	II—44	十番音乐（闽西客家十番音乐、茶亭十番音乐）	福建省龙岩市、福州市
76	II—45	鲁西南鼓吹乐	山东省嘉祥县
77	II—46	板头曲	河南省南阳市
78	II—47	宜昌丝竹	湖北省宜昌市夷陵区
79	II—48	枝江民间吹打乐	湖北省枝江市

续表

序号	编号	项目名称	申报地区或单位
80	II—49	广东音乐	广东省广州市、台山市
81	II—50	潮州音乐	广东省潮州市、汕头市
82	II—51	广东汉乐	广东省大埔县
83	II—52	吹打(接龙吹打、金桥吹打)	重庆市巴南区、万盛区
84	II—53	梁平癞子锣鼓	重庆市梁平县
85	II—54	土家族打溜子	湖南省湘西土家族苗族自治州
86	II—55	河北鼓吹乐	河北省永年县、抚宁县
87	II—56	晋南威风锣鼓	山西省临汾市
88	II—57	绛州鼓乐	山西省新绛县
89	II—58	上党八音会	山西省晋城市
90	II—59	冀中笙管乐(屈家营音乐会、高洛音乐会、高桥音乐会、胜芳音乐会)	河北省固安县、涞水县、霸州市
91	II—60	铜鼓十二调	贵州省镇宁布依族苗族自治县、贞丰县
92	II—61	西安鼓乐	陕西省
93	II—62	蓝田普化水会音乐	陕西省蓝田县
94	II—63	回族民间器乐	宁夏回族自治区
95	II—64	文水鈲子	山西省文水县
96	II—65	智化寺京音乐	北京市
97	II—66	五台山佛乐	山西省五台县
98	II—67	千山寺庙音乐	辽宁省鞍山市
99	II—68	苏州玄妙观道教音乐	江苏省苏州市
100	II—69	武当山宫观道乐	湖北省十堰市
101	II—70	新疆维吾尔木卡姆艺术(十二木卡姆、吐鲁番木卡姆、哈密木卡姆、刀郎木卡姆)	新疆维吾尔自治区、鄯善县、哈密地区、麦盖提县
102	II—71	南音	福建省泉州市、厦门市
103	II—72	泉州北管	福建省泉州市

三、民间舞蹈(共计41项)

序号	编号	项目名称	申报地区或单位
104	III—1	京西太平鼓	北京市门头沟区
105	III—2	秧歌(昌黎地秧歌、鼓子秧歌、胶州秧歌、海阳大秧歌、陕北秧歌、抚顺地秧歌)	河北省昌黎县　山东省商河县、胶州市、海阳市　陕西省绥德县辽宁省抚顺市
106	III—3	井陉拉花	河北省井陉县
107	III—4	龙舞(铜梁龙舞、湛江人龙舞、汕尾滚地金龙、浦江板凳龙、长兴百叶龙、奉化布龙、泸州雨坛彩龙)	重庆市　广东省湛江市、汕尾市　浙江省浦江县、长兴县、奉化市　四川省泸县
108	III—5	狮舞(徐水舞狮、天塔狮舞、黄沙狮子、广东醒狮)	河北省徐水县　山西省襄汾县　浙江省临海市　广东省佛山市、遂溪县、广州市
109	III—6	花鼓灯(蚌埠花鼓灯、凤台花鼓灯、颍上花鼓灯)	安徽省蚌埠市、凤台县、颍上县
110	III—7	傩舞(南丰跳傩、婺源傩舞、乐安傩舞)	江西省南丰县、婺源县、乐安县
111	III—8	英歌(普宁英歌、潮阳英歌)	广东省揭阳市、汕头市
112	III—9	高跷(高跷走兽、海城高跷、辽西高跷、苦水高高跷)	山西省稷山县辽宁省海城市、锦州市甘肃省永登县
113	III—10	永新盾牌舞	江西省永新县
114	III—11	翼城花鼓	山西省翼城县
115	III—12	泉州拍胸舞	福建省泉州市
116	III—13	安塞腰鼓	陕西省安塞县
117	III—14	洛川蹩鼓	陕西省洛川县
118	III—15	兰州太平鼓	甘肃省兰州市
119	III—16	余杭滚灯	浙江省杭州市余杭区
120	III—17	土家族摆手舞	湖南省湘西土家族苗族自治州

续表

序号	编号	项目名称	申报地区或单位
121	III—18	土家族撒叶儿嗬	湖北省长阳土家族自治县
122	III—19	弦子舞（芒康弦子舞、巴塘弦子舞）	西藏自治区　四川省巴塘县
123	III—20	锅庄舞（迪庆锅庄舞、昌都锅庄舞、玉树卓舞）	云南省迪庆藏族自治州、西藏自治区、青海省玉树藏族自治州
124	III—21	热巴舞（丁青热巴、那曲比如丁嘎热巴）	西藏自治区
125	III—22	日喀则扎什伦布寺羌姆	西藏自治区
126	III—23	苗族芦笙舞（锦鸡舞、鼓龙鼓虎－长衫龙、滚山珠）	贵州省丹寨县、贵定县、纳雍县
127	III—24	朝鲜族农乐舞（象帽舞、乞粒舞）	吉林省延边朝鲜族自治州　辽宁省本溪市
128	III—25	木鼓舞（反排苗族木鼓舞、沧源佤族木鼓舞）	贵州省台江县　云南省沧源佤族自治县
129	III—26	铜鼓舞（文山壮族、彝族铜鼓舞）	云南省文山壮族苗族自治州
130	III—27	傣族孔雀舞	云南省瑞丽市
131	III—28	达斡尔族鲁日格勒舞	内蒙古莫力达瓦达斡尔族自治旗 黑龙江省哈尔滨市
132	III—29	蒙古族安代舞	内蒙古自治区库伦旗
133	III—30	湘西苗族鼓舞	湖南省湘西土家族苗族自治州
134	III—31	湘西土家族毛古斯舞	湖南省湘西土家族苗族自治州
135	III—32	黎族打柴舞	海南省三亚市
136	III—33	卡斯达温舞	四川省黑水县
137	III—34	㑇舞	四川省九寨沟县
138	III—35	傈僳族阿尺木刮	云南省维西傈僳族自治县

续表

序号	编号	项目名称	申报地区或单位
139	III—36	彝族葫芦笙舞	云南省文山壮族苗族自治州
140	III—37	彝族烟盒舞	云南省红河哈尼族彝族自治州
141	III—38	基诺大鼓舞	云南省景洪市
142	III—39	山南昌果卓舞	西藏自治区
143	III—40	土族於菟	青海省同仁县
144	III—41	塔吉克族鹰舞	新疆维吾尔自治区塔什库尔干塔吉克自治县

四、传统戏剧（共计92项）

序号	编号	项目名称	申报地区或单位
145	IV—1	昆曲	中国艺术研究院 江苏省 浙江省 上海市 北京市 湖南省
146	IV—2	梨园戏	福建省泉州市
147	IV—3	莆仙戏	福建省莆田市
148	IV—4	潮剧	广东省汕头市、潮州市
149	IV—5	弋阳腔	江西省弋阳县
150	IV—6	青阳腔	安徽省青阳县、江西省湖口县
151	IV—7	高腔（西安高腔、松阳高腔、岳西高腔、辰河高腔、常德高腔）	浙江省衢州市、松阳县 安徽省岳西县 湖南省辰溪县、泸溪县、常德市
152	IV—8	新昌调腔	浙江省新昌县
153	IV—9	宁海平调	浙江省宁海县
154	IV—10	永安大腔戏	福建省永安市
155	IV—11	四平戏	福建省屏南县、政和县
156	IV—12	川剧	四川省、重庆市

续表

序号	编号	项目名称	申报地区或单位
157	Ⅳ—13	湘剧	湖南省衡阳市
158	Ⅳ—14	广昌孟戏	江西省广昌县
159	Ⅳ—15	正字戏	广东省陆丰市
160	Ⅳ—16	秦腔	陕西省
161	Ⅳ—17	汉调桄桄	陕西省汉中市
162	Ⅳ—18	晋剧	山西省
163	Ⅳ—19	蒲州梆子	山西省临汾市、运城市
164	Ⅳ—20	北路梆子	山西省忻州市
165	Ⅳ—21	上党梆子	山西省晋城市
166	Ⅳ—22	河北梆子	河北省
167	Ⅳ—23	豫剧	河南省
168	Ⅳ—24	宛梆	河南省内乡县
169	Ⅳ—25	怀梆	河南省沁阳市
170	Ⅳ—26	大平调	河南省濮阳县、滑县、延津县
171	Ⅳ—27	越调	河南省周口市
172	Ⅳ—28	京剧	中国京剧院 北京市 天津市 辽宁省 山东省 上海市
173	Ⅳ—29	徽剧	安徽省、黄山市 江西省婺源县
174	Ⅳ—30	汉剧	湖北省武汉市
175	Ⅳ—31	汉调二簧	陕西省安康市
176	Ⅳ—32	泰宁梅林戏	福建省泰宁县
177	Ⅳ—33	闽西汉剧	福建省龙岩市
178	Ⅳ—34	巴陵戏	湖南省岳阳市
179	Ⅳ—35	荆河戏	湖南省澧县

续表

序号	编号	项目名称	申报地区或单位
180	Ⅳ—36	粤剧	广东省文化厅 香港特别行政区民政事务局 澳门特别行政区文化局 广东省广州市、佛山市
181	Ⅳ—37	桂剧	广西壮族自治区
182	Ⅳ—38	宜黄戏	江西省宜黄县
183	Ⅳ—39	乱弹	浙江省台州市、浦江县
184	Ⅳ—40	石家庄丝弦	河北省石家庄市
185	Ⅳ—41	雁北耍孩儿	山西省大同市
186	Ⅳ—42	灵丘罗罗腔	山西省灵丘县
187	Ⅳ—43	柳子戏	山东省
188	Ⅳ—44	大弦戏	河南省滑县、濮阳县
189	Ⅳ—45	闽剧	福建省福州市
190	Ⅳ—46	寿宁北路戏	福建省寿宁县
191	Ⅳ—47	西秦戏	广东省海丰县
192	Ⅳ—48	高甲戏	福建省泉州市、厦门市
193	Ⅳ—49	碗碗腔（孝义碗碗腔）	山西省孝义市
194	Ⅳ—50	四平调	河南省商丘市、濮阳市
195	Ⅳ—51	评剧	天津市宝坻区 河北省滦南县 辽宁省沈阳市
196	Ⅳ—52	武安平调落子	河北省武安市
197	Ⅳ—53	越剧	浙江省　上海市
198	Ⅳ—54	沪剧	上海市
199	Ⅳ—55	苏剧	江苏省苏州市
200	Ⅳ—56	扬剧	江苏省扬州市
201	Ⅳ—57	庐剧	安徽省合肥市、六安市
202	Ⅳ—58	楚剧	湖北省
203	Ⅳ—59	荆州花鼓戏	湖北省潜江市

续表

序号	编号	项目名称	申报地区或单位
204	Ⅳ—60	黄梅戏	安徽省安庆市 湖北省黄梅县
205	Ⅳ—61	商洛花鼓	陕西省商洛市
206	Ⅳ—62	泗州戏	安徽省宿州市、蚌埠市
207	Ⅳ—63	柳琴戏	山东省枣庄市
208	Ⅳ—64	歌仔戏	福建省漳州市、厦门市
209	Ⅳ—65	采茶戏（赣南采茶戏、桂南采茶戏）	江西省赣州市 广西壮族自治区博白县
210	Ⅳ—66	五音戏	山东省淄博市
211	Ⅳ—67	茂腔	山东省高密市、胶州市
212	Ⅳ—68	曲剧	河南省
213	Ⅳ—69	曲子戏（敦煌曲子戏、华亭曲子戏）	甘肃省敦煌市、华亭县
214	Ⅳ—70	秧歌戏（隆尧秧歌戏、定州秧歌戏、朔州秧歌戏、繁峙秧歌戏）	河北省隆尧县、定州市 山西省朔州市、繁峙县
215	Ⅳ—71	道情戏（晋北道情戏、临县道情戏、太康道情戏、蓝关戏、陇剧）	山西省右玉县、临县 河南省太康县 山东省莱州市 甘肃省
216	Ⅳ—72	哈哈腔	河北省清苑县、青县
217	Ⅳ—73	二人台	内蒙古自治区呼和浩特市 山西省河曲县 河北省康保县
218	Ⅳ—74	白字戏	广东省海丰县
219	Ⅳ—75	花朝戏	广东省紫金县
220	Ⅳ—76	彩调	广西壮族自治区
221	Ⅳ—77	灯戏（梁山灯戏、川北灯戏）	重庆市梁平县 四川省南充市

续表

序号	编号	项目名称	申报地区或单位
222	Ⅳ—78	花灯戏（思南花灯戏、玉溪花灯戏）	贵州省思南县 云南省玉溪市
223	Ⅳ—79	一勾勾	山东省临邑县
224	Ⅳ—80	藏戏（拉萨觉木隆、日喀则迥巴、日喀则南木林湘巴、日喀则仁布江嘎尔、山南雅隆扎西雪巴、山南琼结卡卓扎西宾顿、黄南藏戏）	西藏自治区 青海省黄南藏族自治州
225	Ⅳ—81	山南门巴戏	西藏自治区
226	Ⅳ—82	壮剧	广西壮族自治区
227	Ⅳ—83	侗戏	贵州省黎平县
228	Ⅳ—84	布依戏	贵州省册亨县
229	Ⅳ—85	彝族撮泰吉	贵州省威宁彝族回族苗族自治县
230	Ⅳ—86	傣剧	云南省德宏傣族景颇族自治州
231	Ⅳ—87	目连戏（徽州目连戏、辰河目连戏、南乐目连戏）	安徽省祁门县 湖南省溆浦县 河南省南乐县
232	Ⅳ—88	锣鼓杂戏	山西省临猗县
233	Ⅳ—89	傩戏（武安傩戏、池州傩戏、侗族傩戏、沅陵辰州傩戏、德江傩堂戏）	河北省武安市 安徽省池州市 湖南省新晃侗族自治县、沅陵县 贵州省德江县
234	Ⅳ—90	安顺地戏	贵州省安顺市
235	Ⅳ—91	皮影戏（唐山皮影戏、冀南皮影戏、孝义皮影戏、复州皮影戏、海宁皮影戏、江汉平原皮影戏、陆丰皮影戏、华县皮影戏、华阴老腔、阿宫腔、弦板腔、环县道情皮影戏、凌源皮影戏）	河北省唐山市、邯郸市　山西省孝义市 辽宁省瓦房店市　浙江省海宁市　湖北省潜江市　广东省汕尾市 陕西省渭南市、华阴市、富平县、乾县 甘肃省环县 辽宁省凌源市

续表

序号	编号	项目名称	申报地区或单位
236	Ⅳ—92	木偶戏（泉州提线木偶戏、晋江布袋木偶戏、漳州布袋木偶戏、辽西木偶戏、邵阳布袋戏、高州木偶戏、潮州铁枝木偶戏、临高人偶戏、川北大木偶戏、石阡木偶戏、郃阳提线木偶戏、泰顺药发木偶戏）	福建省泉州市、晋江市、漳州市 辽宁省锦州市　湖南省邵阳县　广东省高州市、潮州市　海南省临高县 四川省 贵州省石阡县 陕西省 浙江省泰顺县

五、曲艺（共计46项）

序号	编号	项目名称	申报地区或单位
237	Ⅴ—1	苏州评弹（苏州评话、苏州弹词）	江苏省苏州市
238	Ⅴ—2	扬州评话	江苏省扬州市
239	Ⅴ—3	福州评话	福建省福州市
240	Ⅴ—4	山东大鼓	山东省
241	Ⅴ—5	西河大鼓	河北省河间市
242	Ⅴ—6	东北大鼓	辽宁省沈阳市　黑龙江省
243	Ⅴ—7	木板大鼓	河北省沧县
244	Ⅴ—8	乐亭大鼓	河北省乐亭县
245	Ⅴ—9	潞安大鼓	山西省长治市
246	Ⅴ—10	京东大鼓	天津市宝坻区
247	Ⅴ—11	胶东大鼓	山东省烟台市
248	Ⅴ—12	河洛大鼓	河南省洛阳市
249	Ⅴ—13	温州鼓词	浙江省瑞安市
250	Ⅴ—14	陕北说书	陕西省延安市

续表

序号	编号	项目名称	申报地区或单位
251	V—15	福州伬艺	福建省福州市
252	V—16	南平南词	福建省南平市
253	V—17	绍兴平湖调	浙江省绍兴市
254	V—18	兰溪摊簧	浙江省兰溪市
255	V—19	贤孝（凉州贤孝、河州贤孝）	甘肃省武威市、临夏市
256	V—20	河南坠子	河南省
257	V—21	山东琴书	山东省
258	V—22	锣鼓书	上海市南汇区
259	V—23	绍兴莲花落	浙江省绍兴县
260	V—24	兰州鼓子	甘肃省兰州市
261	V—25	扬州清曲	江苏省扬州市
262	V—26	锦歌	福建省漳州市
263	V—27	常德丝弦	湖南省常德市
264	V—28	榆林小曲	陕西省榆林市
265	V—29	天津时调	天津市
266	V—30	新疆曲子	新疆维吾尔自治区昌吉回族自治州
267	V—31	龙舟说唱	广东省佛山市顺德区
268	V—32	鼓盆歌	湖北省荆州市
269	V—33	汉川善书	湖北省汉川市
270	V—34	歌册（东山歌册）	福建省东山县
271	V—35	东北二人转	辽宁省黑山县、铁岭市 吉林省 黑龙江省海伦市
272	V—36	凤阳花鼓	安徽省凤阳县
273	V—37	答嘴鼓	福建省厦门市
274	V—38	小热昏	浙江省杭州市
275	V—39	山东快书	山东省

续表

序号	编号	项目名称	申报地区或单位
276	V—40	乌力格尔	内蒙古自治区扎鲁特旗、科尔沁右翼中旗 辽宁省阜新蒙古族自治县　吉林省前郭尔罗斯蒙古族自治县
277	V—41	达斡尔族乌钦	黑龙江省
278	V—42	赫哲族伊玛堪	黑龙江省
279	V—43	鄂伦春族摩苏昆	黑龙江省
280	V—44	傣族章哈	云南省西双版纳傣族自治州
281	V—45	哈萨克族阿依特斯	新疆维吾尔自治区伊犁哈萨克自治州
282	V—46	布依族八音坐唱	贵州省兴义市

六、杂技与竞技(共计 17 项)

序号	编号	项目名称	申报地区或单位
283	VI—1	吴桥杂技	河北省吴桥县
284	VI—2	聊城杂技	山东省聊城市
285	VI—3	天桥中幡	北京市
286	VI—4	抖空竹	北京市宣武区
287	VI—5	维吾尔族达瓦孜	新疆维吾尔自治区
288	VI—6	宁德霍童线狮	福建省宁德市
289	VI—7	少林功夫	河南省登封市
290	VI—8	武当武术	湖北省十堰市
291	VI—9	回族重刀武术	天津市
292	VI—10	沧州武术	河北省沧州市
293	VI—11	太极拳(杨氏太极拳、陈氏太极拳)	河北省永年县 河南省焦作市
294	VI—12	邢台梅花拳	河北省邢台市
295	VI—13	沙河藤牌阵	河北省沙河市
296	VI—14	朝鲜族跳板、秋千	吉林省延边朝鲜族自治州

续表

序号	编号	项目名称	申报地区或单位
297	VI—15	达斡尔族传统曲棍球竞技	内蒙古自治区莫力达瓦达斡尔族自治旗
298	VI—16	蒙古族搏克	内蒙古自治区
299	VI—17	蹴鞠	山东省淄博市

七、民间美术(共计51项)

序号	编号	项目名称	申报地区或单位
300	VII—1	杨柳青木版年画	天津市
301	VII—2	武强木版年画	河北省武强县
302	VII—3	桃花坞木版年画	江苏省苏州市
303	VII—4	漳州木版年画	福建省漳州市
304	VII—5	杨家埠木版年画	山东省潍坊市
305	VII—6	高密扑灰年画	山东省高密市
306	VII—7	朱仙镇木版年画	河南省开封市
307	VII—8	滩头木版年画	湖南省隆回县
308	VII—9	佛山木版年画	广东省佛山市
309	VII—10	梁平木版年画	重庆市梁平县
310	VII—11	绵竹木版年画	四川省德阳市
311	VII—12	凤翔木版年画	陕西省凤翔县
312	VII—13	纳西族东巴画	云南省丽江市
313	VII—14	藏族唐卡(勉唐画派、钦泽画派、噶玛嘎孜画派)	西藏自治区 四川省甘孜藏族自治州
314	VII—15	衡水内画	河北省衡水市
315	VII—16	剪纸(蔚县剪纸、丰宁满族剪纸、中阳剪纸、医巫闾山满族剪纸、扬州剪纸、乐清细纹刻纸、广东剪纸、傣族剪纸、安塞剪纸)	河北省蔚县、丰宁满族自治县 山西省中阳县 辽宁省锦州市 江苏省扬州市 浙江省乐清市 广东省佛山市、汕头市、潮州市 云南省潞西市 陕西省安塞县

续表

序号	编号	项目名称	申报地区或单位
316	VII—17	顾绣	上海市松江区
317	VII—18	苏绣	江苏省苏州市
318	VII—19	湘绣	湖南省长沙市
319	VII—20	粤绣(广绣、潮绣)	广东省广州市、潮州市
320	VII—21	蜀绣	四川省成都市
321	VII—22	苗绣(雷山苗绣、花溪苗绣、剑河苗绣)	贵州省雷山县、贵阳市、剑河县
322	VII—23	水族马尾绣	贵州省三都水族自治县
323	VII—24	土族盘绣	青海省互助土族自治县
324	VII—25	挑花(黄梅挑花、花瑶挑花)	湖北省黄梅县 湖南省隆回县
325	VII—26	庆阳香包绣制	甘肃省庆阳市
326	VII—27	象牙雕刻	北京市崇文区　广东省广州市
327	VII—28	扬州玉雕	江苏省扬州市
328	VII—29	岫岩玉雕	辽宁省岫岩满族自治县
329	VII—30	阜新玛瑙雕	辽宁省阜新市
330	VII—31	夜光杯雕	甘肃省酒泉市
331	VII—32	金石篆刻(西泠印社)	浙江省杭州市西泠印社
332	VII—33	青田石雕	浙江省青田县
333	VII—34	曲阳石雕	河北省曲阳县
334	VII—35	寿山石雕	福建省福州市
335	VII—36	惠安石雕	福建省惠安县
336	VII—37	徽州三雕(婺源三雕)	安徽省黄山市　江西省婺源县
337	VII—38	临夏砖雕	甘肃省临夏县
338	VII—39	藏族格萨尔彩绘石刻	四川省色达县
339	VII—40	潮州木雕	广东省潮州市
340	VII—41	宁波朱金漆木雕	浙江省宁波市

续表

序号	编号	项目名称	申报地区或单位
341	VII—42	乐清黄杨木雕	浙江省乐清市
342	VII—43	东阳木雕	浙江省东阳市
343	VII—44	漳州木偶头雕刻	福建省漳州市
344	VII—45	萍乡湘东傩面具	江西省萍乡市
345	VII—46	竹刻（嘉定竹刻、宝庆竹刻）	上海市嘉定区 湖南省邵阳市
346	VII—47	泥塑（天津泥人张、惠山泥人、凤翔泥塑、浚县泥咕咕）	天津市　江苏省无锡市　陕西省凤翔县 河南省浚县
347	VII—48	塔尔寺酥油花	青海省湟中县
348	VII—49	热贡艺术	青海省同仁县
349	VII—50	灯彩（仙居花灯、硖石灯彩、泉州花灯、东莞千角灯、湟源排灯）	浙江省仙居县、海宁市　福建省泉州市 广东省东莞市　青海省湟源县
350	VII—51	嵊州竹编	浙江省嵊州市

八、传统手工技艺（共计 89 项）

序号	编号	项目名称	申报地区或单位
351	VIII—1	宜兴紫砂陶制作技艺	江苏省宜兴市
352	VIII—2	界首彩陶烧制技艺	安徽省界首市
353	VIII—3	石湾陶塑技艺	广东省佛山市
354	VIII—4	黎族原始制陶技艺	海南省昌江黎族自治县
355	VIII—5	傣族慢轮制陶技艺	云南省西双版纳傣族自治州
356	VIII—6	维吾尔族模制法土陶烧制技艺	新疆维吾尔自治区英吉沙县、喀什市、吐鲁番地区
357	VIII—7	景德镇手工制瓷技艺	江西省景德镇市
358	VIII—8	耀州窑陶瓷烧制技艺	陕西省铜川市

续表

序号	编号	项目名称	申报地区或单位
359	VIII—9	龙泉青瓷烧制技艺	浙江省龙泉市
360	VIII—10	磁州窑烧制技艺	河北省峰峰矿区
361	VIII—11	德化瓷烧制技艺	福建省德化县
362	VIII—12	澄城尧头陶瓷烧制技艺	陕西省澄城县
363	VIII—13	南京云锦木机妆花手工织造技艺	江苏省南京市
364	VIII—14	宋锦织造技艺	江苏省苏州市
365	VIII—15	苏州缂丝织造技艺	江苏省苏州市
366	VIII—16	蜀锦织造技艺	四川省成都市
367	VIII—17	乌泥泾手工棉纺织技艺	上海市徐汇区
368	VIII—18	土家族织锦技艺	湖南省湘西土家族苗族自治州
369	VIII—19	黎族传统纺染织绣技艺	海南省五指山市、白沙黎族自治县、保亭黎族苗族自治县、乐东黎族自治县、东方市
370	VIII—20	壮族织锦技艺	广西壮族自治区靖西县
371	VIII—21	藏族邦典、卡垫织造技艺	西藏自治区山南地区、日喀则地区
372	VIII—22	加牙藏族织毯技艺	青海省湟中县
373	VIII—23	维吾尔族花毡、印花布织染技艺	新疆维吾尔自治区吐鲁番地区
374	VIII—24	南通蓝印花布印染技艺	江苏省南通市
375	VIII—25	苗族蜡染技艺	贵州省丹寨县
376	VIII—26	白族扎染技艺	云南省大理市
377	VIII—27	香山帮传统建筑营造技艺	江苏省苏州市
378	VIII—28	客家土楼营造技艺	福建省龙岩市

续表

序号	编号	项目名称	申报地区或单位
379	VIII—29	景德镇传统瓷窑作坊营造技艺	江西省
380	VIII—30	侗族木构建筑营造技艺	广西壮族自治区柳州市、三江侗族自治县
381	VIII—31	苗寨吊脚楼营造技艺	贵州省雷山县
382	VIII—32	苏州御窑金砖制作技艺	江苏省苏州市
383	VIII—33	苗族芦笙制作技艺	贵州省雷山县、云南省大关县
384	VIII—34	玉屏箫笛制作技艺	贵州省玉屏侗族自治县
385	VIII—35	阳城生铁冶铸技艺	山西省阳城县
386	VIII—36	南京金箔锻制技艺	江苏省南京市
387	VIII—37	龙泉宝剑锻制技艺	浙江省龙泉市
388	VIII—38	张小泉剪刀锻制技艺	浙江省杭州市
389	VIII—39	芜湖铁画锻制技艺	安徽省芜湖市
390	VIII—40	苗族银饰锻制技艺	贵州省雷山县、湖南省凤凰县
391	VIII—41	阿昌族户撒刀锻制技艺	云南省陇川县
392	VIII—42	保安族腰刀锻制技艺	甘肃省积石山保安族东乡族撒拉族自治县
393	VIII—43	景泰蓝制作技艺	北京市崇文区
394	VIII—44	聚元号弓箭制作技艺	北京市朝阳区
395	VIII—45	明式家具制作技艺	江苏省苏州市
396	VIII—46	蒙古族勒勒车制作技艺	内蒙古自治区东乌珠穆沁旗
397	VIII—47	拉萨甲米水磨坊制作技艺	西藏自治区
398	VIII—48	兰州黄河大水车制作技艺	甘肃省兰州市

续表

序号	编号	项目名称	申报地区或单位
399	VIII—49	万安罗盘制作技艺	安徽省休宁县
400	VIII—50	雕漆技艺	北京市崇文区
401	VIII—51	平遥推光漆器髹饰技艺	山西省平遥县
402	VIII—52	扬州漆器髹饰技艺	江苏省扬州市
403	VIII—53	天台山干漆夹苎技艺	浙江省天台县
404	VIII—54	福州脱胎漆器髹饰技艺	福建省福州市
405	VIII—55	厦门漆线雕技艺	福建省厦门市
406	VIII—56	成都漆艺	四川省成都市
407	VIII—57	茅台酒酿制技艺	贵州省
408	VIII—58	泸州老窖酒酿制技艺	四川省泸州市
409	VIII—59	杏花村汾酒酿制技艺	山西省汾阳市
410	VIII—60	绍兴黄酒酿制技艺	浙江省绍兴市
411	VIII—61	清徐老陈醋酿制技艺	山西省清徐县
412	VIII—62	镇江恒顺香醋酿制技艺	江苏省镇江市
413	VIII—63	武夷岩茶(大红袍)制作技艺	福建省武夷山市
414	VIII—64	自贡井盐深钻汲制技艺	四川省自贡市、大英县
415	VIII—65	宣纸制作技艺	安徽省泾县
416	VIII—66	铅山连四纸制作技艺	江西省铅山县
417	VIII—67	皮纸制作技艺	贵州省贵阳市、贞丰县、丹寨县

续表

序号	编号	项目名称	申报地区或单位
418	VIII—68	傣族、纳西族手工造纸技艺	云南省临沧市、香格里拉县
419	VIII—69	藏族造纸技艺	西藏自治区
420	VIII—70	维吾尔族桑皮纸制作技艺	新疆维吾尔自治区吐鲁番地区
421	VIII—71	竹纸制作技艺	四川省夹江县、浙江省富阳市
422	VIII—72	湖笔制作技艺	浙江省湖州市
423	VIII—73	徽墨制作技艺	安徽省绩溪县、歙县、黄山市屯溪区
424	VIII—74	歙砚制作技艺	安徽省歙县、江西省婺源县
425	VIII—75	端砚制作技艺	广东省肇庆市
426	VIII—76	金星砚制作技艺	江西省星子县
427	VIII—77	木版水印技艺	北京市荣宝斋
428	VIII—78	雕版印刷技艺	江苏省扬州市
429	VIII—79	金陵刻经印刷技艺	江苏省南京市
430	VIII—80	德格印经院藏族雕版印刷技艺	四川省德格县
431	VIII—81	制扇技艺	江苏省苏州市
432	VIII—82	剧装戏具制作技艺	江苏省苏州市
433	VIII—83	桦树皮制作技艺	内蒙古自治区鄂伦春自治旗、黑龙江省
434	VIII—84	黎族树皮布制作技艺	海南省保亭黎族苗族自治县
435	VIII—85	赫哲族鱼皮制作技艺	黑龙江省
436	VIII—86	浏阳花炮制作技艺	湖南省浏阳市
437	VIII—87	黎族钻木取火技艺	海南省保亭黎族苗族自治县
438	VIII—88	风筝制作技艺(潍坊风筝、南通板鹞风筝、拉萨风筝)	山东省潍坊市、江苏省南通市、西藏自治区拉萨市
439	VIII—89	凉茶	广东省文化厅、香港特别行政区民政事务局、澳门特别行政区文化局

九、传统医药(共计9项)

序号	编号	项目名称	申报地区或单位
440	IX—1	中医生命与疾病认知方法	中国中医科学院
441	IX—2	中医诊法	中国中医科学院
442	IX—3	中药炮制技术	中国中医科学院、中国中药协会
443	IX—4	中医传统制剂方法	中国中医科学院、中国中药协会
444	IX—5	针灸	中国中医科学院、中国针灸学会
445	IX—6	中医正骨疗法	中国中医科学院
446	IX—7	同仁堂中医药文化	中国北京同仁堂(集团)有限责任公司
447	IX—8	胡庆余堂中药文化	浙江省杭州市
448	IX—9	藏医药(拉萨北派藏医水银洗炼法和藏药仁青常觉配伍技艺、甘孜州南派藏医药)	西藏自治区、四川省甘孜藏族自治州

十、民俗(共计70项)

序号	编号	项目名称	申报地区或单位
449	X—1	春节	文化部
450	X—2	清明节	文化部
451	X—3	端午节(屈原故里端午习俗、西塞神舟会、汨罗江畔端午习俗、苏州端午习俗	文化部、湖北省宜昌市、秭归县、黄石市 湖南省汨罗市 江苏省苏州市
452	X—4	七夕节	文化部
453	X—5	中秋节	文化部
454	X—6	重阳节	文化部
455	X—7	京族哈节	广西壮族自治区东兴市
456	X—8	傣族泼水节	云南省西双版纳傣族自治州
457	X—9	锡伯族西迁节	新疆维吾尔自治区察布查尔锡伯自治县

续表

序号	编号	项目名称	申报地区或单位
458	X—10	火把节（彝族火把节）	四川省凉山彝族自治州、云南省楚雄彝族自治州
459	X—11	景颇族目瑙纵歌	云南省陇川县
460	X—12	黎族三月三节	海南省五指山市
461	X—13	鄂伦春族古伦木沓节	黑龙江省
462	X—14	瑶族盘王节	广西壮族自治区贺州市 广东省韶关市
463	X—15	壮族蚂虫另（虫字旁加另）节	广西壮族自治区河池市
464	X—16	仫佬族依饭节	广西壮族自治区罗城仫佬族自治县
465	X—17	毛南族肥套	广西壮族自治区环江毛南族自治县
466	X—18	羌族瓦尔俄足节	四川省阿坝藏族羌族自治州
467	X—19	苗族牯藏节	贵州省雷山县
468	X—20	水族端节	贵州省三都水族自治县
469	X—21	布依族查白歌节	贵州省
470	X—22	苗族姊妹节	贵州省台江县
471	X—23	独龙族卡雀哇节	云南省贡山独龙族怒族自治县
472	X—24	怒族仙女节	云南省贡山独龙族怒族自治县
473	X—25	侗族萨玛节	贵州省榕江县
474	X—26	仡佬毛龙节	贵州省石阡县
475	X—27	傈僳族刀杆节	云南省泸水县
476	X—28	塔吉克族引水节和播种节	新疆维吾尔自治区塔什库尔干塔吉克自治县
477	X—29	土族纳顿节	青海省民和回族土族自治县
478	X—30	都江堰放水节	四川省都江堰市
479	X—31	雪顿节	西藏自治区
480	X—32	黄帝陵祭典	陕西省黄陵县
481	X—33	炎帝陵祭典	湖南省炎陵县

续表

序号	编号	项目名称	申报地区或单位
482	X—34	成吉思汗祭典	内蒙古自治区鄂尔多斯市
483	X—35	祭孔大典	山东省曲阜市
484	X—36	妈祖祭典	福建省莆田市　中华妈祖文化交流协会
485	X—37	太昊伏羲祭典	甘肃省天水市　河南省淮阳县
486	X—38	女娲祭典	河北省涉县
487	X—39	大禹祭典	浙江省绍兴市
488	X—40	祭敖包	内蒙古自治区锡林郭勒盟
489	X—41	白族绕三灵	云南省大理白族自治州
490	X—42	厂甸庙会	北京市宣武区
491	X—43	热贡六月会	青海省同仁县
492	X—44	小榄菊花会	广东省中山市
493	X—45	瑶族耍歌堂	广东省清远市
494	X—46	壮族歌圩	广西壮族自治区南宁市
495	X—47	苗族系列坡会群	广西壮族自治区融水苗族自治县
496	X—48	那达慕	内蒙古自治区锡林郭勒盟
497	X—49	维吾尔刀郎麦西热甫	新疆维吾尔自治区麦盖提县
498	X—50	秦淮灯会	江苏省南京市
499	X—51	秀山花灯	重庆市秀山土家族苗族自治县
500	X—52	全丰花灯	江西省修水县
501	X—53	泰山石敢当习俗	山东省泰安市
502	X—54	民间社火	陕西省宝鸡市　山西省潞城县
503	X—55	鄂尔多斯婚礼	内蒙古自治区鄂尔多斯市
504	X—56	土族婚礼	青海省互助土族自治县
505	X—57	撒拉族婚礼	青海省循化撒拉族自治县
506	X—58	马街书会	河南省宝丰县
507	X—59	胡集书会	山东省惠民县
508	X—60	安国药市	河北省安国市
509	X—61	壮族铜鼓习俗	广西壮族自治区河池市

续表

序号	编号	项目名称	申报地区或单位
510	X—62	楹联习俗	中国楹联学会
511	X—63	苏州甪直水乡妇女服饰	江苏省苏州市
512	X—64	惠安女服饰	福建省惠安县
513	X—65	苗族服饰(昌宁苗族服饰)	云南省保山市
514	X—66	回族服饰	宁夏回族自治区
515	X—67	瑶族服饰	广西壮族自治区南丹县、贺州市
516	X—68	农历二十四节气	中国农业博物馆
517	X—69	女书习俗	湖南省江永县
518	X—70	水书习俗	贵州省黔南苗族布依族自治州

第二批国家级非物质文化遗产名录

(共计510项)

一、民间文学(共计53项)

序号	编号	项目名称	申报地区或单位
519	I—32	八达岭长城传说	北京市延庆县
520	I—33	永定河传说	北京市石景山区
521	I—34	杨家将传说(穆桂英传说、杨家将说唱)	北京市房山区　山西省
522	I—35	尧的传说	山西省绛县
523	I—36	牛郎织女传说	山西省和顺县　山东省沂源县
524	I—37	西湖传说	浙江省杭州市
525	I—38	刘伯温传说	浙江省文成县、青田县
526	I—39	黄初平(黄大仙)传说	浙江省金华市

续表

序号	编号	项目名称	申报地区或单位
527	I—40	观音传说	浙江省舟山市
528	I—41	徐福东渡传说	浙江省象山县、慈溪市
529	I—42	陶朱公传说	山东省定陶县
530	I—43	麒麟传说	山东省巨野县、嘉祥县
531	I—44	鲁班传说	山东省曲阜市、滕州市
532	I—45	八仙传说	山东省蓬莱市
533	I—46	秃尾巴老李的传说	山东省即墨市、莒县、文登市、诸城市
534	I—47	屈原传说	湖北省秭归县
535	I—48	王昭君传说	湖北省兴山县
536	I—49	炎帝神农传说	湖北省随州市、神农架林区
537	I—50	木兰传说	湖北省武汉市黄陂区　河南省虞城县
538	I—51	巴拉根仓的故事	内蒙古自治区通辽市
539	I—52	北票民间故事	辽宁省北票市
540	I—53	满族民间故事	辽宁省文学艺术界联合会民间文艺家协会
541	I—54	徐文长故事	浙江省绍兴市
542	I—55	崂山民间故事	山东省青岛市崂山区
543	I—56	都镇湾故事	湖北省长阳土家族自治县
544	I—57	盘古神话	河南省桐柏县、泌阳县
545	I—58	邵原神话群	河南省济源市
546	I—59	嘎达梅林	内蒙古自治区科尔沁左翼中旗
547	I—60	科尔沁潮尔史诗	内蒙古自治区
548	I—61	仰阿莎	贵州省黔东南苗族侗族自治州
549	I—62	布依族盘歌	贵州省盘县
550	I—63	梅葛	云南省楚雄彝族自治州
551	I—64	查姆	云南省双柏县
552	I—65	达古达楞格莱标	云南省德宏傣族景颇族自治州
553	I—66	哈尼哈吧	云南省元阳县
554	I—67	召树屯与喃木诺娜	云南省西双版纳傣族自治州

续表

序号	编号	项目名称	申报地区或单位
555	I—68	米拉尕黑	甘肃省东乡族自治县
556	I—69	康巴拉伊	青海省治多县
557	I—70	汗青格勒	青海省海西蒙古族藏族自治州
558	I—71	维吾尔族达斯坦	新疆维吾尔自治区
559	I—72	哈萨克族达斯坦	新疆维吾尔自治区文学艺术界联合会民间文艺家协会、沙湾县、福海县
560	I—73	珠郎娘美	贵州省榕江县、从江县
561	I—74	司岗里	云南省沧源佤族自治县
562	I—75	彝族克智	四川省美姑县
563	I—76	苗族贾理	贵州省黔东南苗族侗族自治州
564	I—77	藏族婚宴十八说	青海省
565	I—78	童谣（北京童谣、闽南童谣）	北京市宣武区　福建省厦门市
566	I—79	桐城歌	安徽省桐城市
567	I—80	土家族梯玛歌	湖南省龙山县
568	I—81	雷州歌	广东省雷州市
569	I—82	壮族嘹歌	广西壮族自治区平果县
570	I—83	柯尔克孜约隆	新疆维吾尔自治区阿克陶县、新疆师范大学
571	I—84	笑话（万荣笑话）	山西省万荣县

二、传统音乐（民间音乐，共计67项）

序号	编号	项目名称	申报地区或单位
572	II—73	陕北民歌	陕西省榆林市、延安市
573	II—74	昌黎民歌	河北省昌黎县
574	II—75	高邮民歌	江苏省高邮市
575	II—76	五河民歌	安徽省五河县
576	II—77	大别山民歌	安徽省六安市

续表

序号	编号	项目名称	申报地区或单位
577	II—78	徽州民歌	安徽省黄山市
578	II—79	信阳民歌	河南省信阳市
579	II—80	西坪民歌	河南省西峡县
580	II—81	马山民歌	湖北省荆州市荆州区
581	II—82	潜江民歌	湖北省潜江市
582	II—83	吕家河民歌	湖北省丹江口市
583	II—84	秀山民歌	重庆市秀山土家族苗族自治县
584	II—85	酉阳民歌	重庆市酉阳土家族苗族自治县
585	II—86	镇巴民歌	陕西省镇巴县
586	II—87	嘉善田歌	浙江省嘉善县
587	II—88	南坪曲子	四川省九寨沟县
588	II—89	茶山号子	湖南省辰溪县
589	II—90	啰啰咚	湖北省监利县
590	II—91	爬山调	内蒙古自治区呼和浩特市、乌拉特前旗
591	II—92	漫瀚调	内蒙古自治区准格尔旗
592	II—93	惠东渔歌	广东省惠州市
593	II—94	海门山歌	江苏省海门市
594	II—95	新化山歌	湖南省娄底市
595	II—96	姚安坝子腔	云南省姚安县
596	II—97	海洋号子(舟山渔民号子、长岛渔号)	浙江省岱山县　山东省长岛县
597	II—98	江河号子(黄河号子、长江峡江号子、酉水船工号子)	黄河水利委员会河南黄河河务局　湖北省宜昌市夷陵区、伍家岗区、巴东县、秭归县　湖南省保靖县
598	II—99	码头号子(上海港码头号子)	上海市浦东新区、杨浦区
599	II—100	森林号子(长白山森林号子、兴安岭森林号子)	吉林省文学艺术界联合会民间文艺家协会　黑龙江省伊春市

续表

序号	编号	项目名称	申报地区或单位
600	II—101	搬运号子(梁平抬儿调、龙骨坡抬工号子)	重庆市梁平县、巫山县
601	II—102	制作号子(竹麻号子)	四川省邛崃市
602	II—103	鲁南五大调	山东省郯城县、日照市
603	II—104	老河口丝弦	湖北省老河口市
604	II—105	蒙古族民歌(科尔沁叙事民歌、鄂尔多斯短调民歌、鄂尔多斯古如歌、阜新东蒙短调民歌、郭尔罗斯蒙古族民歌)	内蒙古自治区通辽市、鄂尔多斯市、杭锦旗　辽宁省阜新蒙古族自治县　吉林省前郭尔罗斯蒙古族自治县
605	II—106	鄂温克族民歌(鄂温克叙事民歌)	内蒙古自治区鄂温克族自治旗
606	II—107	鄂伦春族民歌(鄂伦春族赞达仁)	内蒙古自治区鄂伦春自治旗　黑龙江省大兴安岭地区
607	II—108	达斡尔族民歌(达斡尔扎恩达勒、罕伯岱达斡尔族民歌)	内蒙古自治区莫力达瓦达斡尔族自治旗　黑龙江省齐齐哈尔市
608	II—109	苗族民歌(湘西苗族民歌、苗族飞歌)	湖南省吉首市　贵州省雷山县
609	II—110	瑶族民歌(花瑶呜哇山歌)	湖南省隆回县
610	II—111	黎族民歌(琼中黎族民歌)	海南省琼中黎族苗族自治县
611	II—112	布依族民歌(好花红调)	贵州省惠水县
612	II—113	彝族民歌(彝族酒歌)	云南省武定县
613	II—114	布朗族民歌(布朗族弹唱)	云南省勐海县

续表

序号	编号	项目名称	申报地区或单位
614	II—115	藏族民歌（川西藏族山歌、玛达咪山歌、华锐藏族民歌、甘南藏族民歌、玉树民歌）	四川省甘孜藏族自治州、阿坝藏族羌族自治州、炉霍县、九龙县　甘肃省天祝藏族自治县、甘南藏族自治州　青海省玉树藏族自治州
615	II—116	维吾尔族民歌（罗布淖尔维吾尔族民歌）	新疆维吾尔自治区尉犁县
616	II—117	乌孜别克族埃希来、叶来	新疆维吾尔自治区艺术研究所、伊犁哈萨克自治州、喀什地区
617	II—118	回族宴席曲	青海省门源回族自治县
618	II—119	琵琶艺术（瀛洲古调派、浦东派、平湖派）	上海市崇明县、南汇区　浙江省平湖市
619	II—120	古筝艺术（山东古筝乐）	山东省菏泽市
620	II—121	笙管乐（复州双管乐、建平十王会、超化吹歌）	辽宁省瓦房店市、建平县河南省新密市
621	II—122	津门法鼓（挂甲寺庆音法鼓、杨家庄永音法鼓、刘园祥音法鼓）	天津市河西区、北辰区
622	II—123	锣鼓艺术（汉沽飞镲、常山战鼓、太原锣鼓、泗泾十锦细锣鼓、大铜器、开封盘鼓、宜昌堂调、韩城行鼓）	天津市汉沽区　河北省正定县　山西省太原市　上海市松江区　河南省西平县、郏县、开封市　湖北省宜昌市　陕西省韩城市
623	II—124	朝鲜族洞箫音乐	吉林省延吉市、珲春市
624	II—125	土家族咚咚喹	湖南省龙山县
625	II—126	哈萨克六十二阔恩尔	新疆维吾尔自治区伊犁哈萨克自治州

续表

序号	编号	项目名称	申报地区或单位
626	II—127	维吾尔族鼓吹乐	新疆维吾尔自治区
627	II—128	洞经音乐(文昌洞经古乐、妙善学女子洞经音乐)	四川省梓潼县　云南省通海县
628	II—129	芦笙音乐(侗族芦笙、苗族芒筒芦笙)	湖南省通道侗族自治县　贵州省丹寨县
629	II—130	布依族勒尤	贵州省贞丰县、兴义市、镇宁布依族苗族自治县
630	II—131	藏族扎木聂弹唱	青海省海南藏族自治州
631	II—132	哈萨克族冬布拉艺术	新疆维吾尔自治区伊犁哈萨克自治州
632	II—133	柯尔克孜族库姆孜艺术	新疆维吾尔自治区克孜勒苏柯尔克孜自治州、乌恰县
633	II—134	蒙古族绰尔	新疆维吾尔自治区阿勒泰地区
634	II—135	黎族竹木器乐	海南省保亭黎族苗族自治县、五指山市
635	II—136	口弦音乐	四川省布拖县
636	II—137	吟诵调(常州吟诵)	江苏省常州市
637	II—138	佛教音乐(天宁寺梵呗唱诵、鱼山梵呗、大相国寺梵乐、直孔噶举派音乐、拉卜楞寺佛殿音乐道得尔、青海藏族唱经调、北武当庙寺庙音乐)	江苏省常州市　山东省东阿县　河南省开封市　西藏自治区墨竹工卡县　甘肃省夏河县　青海省兴海县　宁夏回族自治区平罗县
638	II—139	道教音乐(广宗太平道乐、恒山道乐、上海道教音乐、无锡道教音乐、齐云山道场音乐、崂山道教音乐、泰山道教音乐、胶东全真道教音乐、腊山道教音乐、海南斋醮科仪音乐、成都道教音乐、白云山道教音乐、清水道教音乐)	河北省广宗县　山西省阳高县　上海市道教协会　江苏省无锡市　安徽省休宁县　山东省青岛市崂山区、泰安市、烟台市、东平县　海南省定安县　四川省成都市　陕西省佳县　甘肃省清水县

三、传统舞蹈(民间舞蹈,共计55项)

序号	编号	项目名称	申报地区或单位
639	III—42	鼓舞(花钹大鼓、隆尧招子鼓、平定武迓鼓、大奏鼓、陈官短穗花鼓、柳林花鼓、花鞭鼓舞、八卦鼓舞、横山老腰鼓、宜川胸鼓、凉州攻鼓子、武山旋鼓舞)	北京市昌平区 河北省隆尧县 山西省平定县 浙江省温岭市 山东省广饶县、冠县、商河县、栖霞市 陕西省横山县、宜川县 甘肃省武威市、武山县
640	III—43	麒麟舞	河北省黄骅市 河南省兰考县 广东省海丰县
641	III—44	竹马(东坝大马灯、邳州跑竹马)	江苏省高淳县、邳州市
642	III—45	灯舞(青田鱼灯舞、莆田九鲤灯舞、鲤鱼灯舞、沙头角鱼灯舞、东至花灯舞、苏家作龙凤灯舞)	浙江省青田县 福建省莆田市 江西省吉安县 广东省深圳市 安徽省东至县 河南省博爱县
643	III—46	沧州落子	河北省南皮县
644	III—47	十八蝴蝶	浙江省永康市
645	III—48	火老虎	安徽省凤台县
646	III—49	商羊舞	山东省鄄城县
647	III—50	跑帷子	河南省汤阴县
648	III—51	官会响锣	河南省项城市
649	III—52	肉连响	湖北省利川市
650	III—53	禾楼舞	广东省郁南县
651	III—54	蜈蚣舞	广东省汕头市澄海区
652	III—55	翻山铰子	四川省平昌县
653	III—56	靖边跑驴	陕西省靖边县
654	III—57	查玛	内蒙古自治区阿拉善盟
655	III—58	朝鲜族鹤舞	吉林省延边朝鲜族自治州

续表

序号	编号	项目名称	申报地区或单位
656	III—59	朝鲜族长鼓舞	吉林省图们市
657	III—60	瑶族长鼓舞	湖南省江华瑶族自治县　广东省连南瑶族自治县　广西壮族自治区富川瑶族自治县
658	III—61	傣族象脚鼓舞	云南省潞西市、西双版纳傣族自治州
659	III—62	羌族羊皮鼓舞	四川省汶川县
660	III—63	毛南族打猴鼓舞	贵州省平塘县
661	III—64	瑶族猴鼓舞	贵州省荔波县
662	III—65	高山族拉手舞	福建省华安县
663	III—66	得荣学羌	四川省得荣县
664	III—67	甲搓	四川省盐源县
665	III—68	博巴森根	四川省理县
666	III—69	彝族铃铛舞	贵州省赫章县
667	III—70	彝族打歌	云南省巍山彝族回族自治县
668	III—71	彝族跳菜	云南省南涧彝族自治县
669	III—72	彝族老虎笙	云南省双柏县
670	III—73	彝族左脚舞	云南省牟定县
671	III—74	乐作舞	云南省红河县
672	III—75	彝族三弦舞(阿细跳月、撒尼大三弦)	云南省弥勒县、石林彝族自治县
673	III—76	纳西族热美蹉	云南省丽江市古城区
674	III—77	布朗族蜂桶鼓舞	云南省双江拉祜族佤族布朗族傣族自治县
675	III—78	普米族搓蹉	云南省兰坪白族普米族自治县
676	III—79	拉祜族芦笙舞	云南省澜沧拉祜族自治县
677	III—80	宣舞(古格宣舞、普堆巴宣舞)	西藏自治区札达县、墨竹工卡县
678	III—81	拉萨囊玛	西藏自治区拉萨市
679	III—82	堆谐(拉孜堆谐)	西藏自治区拉孜县
680	III—83	谐钦(拉萨纳如谐钦、南木林土布加谐钦)	西藏自治区拉萨市城关区、南木林县

续表

序号	编号	项目名称	申报地区或单位
681	III—84	阿谐（达布阿谐）	西藏自治区比如县
682	III—85	嘎尔	西藏自治区
683	III—86	芒康三弦舞	西藏自治区芒康县
684	III—87	定日洛谐	西藏自治区定日县
685	III—88	旦嘎甲谐	西藏自治区萨嘎县
686	III—89	廓孜	西藏自治区曲水县
687	III—90	多地舞	甘肃省舟曲县
688	III—91	巴郎鼓舞	甘肃省卓尼县
689	III—92	藏族螭鼓舞	青海省循化撒拉族自治县
690	III—93	则柔（尚尤则柔）	青海省贵德县
691	III—94	蒙古族萨吾尔登	新疆维吾尔自治区和静县
692	III—95	锡伯族贝伦舞	新疆维吾尔自治区察布查尔锡伯自治县
693	III—96	维吾尔族赛乃姆	新疆维吾尔自治区哈密地区、莎车县

四、传统戏剧（共计 46 项）

序号	编号	项目名称	申报地区或单位
694	IV－93	老调（保定老调）	河北省保定市
695	IV－94	四股弦（冀南四股弦）	河北省巨鹿县、馆陶县、魏县、肥乡县
696	IV－95	赛戏	河北省邯郸市、武安市、涉县　山西省朔州市
697	IV－96	永年西调	河北省永年县
698	IV－97	坠子戏	河北省深泽县　安徽省宿州市
699	IV－98	上党落子	山西省潞城市、黎城县
700	IV－99	眉户（运城眉户、华阴迷胡、迷糊戏）	山西省运城市　陕西省华阴市新疆生产建设兵团
701	IV－100	海城喇叭戏	辽宁省鞍山市
702	IV－101	黄龙戏	吉林省农安县

续表

序号	编号	项目名称	申报地区或单位
703	IV-102	淮剧	上海淮剧团　江苏省盐城市
704	IV-103	锡剧	江苏省演艺集团锡剧团、无锡市、常州市
705	IV-104	淮海戏	江苏省淮安市、连云港市
706	IV-105	童子戏	江苏省通州市
707	IV-106	瓯剧	浙江省温州市
708	IV-107	甬剧	浙江省宁波市
709	IV-108	姚剧	浙江省余姚市
710	IV-109	绍剧	浙江省绍兴市
711	IV-110	婺剧	浙江省金华市、江山市
712	IV-111	文南词	安徽省宿松县
713	IV-112	花鼓戏	安徽省宿州市、淮北市、宣城市　湖北省随州市、麻城市　湖南省岳阳县、邵阳市、常德市
714	IV-113	二夹弦	安徽省亳州市　河南省开封市、滑县　山东省定陶县
715	IV-114	打城戏	福建省泉州市
716	IV-115	屏南平讲戏	福建省屏南县
717	IV-116	吕剧	山东省吕剧院、济南市、博兴县、东营市东营区
718	IV-117	柳腔	山东省即墨市
719	IV-118	山东梆子	山东省菏泽市、泰安市、嘉祥县
720	IV-119	莱芜梆子	山东省莱芜市
721	IV-120	枣梆	山东省菏泽市
722	IV-121	徐州梆子	江苏省徐州市
723	IV-122	同州梆子	陕西省大荔县
724	IV-123	罗卷戏	河南省汝南县、范县
725	IV-124	二股弦	河南省武陟县
726	IV-125	南剧	湖北省来凤县、咸丰县
727	IV-126	提琴戏	湖北省崇阳县

续表

序号	编号	项目名称	申报地区或单位
728	Ⅳ－127	湘剧	湖南省湘剧院、长沙市、桂阳县
729	Ⅳ－128	祁剧	湖南省祁剧院、衡阳市、祁阳县
730	Ⅳ－129	广东汉剧	广东汉剧院
731	Ⅳ－130	琼剧	海南省琼剧院、海口市
732	Ⅳ－131	黔剧	贵州省黔剧团
733	Ⅳ－132	滇剧	云南省滇剧院、玉溪市滇剧团、昆明市
734	Ⅳ－133	合阳跳戏	陕西省合阳县
735	Ⅳ－134	武都高山戏	甘肃省陇南市
736	Ⅳ－135	佤族清戏	云南省腾冲县
737	Ⅳ－136	彝剧	云南省大姚县
738	Ⅳ－137	白剧	云南省大理白族自治州
739	Ⅳ－138	邕剧	广西壮族自治区南宁市

五、曲艺(共计50项)

序号	编号	项目名称	申报地区或单位
740	Ⅴ－47	相声	中国广播艺术团　北京市歌舞剧院有限责任公司　天津市
741	Ⅴ－48	京韵大鼓	北京市歌舞剧院有限责任公司　天津市曲艺团
742	Ⅴ－49	单弦牌子曲(含岔曲)	北京市歌舞剧院有限责任公司、北京市西城区
743	Ⅴ－50	扬州弹词	江苏省扬州市
744	Ⅴ－51	长沙弹词	湖南省长沙市
745	Ⅴ－52	杭州评词	浙江省杭州市
746	Ⅴ－53	杭州评话	浙江省杭州市
747	Ⅴ－54	绍兴词调	浙江省绍兴市
748	Ⅴ－55	临海词调	浙江省临海市
749	Ⅴ－56	四明南词	浙江省宁波市

续表

序号	编号	项目名称	申报地区或单位
750	V－57	北京评书	北京市宣武区　辽宁省鞍山市、本溪市、营口市
751	V－58	湖北评书	湖北省武汉市
752	V－59	浦东说书	上海市浦东新区
753	V－60	讲古	福建省厦门市思明区
754	V－61	湖北大鼓	湖北省武汉市、团风县
755	V－62	襄垣鼓书	山西省襄垣县
756	V－63	萍乡春锣	江西省萍乡市
757	V－64	三弦书（沁州三弦书、南阳三弦书）	山西省沁县　河南省南阳市
758	V－65	莺歌柳书	山东省菏泽市
759	V－66	平湖钹子书	浙江省平湖市
760	V－67	宁波走书	浙江省宁波市鄞州区、奉化市
761	V－68	独脚戏	上海市黄浦区　浙江省杭州市
762	V－69	大调曲子	河南省南阳市
763	V－70	湖北小曲	湖北省武汉市
764	V－71	南曲	湖北省五峰土家族自治县
765	V－72	秦安小曲	甘肃省秦安县
766	V－73	徐州琴书	江苏省徐州市
767	V－74	恩施扬琴	湖北省恩施市
768	V－75	四川扬琴	四川省曲艺团、四川省音乐舞蹈研究所成都艺术剧院
769	V－76	四川竹琴	重庆市三峡曲艺团　四川省成都艺术剧院
770	V－77	四川清音	四川省成都艺术剧院
771	V－78	金华道情	浙江省金华市、义乌市
772	V－79	陕北道情	陕西省延安市、清涧县
773	V－80	朝鲜族三老人	吉林省和龙市
774	V－81	南京白局	江苏省南京市秦淮区

续表

序号	编号	项目名称	申报地区或单位
775	V－82	武林调	浙江省杭州市
776	V－83	绍兴宣卷	浙江省绍兴县
777	V－84	温州莲花	浙江省温州市鹿城区、永嘉县
778	V－85	山东落子	山东省单县
779	V－86	说鼓子	湖北省公安县、松滋市
780	V－87	广西文场	广西壮族自治区桂林市
781	V－88	车灯	重庆市曲艺团
782	V－89	眉户曲子	陕西省户县
783	V－90	韩城秧歌	陕西省韩城市
784	V－91	金钱板	四川省成都市
785	V－92	青海平弦	青海省西宁市
786	V　93	青海越弦	青海省西宁市
787	V－94	青海下弦	青海省
788	V－95	好来宝	内蒙古自治区科尔沁左翼后旗
789	V－96	哈萨克族铁尔麦	新疆维吾尔自治区伊犁哈萨克自治州

六、传统体育、游艺与杂技（杂技与竞技，共计 38 项）

序号	编号	项目名称	申报地区或单位
790	VI－18	围棋	中国棋院　北京棋院
791	VI－19	象棋	中国棋院　北京棋院
792	VI－20	蒙古族象棋	内蒙古自治区阿拉善盟
793	VI－21	天桥摔跤	北京市宣武区
794	VI－22	沙力搏尔式摔跤	内蒙古自治区阿拉善左旗
795	VI－23	峨眉武术	四川省峨眉山市
796	VI－24	红拳	陕西省
797	VI－25	八卦掌	河北省廊坊市
798	VI－26	形意拳	河北省深州市
799	VI－27	鹰爪翻子拳	河北省雄县

续表

序号	编号	项目名称	申报地区或单位
800	VI-28	八极拳(月山八极拳)	河南省博爱县
801	VI-29	心意拳	山西省晋中市
802	VI-30	心意六合拳	河南省漯河市、周口市
803	VI-31	五祖拳	福建省泉州市
804	VI-32	查拳	山东省冠县
805	VI-33	螳螂拳	山东省莱阳市
806	VI-34	苌家拳	河南省荥阳市
807	VI-35	岳家拳	湖北省武穴市
808	VI-36	蔡李佛拳	广东省江门市新会区
809	VI-37	马球(塔吉克族马球)	新疆维吾尔自治区塔什库尔干塔吉克自治县
810	VI-38	满族珍珠球	吉林省吉林市
811	VI-39	满族二贵摔跤	河北省隆化县
812	VI-40	鄂温克抢枢	内蒙古自治区鄂温克族自治旗
813	VI-41	挠羊赛	山西省忻州市
814	VI-42	传统箭术(南山射箭)	青海省乐都县
815	VI-43	赛马会(当吉仁赛马会、玉树赛马会)	西藏自治区拉萨市　青海省玉树藏族自治州
816	VI-44	叼羊(维吾尔族叼羊)	新疆维吾尔自治区巴楚县
817	VI-45	土族轮子秋	青海省互助土族自治县
818	VI-46	左各庄杆会	河北省文安县
819	VI-47	戏法(赵世魁戏法)	黑龙江省杂技团
820	VI-48	建湖杂技	江苏省建湖县
821	VI-49	东北庄杂技	河南省濮阳市
822	VI-50	宁津杂技	山东省宁津县
823	VI-51	马戏(埇桥马戏)	安徽省宿州市埇桥区
824	VI-52	风火流星	山西省太原市

续表

序号	编号	项目名称	申报地区或单位
825	VI－53	翻九楼	浙江省杭州市、东阳市
826	VI－54	调吊	浙江省绍兴市
827	VI－55	苏桥飞叉会	河北省文安县

七、传统美术(民间美术,共计45项)

序号	编号	项目名称	申报地区或单位
828	VII－52	面人(北京面人郎、上海面人赵、曹州面人、曹县江米人)	北京市海淀区、上海工艺美术研究所　山东省菏泽市牡丹区、曹县
829	VII－53	面花(阳城焙面面塑、闻喜花馍、定襄面塑、新绛面塑、郎庄面塑、黄陵面花)	山西省阳城县、闻喜县、定襄县、新绛县　山东省冠县　陕西省黄陵县
830	VII－54	草编(大名草编、徐行草编、莱州草辫、沐川草龙、湖口草龙)	河北省大名县　上海市嘉定区　山东省莱州市　四川省沐川县　江西省湖口县
831	VII－55	柳编(广宗柳编、维吾尔族枝条编织)	河北省广宗县　新疆维吾尔自治区吐鲁番市
832	VII－56	石雕(煤精雕刻、鸡血石雕、嘉祥石雕、掖县滑石雕刻、方城石猴、大冶石雕、菊花石雕、雷州石狗、白花石刻、安岳石刻、泽库和日寺石刻)	辽宁省抚顺市 浙江省临安市　山东省嘉祥县、莱州市　河南省方城县　湖北省大冶市　湖南省浏阳市　广东省雷州市　四川省广元市、安岳县　青海省泽库县
833	VII－57	玉雕(北京玉雕、苏州玉雕、镇平玉雕、广州玉雕、阳美翡翠玉雕)	北京市玉器厂 江苏省苏州市　河南省镇平县　广东省广州市荔湾区、揭阳市

续表

序号	编号	项目名称	申报地区或单位
834	VII - 58	木雕（曲阜楷木雕刻、澳门神像雕刻、武汉木雕船模）	山东省曲阜市　澳门特别行政区　湖北省武汉市硚口区
835	VII - 59	核雕（光福核雕、潍坊核雕、广州榄雕）	江苏省苏州市　山东省潍坊市　广东省增城市
836	VII - 60	椰雕（海南椰雕）	海南省海口市
837	VII - 61	葫芦雕刻（东昌葫芦雕刻）	山东省聊城市
838	VII - 62	锡雕	山东省莱芜市　浙江省永康市
839	VII - 63	汉字书法	中国文学艺术界联合会书法家协会　中国艺术研究院中国书法院
840	VII - 64	藏文书法（德格藏文书法、果洛德昂洒智）	四川省德格县　青海省果洛藏族自治州
841	VII - 65	木版年画（平阳木版年画、东昌府木版年画、张秋木版年画、夹江年画、滑县木版年画）	山西省临汾市　山东省聊城市、阳谷县　四川省夹江县　河南省滑县
842	VII - 66	彩扎（凤凰纸扎、秸秆扎刻、彩布拧台、邳州纸塑狮子头、佛山狮头）	湖南省凤凰县　河北省永清县、邯郸市　江苏省邳州市　广东省佛山市
843	VII - 67	龙档（乐清龙档）	浙江省乐清市
844	VII - 68	常州梳篦	江苏省常州市
845	VII - 69	麦秆剪贴	浙江省浦江县
846	VII - 70	北京绢花	北京市东城区
847	VII - 71	堆锦（上党堆锦）	山西省长治市堆锦研究所、长治市群众艺术馆
848	VII - 72	湟中堆绣	青海省湟中县
849	VII - 73	瓯绣	浙江省温州市

续表

序号	编号	项目名称	申报地区或单位
850	VII－74	汴绣	河南省开封市
851	VII－75	汉绣	湖北省武汉市江汉区
852	VII－76	羌族刺绣	四川省汶川县
853	VII－77	民间绣活（高平绣活、麻柳刺绣、西秦刺绣、澄城刺绣、红安绣活、阳新布贴）	山西省高平市　四川省广元市　陕西省宝鸡市、澄城县　湖北省红安县、阳新县
854	VII－78	彝族（撒尼）刺绣	云南省石林彝族自治县
855	VII－79	维吾尔族刺绣	新疆维吾尔自治区哈密地区
856	VII－80	满族刺绣（岫岩满族民间刺绣、锦州满族民间刺绣、长白山满族枕头顶刺绣）	辽宁省岫岩满族自治县、锦州市古塔区　吉林省通化市
857	VII－81	蒙古族刺绣	新疆维吾尔自治区博湖县
858	VII－82	柯尔克孜族刺绣	新疆维吾尔自治区温宿县
859	VII－83	哈萨克毡绣和布绣	新疆生产建设兵团农六师
860	VII－84	料器（北京料器）	北京京城百工坊艺术品有限公司
861	VII－85	瓯塑	浙江省温州市
862	VII－86	砖塑（鄄城砖塑）	山东省鄄城县
863	VII－87	灰塑	广东省广州市
864	VII－88	糖塑（丰县糖人贡、天门糖塑、成都糖画）	江苏省丰县　湖北省天门市　四川省成都市
865	VII－89	瓷板画	江西省南昌市
866	VII－90	软木画	福建省福州市
867	VII－91	镶嵌（彩石镶嵌、骨木镶嵌、嵌瓷）	浙江省温州市鹿城区、瓯海区，仙居县，宁波市　广东省汕头市、普宁市
868	VII－92	新会葵艺	广东省江门市新会区
869	VII－93	传统插花	北京林业大学
870	VII－94	盆景技艺（扬派盆景技艺、徽派盆景技艺、英石假山盆景技艺）	江苏省扬州市、泰州市　安徽省歙县　广东省英德市

续表

序号	编号	项目名称	申报地区或单位
871	VII－95	布老虎(黎侯虎)	山西省黎城县
872	VII－96	建筑彩绘(白族民居彩绘、陕北匠艺丹青、炕围画)	云南省大理市　陕西省　山西省襄垣县

八、传统技艺(传统手工技艺,共计97项)

序号	编号	项目名称	申报地区或单位
873	VIII－90	琉璃烧制技艺	北京市门头沟区　山西省
874	VIII－91	临清贡砖烧制技艺	山东省临清市
875	VIII－92	定瓷烧制技艺	河北省曲阳县
876	VIII－93	钧瓷烧制技艺	河南省禹州市
877	VIII－94	唐三彩烧制技艺	河南省洛阳市
878	VIII－95	醴陵釉下五彩瓷烧制技艺	湖南省醴陵市
879	VIII－96	枫溪瓷烧制技艺	广东省潮州市枫溪区
880	VIII－97	广彩瓷烧制技艺	广东省广州市
881	VIII－98	陶器烧制技艺(钦州坭兴陶烧制技艺、藏族黑陶烧制技艺、牙舟陶器烧制技艺、建水紫陶烧制技艺、荥经砂器烧制技艺)	广西壮族自治区钦州市　四川省稻城县　云南省迪庆藏族自治州青海省囊谦县　贵州省平塘县　云南省建水县　四川省荥经县
882	VIII－99	蚕丝织造技艺(余杭清水丝绵制作技艺、杭罗织造技艺、双林绫绢织造技艺)	浙江省杭州市余杭区、杭州市福兴丝绸厂、湖州市
883	VIII－100	传统棉纺织技艺	河北省魏县、肥乡县　新疆维吾尔自治区伽师县
884	VIII－101	毛纺织及擀制技艺(彝族毛纺织及擀制技艺、藏族牛羊毛编织技艺、东乡族擀毡技艺)	四川省昭觉县、色达县　甘肃省东乡族自治县

续表

序号	编号	项目名称	申报地区或单位
885	VIII－102	夏布织造技艺	江西省万载县　重庆市荣昌县
886	VIII－103	鲁锦织造技艺	山东省鄄城县、嘉祥县
887	VIII－104	侗锦织造技艺	湖南省通道侗族自治县
888	VIII－105	苗族织锦技艺	贵州省麻江县、雷山县
889	VIII－106	傣族织锦技艺	云南省西双版纳傣族自治州
890	VIII－107	香云纱染整技艺	广东省佛山市顺德区
891	VIII－108	枫香印染技艺	贵州省惠水县、麻江县
892	VIII－109	新疆维吾尔族艾德莱斯绸织染技艺	新疆维吾尔自治区洛浦县
893	VIII－110	地毯织造技艺（北京宫毯织造技艺、阿拉善地毯织造技艺、维吾尔族地毯织造技艺）	北京市　内蒙古自治区阿拉善左旗　新疆维吾尔自治区洛浦县
894	VIII－111	滩羊皮鞣制工艺	山西省交城县
895	VIII－112	鄂伦春族狍皮制作技艺	内蒙古自治区鄂伦春自治旗　黑龙江省黑河市爱辉区
896	VIII－113	盛锡福皮帽制作技艺	北京市东城区
897	VIII－114	维吾尔族卡拉库尔胎羔皮帽制作技艺	新疆维吾尔自治区沙雅县
898	VIII－115	内联升千层底布鞋制作技艺	北京市
899	VIII－116	黄金溜槽堆石砌灶冶炼技艺	山东省招远市
900	VIII－117	金银细工制作技艺	上海市黄浦区　江苏省南京市、江都市
901	VIII－118	斑铜制作技艺	云南省曲靖市
902	VIII－119	铜雕技艺	浙江省杭州市

续表

序号	编号	项目名称	申报地区或单位
903	VIII－120	藏族金属锻造技艺（藏族锻铜技艺、藏刀锻制技艺）	西藏自治区南木林县　四川省白玉县　西藏自治区拉孜县　青海省玉树藏族自治州
904	VIII－121	成都银花丝制作技艺	四川省成都市青羊区
905	VIII－122	维吾尔族传统小刀制作技艺	新疆维吾尔自治区英吉沙县
906	VIII－123	蒙古族马具制作技艺	内蒙古自治区科尔沁左翼后旗
907	VIII－124	民族乐器制作技艺（长子响铜乐器制作技艺、朝鲜族民族乐器制作技艺、苏州民族乐器制作技艺、漳州蔡福美传统制鼓技艺、维吾尔族乐器制作技艺）	山西省长子县　吉林省延边朝鲜族自治州　江苏省苏州市　福建省漳州市　新疆维吾尔自治区疏附县、新和县
908	VIII－125	花丝镶嵌制作技艺	北京市通州区　河北省大厂回族自治县
909	VIII－126	金漆镶嵌髹饰技艺	北京市
910	VIII－127	漆器髹饰技艺（徽州漆器髹饰技艺、重庆漆器髹饰技艺）	安徽省黄山市屯溪区　重庆市
911	VIII－128	彝族漆器髹饰技艺	四川省喜德县　贵州省大方县
912	VIII－129	纸笺加工技艺	安徽省巢湖市
913	VIII－130	宣笔制作技艺	安徽省宣城市
914	VIII－131	楮皮纸制作技艺	陕西省西安市长安区
915	VIII－132	白沙茅龙笔制作技艺	广东省江门市
916	VIII－133	砚台制作技艺（易水砚制作技艺、澄泥砚制作技艺、洮砚制作技艺）	河北省易县　山西省新绛县　甘肃省卓尼县、岷县

续表

序号	编号	项目名称	申报地区或单位
917	VIII－134	印泥制作技艺（上海鲁庵印泥、漳州八宝印泥）	上海市静安区　福建省漳州市
918	VIII－135	木活字印刷技术	浙江省瑞安市
919	VIII－136	装裱修复技艺（古字画装裱修复技艺、古籍修复技艺）	北京市荣宝斋　故宫博物院　国家图书馆　中国书店
920	VIII－137	传统木船制造技艺	江苏省兴化市　浙江省舟山市普陀区
921	VIII－138	水密隔舱福船制造技艺	福建省晋江市、宁德市蕉城区
922	VIII－139	龙舟制作技艺	广东省东莞市
923	VIII－140	伞制作技艺（油纸伞制作技艺、西湖绸伞）	四川省泸州市江阳区　浙江省杭州市
924	VIII－141	藏香制作技艺	西藏自治区尼木县、墨竹工卡县
925	VIII－142	贝叶经制作技艺	云南省西双版纳傣族自治州
926	VIII－143	土碱烧制技艺	新疆生产建设兵团
927	VIII－144	蒸馏酒传统酿造技艺（北京二锅头酒传统酿造技艺、衡水老白干传统酿造技艺、山庄老酒传统酿造技艺、板城烧锅酒传统五甑酿造技艺、梨花春白酒传统酿造技艺、老龙口白酒传统酿造技艺、大泉源酒传统酿造技艺、宝丰酒传统酿造技艺、五粮液酒传统酿造技艺、水井坊酒传统酿造技艺、剑南春酒传统酿造技艺、古蔺郎酒传统酿造技艺、沱牌曲酒传统酿造技艺）	北京红星股份有限公司、北京顺鑫农业股份有限公司　河北省衡水市、平泉县、承德县　山西省朔州市　辽宁省沈阳市　吉林省通化县　河南省宝丰县　四川省宜宾市、成都市、绵竹市、古蔺县、射洪县

续表

序号	编号	项目名称	申报地区或单位
928	VIII－145	酿造酒传统酿造技艺（封缸酒传统酿造技艺、金华酒传统酿造技艺）	江苏省丹阳市、金坛市　浙江省金华市
929	VIII－146	配制酒传统酿造技艺（菊花白酒传统酿造技艺）	北京仁和酒业有限责任公司
930	VIII－147	花茶制作技艺（张一元茉莉花茶制作技艺）	北京张一元茶叶有限责任公司
931	VIII－148	绿茶制作技艺（西湖龙井、婺州举岩、黄山毛峰、太平猴魁、六安瓜片）	浙江省杭州市、金华市　安徽省黄山市徽州区、黄山区、六安市裕安区
932	VIII－149	红茶制作技艺（祁门红茶制作技艺）	安徽省祁门县
933	VIII－150	乌龙茶制作技艺（铁观音制作技艺）	福建省安溪县
934	VIII－151	普洱茶制作技艺（贡茶制作技艺、大益茶制作技艺）	云南省宁洱县、勐海县
935	VIII－152	黑茶制作技艺（千两茶制作技艺、茯砖茶制作技艺、南路边茶制作技艺）	湖南省安化县、益阳市　四川省雅安市
936	VIII－153	晒盐技艺（海盐晒制技艺、井盐晒制技艺）	浙江省象山县　海南省儋州市　西藏自治区芒康县
937	VIII－154	酱油酿造技艺（钱万隆酱油酿造技艺）	上海市浦东新区
938	VIII－155	豆瓣传统制作技艺（郫县豆瓣传统制作技艺）	四川省郫县

续表

序号	编号	项目名称	申报地区或单位
939	VIII－156	豆豉酿制技艺（永川豆豉酿制技艺、潼川豆豉酿制技艺）	重庆市　四川省三台县
940	VIII－157	腐乳酿造技艺（王致和腐乳酿造技艺）	北京市海淀区
941	VIII－158	酱菜制作技艺（六必居酱菜制作技艺）	北京六必居食品有限公司
942	VIII－159	榨菜传统制作技艺（涪陵榨菜传统制作技艺）	重庆市涪陵区
943	VIII－160	传统面食制作技艺（龙须拉面和刀削面制作技艺、抿尖面和猫耳朵制作技艺）	山西省全晋会馆、晋韵楼
944	VIII－161	茶点制作技艺（富春茶点制作技艺）	江苏省扬州市
945	VIII－162	周村烧饼制作技艺	山东省淄博市
946	VIII－163	月饼传统制作技艺（郭杜林晋式月饼制作技艺、安琪广式月饼制作技艺）	山西省太原市　广东省安琪食品有限公司
947	VIII－164	素食制作技艺（功德林素食制作技艺）	上海功德林素食有限公司
948	VIII－165	同盛祥牛羊肉泡馍制作技艺	陕西省西安市
949	VIII－166	火腿制作技艺（金华火腿腌制技艺）	浙江省金华市
950	VIII－167	烤鸭技艺（全聚德挂炉烤鸭技艺、便宜坊焖炉烤鸭技艺）	北京市全聚德（集团）股份有限公司、北京便宜坊烤鸭集团有限公司

续表

序号	编号	项目名称	申报地区或单位
951	VIII－168	牛羊肉烹制技艺(东来顺涮羊肉制作技艺、鸿宾楼全羊席制作技艺、月盛斋酱烧牛羊肉制作技艺、北京烤肉制作技艺、冠云平遥牛肉传统加工技艺、烤全羊技艺)	北京市东来顺集团有限责任公司、北京市鸿宾楼餐饮有限责任公司、北京月盛斋清真食品有限公司、北京市聚华天控股有限公司 山西省冠云平遥牛肉集团有限公司 内蒙古自治区阿拉善盟
952	VIII－169	天福号酱肘子制作技艺	北京天福号食品有限公司
953	VIII－170	六味斋酱肉传统制作技艺	山西省太原六味斋实业有限公司
954	VIII－171	都一处烧麦制作技艺	北京便宜坊烤鸭集团有限公司
955	VIII－172	聚春园佛跳墙制作技艺	福建省福州市
956	VIII－173	真不同洛阳水席制作技艺	河南省洛阳市
957	VIII－174	官式古建筑营造技艺(北京故宫)	故宫博物院
958	VIII－175	木拱桥传统营造技艺	浙江省庆元县、泰顺县 福建省寿宁县、屏南县
959	VIII－176	石桥营造技艺	浙江省绍兴市
960	VIII－177	婺州传统民居营造技艺(诸葛村古村落营造技艺、俞源村古建筑群营造技艺、东阳卢宅营造技艺、浦江郑义门营造技艺)	浙江省兰溪市、武义县、东阳市、浦江县
961	VIII－178	徽派传统民居营造技艺	安徽省黄山市

续表

序号	编号	项目名称	申报地区或单位
962	VIII－179	闽南传统民居营造技艺	福建省泉州市鲤城区、惠安县、南安市
963	VIII－180	窑洞营造技艺	山西省平陆县　甘肃省庆阳市
964	VIII－181	蒙古包营造技艺	内蒙古自治区文学艺术界联合会、西乌珠穆沁旗、陈巴尔虎旗
965	VIII－182	黎族船型屋营造技艺	海南省东方市
966	VIII－183	哈萨克族毡房营造技艺	新疆维吾尔自治区塔城地区
967	VIII－184	俄罗斯族民居营造技艺	新疆维吾尔自治区塔城地区
968	VIII－185	撒拉族篱笆楼营造技艺	青海省循化撒拉族自治县
969	VIII－186	藏族碉楼营造技艺	四川省丹巴县

九、传统医药（共计 8 项）

序号	编号	项目名称	申报地区或单位
970	IX－10	中医养生（药膳八珍汤、灵源万应茶、永定万应茶）	山西省太原市　福建省晋江市、永定县
971	IX－11	传统中医药文化（鹤年堂中医药养生文化、九芝堂传统中药文化、潘高寿传统中药文化、陈李济传统中药文化、同济堂传统中药文化）	北京鹤年堂医药有限责任公司　湖南省九芝堂股份有限公司　广东省广州潘高寿药业股份有限公司、广州陈李济制药厂　贵州省同济堂制药有限公司
972	IX－12	蒙医药（赞巴拉道尔吉温针、火针疗法）	内蒙古自治区

续表

序号	编号	项目名称	申报地区或单位
973	IX－13	畲族医药（痧症疗法、六神经络骨通药制作工艺）	浙江省丽水市　福建省罗源县
974	IX－14	瑶族医药（药浴疗法）	贵州省从江县
975	IX－15	苗医药（骨伤蛇伤疗法、九节茶药制作工艺）	贵州省雷山县、黔东南苗族侗族自治州
976	IX－16	侗医药（过路黄药制作工艺）	贵州省黔东南苗族侗族自治州
977	IX－17	回族医药（张氏回医正骨疗法、回族汤瓶八诊疗法）	宁夏回族自治区吴忠市、银川市

十、民俗（共计51项）

序号	编号	项目名称	申报地区或单位
978	X－71	元宵节（敛巧饭习俗、九曲黄河阵灯俗、柳林盘子会、蔚县拜灯山习俗、马尾－马祖元宵节俗、泉州闹元宵习俗、闽台东石灯俗、枫亭元宵游灯习俗、闽西客家元宵节庆、永昌县卍字灯俗、九曲黄河灯俗）	文化部　北京市怀柔区、密云县　山西省柳林县　河北省蔚县　福建省福州市马尾区、泉州市、晋江市、仙游县、连城县　甘肃省永昌县　青海省乐都县
979	X－72	渔民开洋、谢洋节	浙江省象山县、岱山县　山东省荣成市、日照市、即墨市
980	X－73	畲族三月三	浙江省景宁畲族自治县
981	X－74	宾阳炮龙节	广西壮族自治区宾阳县
982	X－75	苗族独木龙舟节	贵州省台江县
983	X－76	苗族跳花节	贵州省安顺市
984	X－77	苗族四月八姑娘节	湖南省绥宁县

续表

序号	编号	项目名称	申报地区或单位
985	X－78	德昂族浇花节	云南省德宏傣族景颇族自治州
986	X－79	江孜达玛节	西藏自治区江孜县
987	X－80	塔塔尔族撒班节	新疆维吾尔自治区塔城地区
988	X－81	灯会（苇子灯阵、胜芳灯会、河曲河灯会、肥东洋蛇灯、南安英都拔拔灯、石城灯会、渔灯节、泮村灯会、自贡灯会）	河北省邯郸市、霸州市　山西省河曲县　安徽省肥东县　福建省南安市　江西省石城县　山东省烟台市　广东省开平市　四川省自贡市
989	X－82	羌年	四川省茂县、汶川县、理县、北川羌族自治县
990	X－83	苗年	贵州省丹寨县、雷山县
991	X－84	庙会（妙峰山庙会、东岳庙庙会、晋祠庙会、上海龙华庙会、赶茶场、泰山东岳庙会、武当山庙会、火宫殿庙会、佛山祖庙庙会、药王山庙会）	北京市门头沟区、朝阳区　山西省太原市晋源区　上海市徐汇区　浙江省磐安县　山东省泰安市　湖北省十堰市　湖南省长沙市　广东省佛山市　陕西省铜川市
992	X－85	民间信俗（千童信子节、关公信俗、石浦－富岗如意信俗、汤和信俗、保生大帝信俗、陈靖姑信俗、西王母信俗）	河北省盐山县　山西省运城市　河南省洛阳市　浙江省象山县、温州市龙湾区　福建省厦门市海沧区、龙海市、古田县、福州市仓山区　甘肃省泾川县
993	X－86	青海湖祭海	青海省海北藏族自治州

续表

序号	编号	项目名称	申报地区或单位
994	X-87	抬阁(芯子、铁枝、飘色)(葛渔城重阁会、宽城背杆、隆尧县泽畔抬阁、清徐徐沟背铁棍、万荣抬阁、峨口挠阁、脑阁、金坛抬阁、浦江迎会、肘阁抬阁、大坝高装、青林口高抬戏、庄浪县高抬、湟中县千户营高台、隆德县高台、阁子里芯子、周村芯子、章丘芯子、霍童铁枝、福鼎沙埕铁枝、屏南双溪铁枝、南朗崖口飘色、台山浮石飘色、吴川飘色、河田高景)	河北省廊坊市、宽城满族自治县、隆尧县　山西省清徐县、万荣县、代县　内蒙古自治区土默特左旗　江苏省金坛市　浙江省浦江县　安徽省寿县、临泉县　四川省兴文县、江油市　甘肃省庄浪县　青海省湟中县　宁夏回族自治区隆德县　山东省淄博市临淄区、周村区,章丘市　福建省宁德市蕉城区、福鼎市、屏南县　广东省中山市、台山市、吴川市、陆河县
995	X-88	打铁花	河南省确山县
996	X-89	朝鲜族花甲礼	辽宁省丹东市　吉林省延边朝鲜族自治州
997	X-90	祭祖习俗(大槐树祭祖习俗)	山西省洪洞县
998	X-91	鄂温克驯鹿习俗	内蒙古自治区根河市
999	X-92	蒙古族养驼习俗	内蒙古自治区阿拉善盟
1000	X-93	长白山采参习俗	吉林省抚松县
1001	X-94	查干淖尔冬捕习俗	吉林省前郭尔罗斯蒙古族自治县
1002	X-95	蚕桑习俗(含山轧蚕花、扫蚕花地)	浙江省桐乡市、德清县
1003	X-96	洪洞走亲习俗	山西省洪洞县
1004	X-97	蟳埔女习俗	福建省泉州市丰泽区
1005	X-98	汉族传统婚俗(孝义贾家庄婚俗、宁海十里红妆婚俗、斗门水上婚嫁习俗)	山西省孝义市　浙江省宁海县　广东省珠海市
1006	X-99	朝鲜族传统婚礼	吉林省延边朝鲜族自治州

续表

序号	编号	项目名称	申报地区或单位
1007	X－100	塔吉克族婚俗	新疆维吾尔自治区塔什库尔干塔吉克自治县
1008	X－101	水乡社戏	浙江省绍兴市
1009	X－102	界首书会	安徽省界首市
1010	X－103	洛阳牡丹花会	河南省洛阳市
1011	X－104	三汇彩亭会	四川省渠县
1012	X－105	石宝山歌会	云南省剑川县
1013	X－106	大理三月街	云南省大理市
1014	X－107	茶艺（潮州工夫茶艺）	广东省潮州市
1015	X－108	蒙古族服饰	内蒙古自治区　甘肃省肃北蒙古族自治县　新疆维吾尔自治区博湖县
1016	X－109	朝鲜族服饰	吉林省延边朝鲜族自治州
1017	X－110	畲族服饰	福建省罗源县
1018	X－111	黎族服饰	海南省锦绣织贝有限公司、海南省民族研究所
1019	X－112	珞巴族服饰	西藏自治区隆子县、米林县
1020	X－113	藏族服饰	西藏自治区措美县、林芝地区、普兰县、安多县、申扎县　青海省玉树藏族自治州、门源回族自治县
1021	X－114	裕固族服饰	甘肃省肃南裕固族自治县
1022	X－115	土族服饰	青海省互助土族自治县
1023	X－116	撒拉族服饰	青海省循化撒拉族自治县
1024	X－117	维吾尔族服饰	新疆维吾尔自治区于田县
1025	X－118	哈萨克族服饰	新疆维吾尔自治区伊犁哈萨克自治州
1026	X－119	珠算（程大位珠算法、珠算文化）	安徽省黄山市屯溪区　中国珠算心算协会
1027	X－120	南海航道更路经	海南省文昌市
1028	X－121	藏族天文历算	西藏自治区

第一批国家级非物质文化遗产扩展项目名录

（共计147项）

一、民间文学（共计5项）

序号	编号	项目名称	申报地区或单位
8	I－8	孟姜女传说	河北省秦皇岛市　湖南省津市市
9	I－9	董永传说	江苏省金坛市　山东省博兴县
13	I－13	宝卷（靖江宝卷、河西宝卷）	江苏省靖江市　甘肃省张掖市
22	I－22	吴歌	上海市青浦区　江苏省无锡市
31	I－31	谜语（澄海灯谜）	广东省汕头市澄海区

二、传统音乐（民间音乐，共计17项）

序号	编号	项目名称	申报地区或单位
34	II－3	蒙古族长调民歌	新疆维吾尔自治区巴音郭楞蒙古自治州、和布克赛尔蒙古自治县
35	II－4	蒙古族呼麦	新疆维吾尔自治区阿勒泰地区
38	II－7	畲族民歌	浙江省景宁畲族自治县
44	II－13	崖州民歌	海南省乐东黎族自治县
51	II－20	花儿（新疆花儿）	新疆维吾尔自治区昌吉回族自治州、巴音郭楞蒙古自治州
58	II－27	薅草锣鼓（武宁打鼓歌、宜昌薅草锣鼓、五峰土家族薅草锣鼓、兴山薅草锣鼓、宣恩薅草锣鼓、长阳山歌、川东土家族薅草锣鼓）	江西省武宁县　湖北省宜昌市、五峰土家族自治县、兴山县、宣恩县、长阳土家族自治县　四川省宣汉县

续表

序号	编号	项目名称	申报地区或单位
59	Ⅱ-28	侗族大歌	贵州省从江县、榕江县
61	Ⅱ-30	多声部民歌(潮尔道-蒙古族和声演唱、瑶族蝴蝶歌、壮族三声部民歌、羌族多声部民歌、硗碛多声部民歌、苗族多声部民歌)	内蒙古自治区锡林浩特市 广西壮族自治区富川瑶族自治县、马山县 四川省松潘县、雅安市 贵州省台江县、剑河县
65	Ⅱ-34	古琴艺术(虞山琴派、广陵琴派、金陵琴派、梅庵琴派、浙派、诸城派、岭南派)	江苏省常熟市、扬州市、南京市、南通市、镇江市 浙江省杭州市 山东省诸城市 广东省广州市
66	Ⅱ-35	蒙古族马头琴音乐	吉林省前郭尔罗斯蒙古族自治县
67	Ⅱ-36	蒙古族四胡音乐	吉林省前郭尔罗斯蒙古族自治县 黑龙江省杜尔伯特蒙古族自治县
68	Ⅱ-37	唢呐艺术(唐山花吹、丰宁满族吵子会、晋北鼓吹、上党八音会、上党乐户班社、丹东鼓乐、杨小班鼓吹乐棚、于都唢呐公婆吹、万载得胜鼓、邹城平派鼓吹乐、沮水呜音、鸣音喇叭、远安呜音、青山唢呐、城吹打、绥米唢呐)	河北省唐海县、丰宁满族自治县 山西省阳高县、忻州市、长子县、壶关县 辽宁省丹东市 黑龙江省肇州县 江西省于都县、万载县 山东省邹城市 湖北省保康县、南漳县、远安县 湖南省湘潭县 重庆市綦江县 陕西省绥德县、米脂县
71	Ⅱ-40	江南丝竹	浙江省杭州市
75	Ⅱ-44	十番音乐(楚州十番锣鼓、邵伯锣鼓小牌子、楼塔细十番、遂昌昆曲十番、黄石惠洋十音、佛山十番、海南八音器乐)	江苏省淮安市、江都市 浙江省杭州市、遂昌县 福建省莆田市 广东省佛山市 海南省海口市
76	Ⅱ-45	鲁西南鼓吹乐	山东省菏泽市牡丹区
85	Ⅱ-54	土家族打溜子	湖北省五峰土家族自治县、鹤峰县

续表

序号	编号	项目名称	申报地区或单位
90	II－59	冀中笙管乐(白庙村音乐会、雄县古乐、小冯村音乐会、张庄音乐会、军卢村音乐会、东张务音乐会、南响口梵呗音乐会、里东庄音乐老会、辛安庄民间音乐会、安新县圈头村音乐会、东韩村拾幡古乐、子位吹歌)	北京市大兴区　河北省雄县、固安县、霸州市、廊坊市安次区、文安县、任丘市、安新县、易县、定州市

三、传统舞蹈(民间舞蹈,共计13项)

序号	编号	项目名称	申报地区或单位
104	III－1	京西太平鼓(石景山太平鼓、怪村太平鼓)	北京市石景山区、丰台区
105	III－2	秧歌(济阳鼓子秧歌、临县伞头秧歌、原平凤秧歌、汾阳地秧歌)	山东省济阳县　山西省临县、原平市、汾阳市
107	III－4	龙舞(易县摆字龙灯、曲周龙灯、金州龙舞、舞草龙、骆山大龙、兰溪断头龙、大田板灯龙、高龙、汝城香火龙、九龙舞、埔寨火龙、人龙舞、荷塘纱龙、乔林烟花火龙、醉龙、黄龙溪火龙灯舞)	河北省易县、曲周县　辽宁省大连市金州区　上海市松江区　江苏省溧水县　浙江省兰溪市　福建省大田县　湖北省武汉市汉阳区　湖南省汝城县、平江县　广东省丰顺县、佛山市、江门市蓬江区、揭阳市、中山市　四川省双流县
108	III－5	狮舞(白纸坊太狮、沧县狮舞、小相狮舞、槐店文狮子、席狮舞、丰城岳家狮、布依族高台狮灯舞)	北京市　河北省沧县　河南省巩义市、沈丘县　广东省梅州市　江西省丰城市　贵州省兴义市

续表

序号	编号	项目名称	申报地区或单位
110	III－7	傩舞（寿阳爱社、祁门傩舞、邵武傩舞、湛江傩舞、文县池哥昼、永靖七月跳会）	山西省寿阳县 安徽省祁门县福建省邵武市　广东省湛江市麻章区　甘肃省文县、永靖县
112	III－9	高跷（盖州高跷、上口子高跷、独杆跷、高抬火轿）	辽宁省盖州市、大洼县　山东省泰安市　河南省沁阳市
119	III－16	滚灯（奉贤滚灯、海盐滚灯）	上海市奉贤区　浙江省海盐县
120	III－17	土家族摆手舞（恩施摆手舞、酉阳摆手舞）	湖北省来凤县　重庆市酉阳土家族苗族自治县
122	III－19	弦子舞（玉树依舞）	青海省玉树藏族自治州
123	III－20	锅庄舞（甘孜锅庄、马奈锅庄、称多白龙卓舞、囊谦卓干玛）	四川省石渠县、雅江县、新龙县、德格县、金川县　青海省称多县、囊谦县
126	III－23	苗族芦笙舞	贵州省雷山县、关岭布依族苗族自治县、榕江县、水城县
127	III－24	朝鲜族农乐舞	辽宁省铁岭市
129	III－26	铜鼓舞（田林瑶族铜鼓舞、雷山苗族铜鼓舞）	广西壮族自治区田林县　贵州省雷山县

四、传统戏剧（共计33项）

序号	编号	项目名称	申报地区或单位
148	IV－4	潮剧	广东省揭阳市
160	IV－16	秦腔	甘肃省秦剧团
162	IV－18	晋剧	河北省张家口市　山西省太原市
165	IV－21	上党梆子	山西省长治市
166	IV－22	河北梆子	北京市河北梆子剧团　天津河北梆子剧院
167	IV－23	豫剧（桑派）	河北省邯郸市

续表

序号	编号	项目名称	申报地区或单位
170	Ⅳ-26	大平调	山东省东明县、菏泽市牡丹区
171	Ⅳ-27	越调	河南省许昌市
172	Ⅳ-28	京剧	湖北省京剧院
175	Ⅳ-31	汉调二簧	湖北省竹溪县
179	Ⅳ-35	荆河戏	湖北省荆州市
183	Ⅳ-39	乱弹(威县乱弹)	河北省威县
187	Ⅳ-43	柳子戏	河南省清丰县
188	Ⅳ-44	大弦戏	山东省菏泽市
192	Ⅳ-48	高甲戏(柯派)	福建省晋江市
194	Ⅳ-50	四平调	山东省金乡县、成武县
195	Ⅳ-51	评剧	北京市中国评剧院　天津评剧院
197	Ⅳ-53	越剧(尹派)	福建省芳华越剧团
200	Ⅳ-56	扬剧	江苏省演艺集团扬剧团、镇江市
207	Ⅳ-63	柳琴戏	江苏省徐州市　山东省临沂市
209	Ⅳ-65	采茶戏	湖北省阳新县
213	Ⅳ-69	曲子戏	新疆生产建设兵团
214	Ⅳ-70	秧歌戏(蔚县秧歌、祁太秧歌、襄武秧歌、壶关秧歌)	河北省蔚县　山西省祁县、太谷县、襄垣县、武乡县、壶关县
215	Ⅳ-71	道情戏(洪洞道情、沾化渔鼓戏)	山西省洪洞县　山东省沾化县
217	Ⅳ-73	二人台	陕西省府谷县
221	Ⅳ-77	灯戏	湖北省恩施市
222	Ⅳ-78	花灯戏	贵州省独山县　云南省花灯剧团、弥渡县、姚安县、元谋县
224	Ⅳ-80	藏戏(德格格萨尔藏戏、巴塘藏戏、色达藏戏、青海马背藏戏)	四川省德格县、巴塘县、色达县青海省果洛藏族自治州
226	Ⅳ-82	壮剧	云南省文山壮族苗族自治州

续表

序号	编号	项目名称	申报地区或单位
227	IV－83	侗戏	湖南省通道侗族自治县
233	IV－89	傩戏（万载开口傩、仡佬族傩戏、鹤峰傩戏、恩施傩戏）	江西省万载县　贵州省道真仡佬族苗族自治县　湖北省鹤峰县、恩施市
235	IV－91	皮影戏（北京皮影戏、河间皮影戏、岫岩皮影戏、盖州皮影戏、望奎县皮影戏、泰山皮影戏、济南皮影戏、定陶皮影、罗山皮影戏、湖南皮影戏、四川皮影戏、河湟皮影戏）	北京市宣武区　河北省河间市　辽宁省鞍山市、盖州市　黑龙江省望奎县　山东省泰安市、济南市、定陶县　河南省罗山县　湖南省木偶皮影艺术剧院、衡山县　四川省阆中市、南部县　青海省
236	IV－92	木偶戏（孝义木偶戏、杖头木偶戏、平阳木偶戏、单档布袋戏、湖南杖头木偶戏、五华提线木偶、文昌公仔戏、三江公仔戏）	山西省孝义市　江苏省扬州市　浙江省平阳县、苍南县　湖南省木偶皮影艺术剧院　广东省梅州市　海南省文昌市、海口市

五、曲艺（共计15项）

序号	编号	项目名称	申报地区或单位
237	V－1	苏州评弹（苏州评话、苏州弹词）	上海市书场工作者协会
240	V－4	山东大鼓（梨花大鼓）	河北省鸡泽县、威县
241	V－5	西河大鼓	河北省廊坊市
242	V－6	东北大鼓	辽宁省锦州市、瓦房店市、岫岩满族自治县　吉林省榆树市　黑龙江省五常市
246	V－10	京东大鼓	河北省廊坊市
247	V－11	胶东大鼓	山东省青岛市
254	V－18	摊簧（杭州摊簧、绍兴摊簧）	浙江省杭州市、绍兴市

续表

序号	编号	项目名称	申报地区或单位
255	V－19	贤孝(西宁贤孝)	青海省西宁市
257	V－21	山东琴书	山东省菏泽市
266	V－30	新疆曲子	新疆维吾尔自治区巴里坤哈萨克自治县
270	V－34	歌册(潮州歌册)	广东省潮州市
271	V－35	东北二人转	黑龙江省绥棱县　内蒙古自治区通辽市
276	V－40	乌力格尔	内蒙古自治区通辽市
277	V－41	达斡尔族乌钦	内蒙古自治区莫力达瓦达斡尔族自治旗
281	V－45	哈萨克族阿依特斯	甘肃省阿克塞哈萨克族自治县

六、传统体育、游艺与杂技(杂技与竞技,共计4项)

序号	编号	项目名称	申报地区或单位
285	VI－3	中幡(安头屯中幡、正定高照、建瓯挑幡)	河北省香河县、正定县　福建省建瓯市
288	VI－6	线狮(九狮图)	浙江省永康市、仙居县
292	VI－10	沧州武术(劈挂拳、燕青拳、孟村八极拳)	河北省沧州市
293	VI－11	太极拳(武氏太极拳)	河北省永年县

七、传统美术(民间美术,共计16项)

序号	编号	项目名称	申报地区或单位
313	VII－14	藏族唐卡(昌都嘎玛嘎赤画派、墨竹工卡直孔刺绣唐卡、甘南藏族唐卡)	西藏自治区昌都县、墨竹工卡县　甘肃省夏河县
314	VII－15	内画(北京内画鼻烟壶、广东内画)	北京市西城区　广东省汕头市

续表

序号	编号	项目名称	申报地区或单位
315	VII－16	剪纸（广灵染色剪纸、和林格尔剪纸、庄河剪纸、岫岩满族剪纸、建平剪纸、新宾满族剪纸、长白山满族剪纸、方正剪纸、上海剪纸、南京剪纸、徐州剪纸、金坛刻纸、浦江剪纸、阜阳剪纸、漳浦剪纸、泉州（李尧宝）刻纸、柘荣剪纸、瑞昌剪纸、莒县过门笺、滨州民间剪纸、高密剪纸、烟台剪纸、灵宝剪纸、卢氏剪纸、辉县剪纸、孝感雕花剪纸、鄂州雕花剪纸、仙桃雕花剪纸、踏虎凿花、苗族剪纸、庆阳剪纸）	山西省广灵县　内蒙古自治区和林格尔县　辽宁省庄河市、岫岩满族自治县、建平县、新宾满族自治县　吉林省通化市　黑龙江省方正县　上海市徐汇区　江苏省南京市、徐州市、金坛市　浙江省浦江县　安徽省阜阳市　福建省漳浦县、泉州市、柘荣县　江西省瑞昌市　山东省莒县、滨州市、高密市、烟台市　河南省灵宝市、卢氏县、辉县市　湖北省孝感市孝南区、鄂州市、仙桃市　湖南省泸溪县　贵州省剑河县　甘肃省镇原县
317	VII－18	苏绣（无锡精微绣、南通仿真绣）	江苏省无锡市、南通市
320	VII－21	蜀绣	重庆市渝中区
321	VII－22	苗绣	贵州省凯里市
324	VII－25	挑花（望江挑花、花瑶挑花）	安徽省望江县　湖南省溆浦县
325	VII－26	香包（徐州香包）	江苏省徐州市
337	VII－38	砖雕（山西民居砖雕）	山西省清徐县
339	VII－40	潮州木雕	广东省揭阳市、汕头市
341	VII－42	黄杨木雕	上海市徐汇区
343	VII－44	木偶头雕刻（江加走木偶头雕刻）	福建省泉州市

续表

序号	编号	项目名称	申报地区或单位
345	VII－46	竹刻（无锡留青竹刻、常州留青竹刻、黄岩翻簧竹雕、江安竹簧）	江苏省无锡市、常州市　浙江省台州市黄岩区　四川省江安县
346	VII－47	泥塑（玉田泥塑、苏州泥塑、聂家庄泥塑、大吴泥塑、徐氏泥彩塑、苗族泥哨、杨氏家庭泥塑）	河北省玉田县　江苏省苏州市　山东省高密市　广东省潮安县　四川省大英县　贵州省黄平县　宁夏回族自治区隆德县
349	VII－50	灯彩（北京灯彩、上海灯彩、秦淮灯彩、苏州灯彩、佛山彩灯、潮州花灯、洛阳宫灯、汴京灯笼张）	北京市东城区、朝阳区　上海市卢湾区　江苏省句容市、苏州市　广东省佛山市、潮州市湘桥区　河南省洛阳市、开封市
350	VII－51	竹编（东阳竹编、舒席、瑞昌竹编、梁平竹帘、渠县刘氏竹编、青神竹编、瓷胎竹编）	浙江省东阳市　安徽省舒城县　江西省瑞昌市　重庆市梁平县　四川省渠县、青神县、邛崃市

八、传统技艺（传统手工技艺，共计24项）

序号	编号	项目名称	申报地区或单位
356	VIII－6	维吾尔族模制法土陶烧制技艺	新疆生产建设兵团
373	VIII－23	花毡、印花布织染技艺	新疆维吾尔自治区且末县、塔城地区、英吉沙县
374	VIII－24	蓝印花布印染技艺	湖南省凤凰县、邵阳县
375	VIII－25	蜡染技艺	贵州省安顺市
376	VIII－26	扎染技艺（自贡扎染技艺）	四川省自贡市
380	VIII－30	侗族木构建筑营造技艺	贵州省黎平县、从江县

续表

序号	编号	项目名称	申报地区或单位
385	VIII－35	生铁冶铸技艺（干模铸造技艺）	河北省泊头市
388	VIII－38	剪刀锻制技艺（王麻子剪刀锻制技艺）	北京市
390	VIII－40	银饰制作技艺（苗族银饰制作技艺、彝族银饰制作技艺）	贵州省黄平县　四川省布拖县
394	VIII－44	弓箭制作技艺（锡伯族弓箭制作技艺）	新疆维吾尔自治区
395	VIII－45	家具制作技艺（京作硬木家具制作技艺、广式硬木家具制作技艺）	北京市东城区　广东省广州市
396	VIII－46	蒙古族勒勒车制作技艺	内蒙古自治区阿鲁科尔沁旗
400	VIII－50	雕漆技艺	甘肃省天水市秦州区
411	VIII－61	老陈醋酿制技艺（美和居老陈醋酿制技艺）	山西省太原市
420	VIII－70	桑皮纸制作技艺	安徽省潜山县、岳西县
421	VIII－71	竹纸制作技艺	福建省将乐县
427	VIII－77	木版水印技艺	上海书画出版社
428	VIII－78	雕版印刷技艺	福建省连城县
430	VIII－80	藏族雕版印刷技艺（波罗古泽刻版制作技艺）	西藏自治区江达县
431	VIII－81	制扇技艺（王星记扇、荣昌折扇、龚扇）	浙江省杭州市　重庆市荣昌县　四川省自贡市
432	VIII－82	剧装戏具制作技艺	北京剧装厂
433	VIII－83	桦树皮制作技艺（鄂温克族桦树皮制作技艺、鄂伦春族桦树皮船制作技艺）	内蒙古自治区根河市　黑龙江省大兴安岭地区

续表

序号	编号	项目名称	申报地区或单位
436	VIII－86	烟火爆竹制作技艺（南张井老虎火、万载花炮制作技艺、萍乡烟花制作技艺、蒲城杆火技艺、架花烟火爆竹制作技艺）	河北省井陉县　江西省万载县、上栗县　陕西省蒲城县、洋县
438	VIII－88	风筝制作技艺（北京风筝哈制作技艺、天津风筝魏制作技艺）	北京市海淀区　天津市南开区

九、传统医药（共计5项）

序号	编号	项目名称	申报地区或单位
442	IX－3	中药炮制技术（四大怀药种植与炮制、中药炮制技艺）	河南省焦作市　四川省成都市
443	IX－4	中医传统制剂方法（龟龄集传统制作技艺、雷允上六神丸制作技艺、东阿阿胶制作技艺、廖氏化风丹制作技艺）	山西省太谷县　江苏省苏州市　山东省东阿县、平阴县　贵州省遵义市红花岗区、汇川区
444	IX－5	针灸（刘氏刺熨疗法）	重庆市渝中区
445	IX－6	中医正骨疗法（宫廷正骨、罗氏正骨法、石氏伤科疗法、平乐郭氏正骨法）	北京市护国寺中医医院　北京市朝阳区　上海市黄浦区　河南省洛阳市　广东省深圳市
448	IX－9	藏医药（藏医外治法、藏医尿诊法、藏医药浴疗法、甘南藏医药、藏药炮制技艺、藏药七十味珍珠丸配伍技艺、藏药珊瑚七十味丸配伍技艺、藏药阿如拉炮制技艺、七十味珍珠丸赛太炮制技艺）	西藏自治区藏医学院、西藏自治　区山南地区藏医院　青海省藏医院　甘肃省碌曲县　西藏自治区藏医院、西藏自治区藏药厂、西藏自治区雄巴拉曲神水藏药厂　青海省金诃藏药药业股份有限公司

十、民俗(共计15项)

序号	编号	项目名称	申报地区或单位
450	X-2	清明节(溱潼会船)	江苏省姜堰市
451	X-3	端午节(罗店划龙船习俗、五常龙舟盛会、安海嗦啰嗹习俗)	上海市宝山区　浙江省杭州市余杭区　福建省晋江市
452	X-4	七夕节(乞巧节)	甘肃省西和县
453	X-5	中秋节(中秋博饼、佛山秋色)	福建省厦门市　广东省佛山市
456	X-8	傣族泼水节	云南省德宏傣族景颇族自治州
473	X-25	侗族萨玛节	贵州省黎平县
480	X-32	黄帝祭典(新郑黄帝拜祖祭典)	河南省新郑市
481	X-33	炎帝祭典	陕西省宝鸡市
484	X-36	妈祖祭典(天津皇会)	天津市民俗博物馆
496	X-48	那达慕	青海省海西蒙古族藏族自治州　新疆维吾尔自治区和静县
497	X-49	新疆维吾尔族麦西热甫(新疆维吾尔刀郎麦西热甫、维吾尔族却日库木麦西热甫、维吾尔族塔合麦西热甫、维吾尔族阔克麦西热甫)	新疆维吾尔自治区阿瓦提县、阿克苏市、木垒哈萨克自治县、哈密市
502	X-54	民间社火(桃林坪花脸社火、永年抬花桌、本溪社火、义县社火、朝阳社火、浚县民间社火、洋县悬台社火)	河北省井陉县、永年县　辽宁省本溪满族自治县、义县、朝阳县　河南省浚县　陕西省洋县

续表

序号	编号	项目名称	申报地区或单位
503	X－55	蒙古族婚礼(阿日奔苏木婚礼、乌珠穆沁婚礼、蒙古族婚俗)	内蒙古自治区阿鲁科尔沁旗、西乌珠穆沁旗　吉林省前郭尔罗斯蒙古族自治县
508	X－60	药市习俗(樟树药俗、百泉药会、禹州药会)	江西省樟树市　河南省辉县市、禹州市
513	X－65	苗族服饰	湖南省湘西土家族苗族自治州　贵州省桐梓县、安顺市西秀区、关岭布依族苗族自治县、纳雍县、剑河县、台江县、榕江县、六盘水市六枝特区、丹寨县

(注:本扩展项目名录的序号、编号均为第一批国家级非物质文化遗产名录的序号和编号)

第三批国家级非物质文化遗产名录

(共计 191 项)

一、民间文学(共计 41 项)

序 号	项目编号	项目名称	申报地区或单位
1029	I－85	天坛传说	北京市东城区
1030	I－86	曹雪芹传说	北京市海淀区
1031	I－87	契丹始祖传说	河北省平泉县
1032	I－88	赵氏孤儿传说	山西省盂县
1033	I－89	白马拖缰传说	山西省晋城市城区
1034	I－90	舜的传说	山西省沁水县,山东省诸城市
1035	I－91	禹的传说	四川省汶川县、北川羌族自治县
1036	I－92	防风传说	浙江省德清县
1037	I－93	盘瓠传说	湖南省泸溪县
1038	I－94	庄子传说	山东省东明县
1039	I－95	柳毅传说	山东省潍坊市寒亭区
1040	I－96	禅宗祖师传说	湖北省黄梅县

续表

序号	编号	项目名称	申报地区或单位
1041	I－97	布袋和尚传说	浙江省奉化市
1042	I－98	钱王传说	浙江省临安市
1043	I－99	苏东坡传说	浙江省杭州市
1044	I－100	王羲之传说	浙江省绍兴市
1045	I－101	李时珍传说	湖北省蕲春县
1046	I－102	蔡伦造纸传说	陕西省汉中市
1047	I－103	牡丹传说	山东省菏泽市牡丹区
1048	I－104	泰山传说	山东省泰安市
1049	I－105	黄鹤楼传说	湖北省武汉市武昌区
1050	I－106	烂柯山的传说	山西省陵川县，浙江省衢州市
1051	I－107	珞巴族始祖传说	西藏自治区米林县
1052	I－108	阿尼玛卿雪山传说	青海省果洛藏族自治州
1053	I－109	锡伯族民间故事	辽宁省沈阳市
1054	I－110	嘉黎民间故事	西藏自治区嘉黎县
1055	I－111	海洋动物故事	浙江省洞头县
1056	I－112	土家族哭嫁歌	湖南省永顺县、古丈县
1057	I－113	坡芽情歌	云南省富宁县
1058	I－114	祝赞词	内蒙古自治区东乌珠穆沁旗，新疆维吾尔自治区博湖县、和布克赛尔蒙古自治县
1059	I－115	黑暗传	湖北省保康县、神农架林区
1060	I－116	陶克陶胡	吉林省前郭尔罗斯蒙古族自治县
1061	I－117	密洛陀	广西壮族自治区都安瑶族自治县
1062	I－118	亚鲁王	贵州省紫云苗族布依族自治县
1063	I－119	目瑙斋瓦	云南省德宏傣族景颇族自治州
1064	I－120	洛奇洛耶与扎斯扎依	云南省墨江哈尼族自治县
1065	I－121	阿细先基	云南省弥勒县
1066	I－122	羌戈大战	四川省汶川县

续表

序号	编号	项目名称	申报地区或单位
1067	Ⅰ-123	恰克恰克	新疆维吾尔自治区伊宁市
1068	Ⅰ-124	酉阳古歌	重庆市酉阳土家族苗族自治县
1069	Ⅰ-125	谚语(沪谚)	上海市闵行区

二、传统音乐(共计16项)

序 号	项目编号	项目名称	申报地区或单位
1070	Ⅱ-140	凤阳民歌	安徽省滁州市
1071	Ⅱ-141	九江山歌	江西省九江县
1072	Ⅱ-142	利川灯歌	湖北省利川市
1073	Ⅱ-143	天门民歌	湖北省天门市
1074	Ⅱ-144	临高渔歌	海南省临高县
1075	Ⅱ-145	弥渡民歌	云南省弥渡县
1076	Ⅱ-146	青海汉族民间小调	青海省西宁市
1077	Ⅱ-147	阿里郎	吉林省延边朝鲜族自治州
1078	Ⅱ-148	哈萨克族民歌	新疆维吾尔自治区伊犁哈萨克自治州
1079	Ⅱ-149	塔吉克族民歌	新疆维吾尔自治区塔什库尔干塔吉克自治县
1080	Ⅱ-150	茅山号子	江苏省兴化市
1081	Ⅱ-151	弦索乐(菏泽弦索乐)	山东省菏泽市
1082	Ⅱ-152	纳西族白沙细乐	云南省丽江市古城区
1083	Ⅱ-153	伽倻琴艺术	吉林省延吉市
1084	Ⅱ-154	京族独弦琴艺术	广西壮族自治区东兴市
1085	Ⅱ-155	哈萨克族库布孜	新疆维吾尔自治区伊犁哈萨克自治州

三、传统舞蹈（共计 15 项）

序 号	项目编号	项目名称	申报地区或单位
1086	Ⅲ－97	跳马伕	江苏省如东县
1087	Ⅲ－98	仗鼓舞（桑植仗鼓舞）	湖南省桑植县
1088	Ⅲ－99	南县地花鼓	湖南省南县
1089	Ⅲ－100	跳花棚	广东省化州市
1090	Ⅲ－101	老古舞	海南省白沙黎族自治县
1091	Ⅲ－102	跳曹盖	四川省平武县
1092	Ⅲ－103	棕扇舞	云南省元江哈尼族彝族傣族自治县
1093	Ⅲ－104	鄂温克族萨满舞	内蒙古自治区根河市
1094	Ⅲ－105	协荣仲孜	西藏自治区曲水县
1095	Ⅲ－106	普兰果尔孜	西藏自治区阿里地区
1096	Ⅲ－107	陈塘夏尔巴歌舞	西藏自治区定结县
1097	Ⅲ－108	巴当舞	甘肃省岷县
1098	Ⅲ－109	安昭	青海省互助土族自治县
1099	Ⅲ－110	萨玛舞	新疆维吾尔自治区喀什市
1100	Ⅲ－111	哈萨克族卡拉角勒哈	新疆维吾尔自治区伊犁哈萨克自治州

四、传统戏剧（共计 20 项）

序 号	项目编号	项目名称	申报地区或单位
1101	Ⅳ－139	上党二簧	山西省晋城市城区
1102	Ⅳ－140	醒感戏	浙江省永康市
1103	Ⅳ－141	湖剧	浙江省湖州市
1104	Ⅳ－142	淳安三角戏	浙江省淳安县
1105	Ⅳ－143	嗨子戏	安徽省阜南县
1106	Ⅳ－144	赣剧	江西省赣剧院
1107	Ⅳ－145	西河戏	江西省星子县
1108	Ⅳ－146	鹧鸪戏	山东省淄博市临淄区

续表

序号	编号	项目名称	申报地区或单位
1109	Ⅳ－147	淮调	河南省安阳县
1110	Ⅳ－148	落腔	河南省内黄县
1111	Ⅳ－149	武当神戏	湖北省丹江口市
1112	Ⅳ－150	雷剧	广东省雷州市
1113	Ⅳ－151	关索戏	云南省澄江县
1114	Ⅳ－152	通渭小曲戏	甘肃省通渭县
1115	Ⅳ－153	弦子腔	陕西省平利县
1116	Ⅳ－154	西路梆子	河北省海兴县
1117	Ⅳ－155	淮北梆子戏	安徽省宿州市、阜阳市
1118	Ⅳ－156	滑稽戏	上海滑稽剧团，江苏省苏州市
1119	Ⅳ－157	张家界阳戏	湖南省张家界市永定区
1120	Ⅳ－158	海南斋戏	海南省海口市

五、曲艺（共计18项）

序号	项目编号	项目名称	申报地区或单位
1121	Ⅴ－97	莲花落	山西省太原市
1122	Ⅴ－98	长子鼓书	山西省长子县
1123	Ⅴ－99	翼城琴书	山西省翼城县
1124	Ⅴ－100	曲沃琴书	山西省曲沃县
1125	Ⅴ－101	泽州四弦书	山西省泽州县
1126	Ⅴ－102	盘索里	辽宁省铁岭市，吉林省延边朝鲜族自治州
1127	Ⅴ－103	永康鼓词	浙江省永康市
1128	Ⅴ－104	唱新闻	浙江省象山县
1129	Ⅴ－105	渔鼓道情	安徽省萧县
1130	Ⅴ－106	三棒鼓	湖北省宣恩县
1131	Ⅴ－107	祁阳小调	湖南省祁阳县
1132	Ⅴ－108	粤曲	广东省广州市
1133	Ⅴ－109	木鱼歌	广东省东莞市

续表

序号	编号	项目名称	申报地区或单位
1134	Ⅴ-110	四川评书	重庆市曲艺团
1135	Ⅴ-111	洛南静板书	陕西省洛南县
1136	Ⅴ-112	南音说唱	澳门特别行政区
1137	Ⅴ-113	河州平弦	甘肃省临夏市
1138	Ⅴ-114	端鼓腔	山东省东平县、微山县

六、传统体育、游艺与杂技(共计15项)

序号	项目编号	项目名称	申报地区或单位
1139	Ⅵ-56	拦手门	天津市河东区
1140	Ⅵ-57	通背缠拳	山西省洪洞县
1141	Ⅵ-58	地术拳	福建省精武保安培训学校
1142	Ⅵ-59	佛汉拳	山东省东明县
1143	Ⅵ-60	孙膑拳	山东省青岛市市北区、安丘市
1144	Ⅵ-61	肘捶	山东省临清市
1145	Ⅵ-62	十八般武艺	浙江省杭州市余杭区
1146	Ⅵ-63	华佗五禽戏	安徽省亳州市
1147	Ⅵ-64	撂石锁	河南省开封市
1148	Ⅵ-65	赛龙舟	湖南省沅陵县,广东省东莞市,贵州省铜仁市、镇远县
1149	Ⅵ-66	迎罗汉	浙江省缙云县
1150	Ⅵ-67	掼牛	浙江省嘉兴市南湖区
1151	Ⅵ-68	高杆船技	浙江省桐乡市
1152	Ⅵ-69	花毽	山东省青州市
1153	Ⅵ-70	口技	北京市西城区

七、传统美术(共计13项)

序号	项目编号	项目名称	申报地区或单位
1154	Ⅶ-97	棕编(新繁棕编)	四川省成都市新都区
1155	Ⅶ-98	苗画	湖南省保靖县
1156	Ⅶ-99	嘉兴灶头画	浙江省嘉兴市
1157	Ⅶ-100	永春纸织画	福建省永春县
1158	Ⅶ-101	平遥纱阁戏人	山西省平遥县
1159	Ⅶ-102	清徐彩门楼	山西省清徐县
1160	Ⅶ-103	上海绒绣	上海市浦东新区
1161	Ⅶ-104	宁波金银彩绣	浙江省宁波市鄞州区
1162	Ⅶ-105	瑶族刺绣	广东省乳源瑶族自治县
1163	Ⅶ-106	藏族编织、挑花刺绣工艺	四川省阿坝藏族羌族自治州
1164	Ⅶ-107	侗族刺绣	贵州省锦屏县
1165	Ⅶ-108	锡伯族刺绣	新疆维吾尔自治区察布查尔锡伯自治县
1166	Ⅶ-109	宁波泥金彩漆	浙江省宁海县

八、传统技艺(共计26项)

序号	项目编号	项目名称	申报地区或单位
1167	Ⅷ-187	越窑青瓷烧制技艺	浙江省上虞市、杭州市、慈溪市
1168	Ⅷ-188	建窑建盏烧制技艺	福建省南平市
1169	Ⅷ-189	汝瓷烧制技艺	河南省汝州市、宝丰县
1170	Ⅷ-190	淄博陶瓷烧制技艺	山东省淄博市
1171	Ⅷ-191	长沙窑铜官陶瓷烧制技艺	湖南省长沙市望城区
1172	Ⅷ-192	蓝夹缬技艺	浙江省温州市
1173	Ⅷ-193	中式服装制作技艺(龙凤旗袍手工制作技艺、亨生奉帮裁缝技艺,培罗蒙奉帮裁缝技艺,振兴祥中式服装制作技艺)	上海市静安区,上海市黄浦区,浙江省杭州市

续表

序号	编号	项目名称	申报地区或单位
1174	Ⅷ-194	铅锡刻镂技艺	湖北省荆州市
1175	Ⅷ-195	乌铜走银制作技艺	云南省石屏县
1176	Ⅷ-196	银铜器制作及鎏金技艺	青海省湟中县
1177	Ⅷ-197	青铜器修复及复制技艺	故宫博物院
1178	Ⅷ-198	国画颜料制作技艺（姜思序堂国画颜料制作技艺）	江苏省苏州市
1179	Ⅷ-199	藏族矿植物颜料制作技艺	西藏自治区拉萨市
1180	Ⅷ-200	毛笔制作技艺（周虎臣毛笔制作技艺、扬州毛笔制作技艺）	上海市黄浦区，江苏省江都市
1181	Ⅷ-201	衡水法帖雕版拓印技艺	河北省衡水市桃城区
1182	Ⅷ-202	古书画临摹复制技艺	故宫博物院
1183	Ⅷ-203	白茶制作技艺（福鼎白茶制作技艺）	福建省福鼎市
1184	Ⅷ-204	仿膳（清廷御膳）制作技艺	北京市西城区
1185	Ⅷ-205	直隶官府菜烹饪技艺	河北省保定市
1186	Ⅷ-206	孔府菜烹饪技艺	山东省曲阜市
1187	Ⅷ-207	五芳斋粽子制作技艺	浙江省嘉兴市
1188	Ⅷ-208	北京四合院传统营造技艺	中国艺术研究院
1189	Ⅷ-209	雁门民居营造技艺	山西省忻州市
1190	Ⅷ-210	石库门里弄建筑营造技艺	上海市黄浦区
1191	Ⅷ-211	土家族吊脚楼营造技艺	湖北省咸丰县，湖南省永顺县，重庆市石柱土家族自治县
1192	Ⅷ-212	维吾尔族民居建筑技艺（阿依旺赛来民居营造技艺）	新疆维吾尔自治区和田地区

九、传统医药(共计4项)

序 号	项目编号	项目名称	申报地区或单位
1193	Ⅸ－18	壮医药(壮医药线点灸疗法)	广西中医学院
1194	Ⅸ－19	彝医药(彝医水膏药疗法)	云南省楚雄彝族自治州
1195	Ⅸ－20	傣医药(睡药疗法)	云南省西双版纳傣族自治州、德宏傣族景颇族自治州
1196	Ⅸ－21	维吾尔医药(维药传统炮制技艺、木尼孜其·木斯力汤药制作技艺、食物疗法、库西台法)	新疆维吾尔医学高等专科学校、新疆维吾尔自治区和田地区、新疆维吾尔自治区莎车县、新疆维吾尔自治区维吾尔医药研究所

十、民俗(共计23项)

序 号	项目编号	项目名称	申报地区或单位
1197	Ⅹ－122	中元节(潮人盂兰盛会)	香港特别行政区
1198	Ⅹ－123	中和节(永济背冰、云丘山中和节)	山西省永济市、乡宁县
1199	Ⅹ－124	俄罗斯族巴斯克节	内蒙古自治区额尔古纳市
1200	Ⅹ－125	鄂温克族瑟宾节	黑龙江省讷河市
1201	Ⅹ－126	诺茹孜节	新疆维吾尔自治区塔城地区
1202	Ⅹ－127	布依族“三月三”	贵州省贞丰县、望谟县
1203	Ⅹ－128	土家年	湖南省永顺县
1204	Ⅹ－129	彝族年	四川省凉山彝族自治州
1205	Ⅹ－130	侗年	贵州省榕江县
1206	Ⅹ－131	藏历年	西藏自治区拉萨市
1207	Ⅹ－132	舜帝祭典	湖南省宁远县
1208	Ⅹ－133	祭寨神林	云南省元阳县

续表

序号	编号	项目名称	申报地区或单位
1209	Ⅹ－134	歌会（瑞云四月八、四十八寨歌节）	福建省福鼎市，贵州省天柱县
1210	Ⅹ－135	尉村跑鼓车	山西省襄汾县
1211	Ⅹ－136	独辕四景车赛会	山西省平顺县
1212	Ⅹ－137	网船会	浙江省嘉兴市秀洲区
1213	Ⅹ－138	月也	贵州省黎平县
1214	Ⅹ－139	婚俗（朝鲜族回婚礼、达斡尔族传统婚俗、彝族传统婚俗、裕固族传统婚俗、回族传统婚俗、哈萨克族传统婚俗、锡伯族传统婚俗）	吉林省延边朝鲜族自治州，黑龙江省齐齐哈尔市富拉尔基区，四川省美姑县，甘肃省张掖市，宁夏回族自治区，新疆维吾尔自治区伊犁哈萨克自治州，新疆嘎善文化传播中心
1215	Ⅹ－140	径山茶宴	浙江省杭州市余杭区
1216	Ⅹ－141	装泥鱼习俗	广东省珠海市斗门区
1217	Ⅹ－142	苗族栽岩习俗	贵州省榕江县
1218	Ⅹ－143	柯尔克孜族驯鹰习俗	新疆维吾尔自治区阿合奇县
1219	Ⅹ－144	塔吉克族服饰	新疆维吾尔自治区塔什库尔干塔吉克自治县

第二批国家级非物质文化遗产扩展项目名录

（共计164项）

一、民间文学（共计8项）

序号	项目编号	项目名称	申报地区或单位
1	Ⅰ－1	苗族古歌	湖南省花垣县
8	Ⅰ－8	孟姜女传说	山东省莒县

续表

序号	编号	项目名称	申报地区或单位
9	Ⅰ-9	董永传说	江苏省丹阳市
522	Ⅰ-35	尧的传说	山东省菏泽市牡丹区
523	Ⅰ-36	牛郎织女传说	陕西省西安市长安区
528	Ⅰ-41	徐福传说	江苏省赣榆县，山东省胶南市、青岛市黄岛区
537	Ⅰ-50	木兰传说	陕西省延安市宝塔区
561	Ⅰ-74	司岗里	云南省西盟佤族自治县

二、传统音乐（共计16项）

序号	项目编号	项目名称	申报地区或单位
38	Ⅱ-7	畲族民歌	浙江省泰顺县
60	Ⅱ-29	侗族琵琶歌	贵州省从江县
61	Ⅱ-30	多声部民歌（潮尔道-阿巴嘎潮尔）	内蒙古自治区阿巴嘎旗
68	Ⅱ-37	唢呐艺术（徐州鼓吹乐、砀山唢呐、长汀公嫲吹）	江苏省徐州市，安徽省宿州市，福建省长汀县
76	Ⅱ-45	鲁西南鼓吹乐	山东省巨野县、单县
83	Ⅱ-52	吹打（广西八音）	广西壮族自治区玉林市
596	Ⅱ-97	海洋号子（长海号子、象山渔民号子）	辽宁省长海县，浙江省象山县
604	Ⅱ-105	蒙古族民歌（乌拉特民歌）	内蒙古自治区乌拉特前旗
608	Ⅱ-109	苗族民歌（苗族飞歌）	贵州省剑河县
612	Ⅱ-113	彝族民歌（彝族山歌）	贵州省盘县

续表

序号	编号	项目名称	申报地区或单位
614	Ⅱ－115	藏族民歌(藏族赶马调、班戈昌鲁)	四川省冕宁县,西藏自治区班戈县
622	Ⅱ－123	锣鼓艺术(云胜锣鼓、中州大鼓、鄂州牌子锣、小河锣鼓)	山西省原平市,河南省新乡县,湖北省鄂州市,重庆市渝北区
623	Ⅱ－124	洞箫音乐(高陵洞箫)	陕西省高陵县
635	Ⅱ－136	口弦音乐	四川省北川羌族自治县
637	Ⅱ－138	佛教音乐(楞严寺寺庙音乐、觉囊梵音、洋县佛教音乐、塔尔寺花架音乐)	山西省左云县,四川省壤塘县,陕西省洋县,青海省湟中县
638	Ⅱ－139	道教音乐(东岳观道教音乐、澳门道教科仪音乐)	浙江省平阳县,澳门特别行政区

三、传统舞蹈(共计16项)

序号	项目编号	项目名称	申报地区或单位
105	Ⅲ－2	秧歌(小红门地秧歌、乐亭地秧歌、阳信鼓子秧歌)	北京市朝阳区,河北省乐亭县,山东省阳信县
107	Ⅲ－4	龙舞(浦东绕龙灯、直溪巨龙、碇步龙、开化香火草龙、坎门花龙、龙灯扛阁、火龙舞、三节龙、地龙灯、芷江孽龙、城步吊龙、香火龙、六坊云龙舞)	上海市浦东新区,江苏省金坛市,浙江省泰顺县,浙江省开化县,浙江省玉环县,山东省临沂市,河南省孟州市,湖北省云梦县,湖北省来凤县,湖南省芷江侗族自治县,湖南省城步苗族自治县,广东省南雄市,广东省中山市
108	Ⅲ－5	狮舞(马桥手狮舞,古陂蔗狮、犁狮,青狮,松岗七星狮舞,藤县狮舞,田阳壮族狮舞,高台狮舞)	上海市闵行区,江西省信丰县,广东省揭阳市,广东省深圳市,广西壮族自治区藤县,广西壮族自治区田阳县,重庆市彭水苗族土家族自治县

续表

序号	编号	项目名称	申报地区或单位
110	Ⅲ-7	傩舞(浦南古傩)	福建省漳州市
111	Ⅲ-8	英歌(甲子英歌)	广东省陆丰市
113	Ⅲ-10	盾牌舞(藤牌舞)	浙江省瑞安市
125	Ⅲ-22	羌姆(拉康加羌姆、直孔嘎尔羌姆、曲德寺阿羌姆)	西藏自治区洛扎县、墨竹工卡县、贡嘎县
639	Ⅲ-42	鼓舞(万荣花鼓、土沃老花鼓、稷山高台花鼓、乌拉陈汉军旗单鼓舞)	山西省万荣县、沁水县、稷山县,吉林省吉林市
640	Ⅲ-43	麒麟舞(麒麟采八宝,睢县麒麟舞,坂田永胜堂舞麒麟、大船坑舞麒麟,樟木头舞麒麟)	山西省侯马市,河南省睢县,广东省深圳市,广东省东莞市
641	Ⅲ-44	竹马(蒋塘马灯舞)	江苏省溧阳市
642	Ⅲ-45	灯舞(无为鱼灯)	安徽省无为县
655	Ⅲ-58	鹤舞(三灶鹤舞)	广东省珠海市
657	Ⅲ-60	瑶族长鼓舞(小长鼓舞、黄泥鼓舞)	广东省连山壮族瑶族自治县,广西壮族自治区金秀瑶族自治县
680	Ⅲ-83	谐钦(尼玛乡谐钦)	西藏自治区班戈县
691	Ⅲ-94	萨吾尔登	新疆维吾尔自治区博湖县
693	Ⅲ-96	赛乃姆(若羌赛乃姆、且末赛乃姆、库尔勒赛乃姆、伊犁赛乃姆、库车赛乃姆)	新疆维吾尔自治区若羌县、且末县、库尔勒市、伊宁县、库车县

四、传统戏剧(共计28项)

序 号	项目编号	项目名称	申报地区或单位
148	Ⅳ-4	潮剧	福建省云霄县
162	Ⅳ-18	晋剧	河北省井陉县,内蒙古自治区呼和浩特市

续表

序号	编号	项目名称	申报地区或单位
164	Ⅳ－20	北路梆子	山西省大同市
170	Ⅳ－26	大平调	山东省成武县，河南省浚县
171	Ⅳ－27	越调	河南省邓州市
172	Ⅳ－28	京剧	江苏省演艺集团、江苏省淮安市
183	Ⅳ－39	乱弹（诸暨西路乱弹）	浙江省诸暨市
193	Ⅳ－49	碗碗腔（曲沃碗碗腔）	山西省曲沃县
195	Ⅳ－51	评剧	河北省石家庄市，辽宁省沈阳市和平区，黑龙江省评剧院
201	Ⅳ－57	庐剧（东路庐剧）	安徽省和县
204	Ⅳ－60	黄梅戏	安徽省黄梅戏剧院
206	Ⅳ－62	泗州戏	江苏省泗洪县
209	Ⅳ－65	采茶戏（高安采茶戏、抚州采茶戏、粤北采茶戏）	江西省高安市、抚州市临川区，广东省韶关市
213	Ⅳ－69	曲子戏	甘肃省白银市
214	Ⅳ－70	秧歌戏（泽州秧歌）	山西省泽州县
215	Ⅳ－71	道情戏（神池道情戏、商洛道情戏）	山西省神池县，陕西省商洛市
217	Ⅳ－73	二人台（东路二人台）	内蒙古自治区乌兰察布市
222	Ⅳ－78	花灯戏	贵州省花灯剧团
224	Ⅳ－80	藏戏（尼木塔荣藏戏、南木特藏戏）	西藏自治区尼木县，甘肃省甘南藏族自治州
227	Ⅳ－83	侗戏	广西壮族自治区三江侗族自治县
233	Ⅳ－89	傩戏（任庄扇鼓傩戏、德安潘公戏、梅山傩戏、荔波布依族傩戏）	山西省曲沃县，江西省德安县，湖南省冷水江市，贵州省荔波县

续表

序号	编号	项目名称	申报地区或单位
235	Ⅳ-91	皮影戏(昌黎皮影戏、巴林左旗皮影戏、龙江皮影戏、桐柏皮影戏、云梦皮影戏、腾冲皮影戏)	河北省昌黎县,内蒙古自治区巴林左旗,黑龙江省哈尔滨市,河南省桐柏县,湖北省云梦县,云南省腾冲县
236	Ⅳ-92	木偶戏(海派木偶戏、杖头木偶戏、泰顺提线木偶戏、廿八都木偶戏、广东木偶戏、揭阳铁枝木偶戏)	上海木偶剧团,江苏省演艺集团,浙江省泰顺县,浙江省江山市,广东省木偶艺术剧院有限公司,广东省揭阳市
694	Ⅳ-93	老调(安国老调)	河北省安国市
700	Ⅳ-99	眉户(晋南眉户)	山西省临汾市
703	Ⅳ-102	淮剧	江苏省淮安市、泰州市
713	Ⅳ-112	花鼓戏(荆州花鼓戏、襄阳花鼓戏、衡州花鼓戏、临湘花鼓戏、长沙花鼓戏)	湖北省仙桃市,湖北省襄阳市,湖南省衡阳市,湖南省临湘市,湖南省花鼓戏剧院
717	Ⅳ-116	吕剧	山东省滨州市

五、曲艺(共计10项)

序号	项目编号	项目名称	申报地区或单位
237	Ⅴ-1	苏州评弹(苏州评话、苏州弹词)	江苏省演艺集团,浙江曲艺杂技总团
238	Ⅴ-2	扬州评话	江苏省演艺集团
249	Ⅴ-13	温州鼓词	浙江省平阳县
256	Ⅴ-20	河南坠子	河北省临漳县
257	Ⅴ-21	山东琴书	山东省郓城县
263	Ⅴ-27	丝弦	湖南省武冈市
274	Ⅴ-38	小热昏	江苏省常州市
768	Ⅴ-75	四川扬琴	重庆市曲艺团
770	Ⅴ-77	四川清音	重庆市曲艺团
784	Ⅴ-91	金钱板	重庆市万州区

六、传统体育、游艺与杂技(共计8项)

序号	项目编号	项目名称	申报地区或单位
292	Ⅵ-10	沧州武术(六合拳)	河北省泊头市
294	Ⅵ-12	梅花拳	河北省威县
793	Ⅵ-21	摔跤(朝鲜族摔跤、彝族摔跤、维吾尔族且力西)	吉林省延吉市,云南省石林彝族自治县,新疆维吾尔自治区岳普湖县
797	Ⅵ-25	八卦掌	北京市西城区,河北省固安县
798	Ⅵ-26	形意拳	山西省太谷县
801	Ⅵ-29	心意拳	山西省祁县
805	Ⅵ-33	螳螂拳	山东省栖霞市、青岛市崂山区
819	Ⅵ-47	戏法	天津市和平区

七、传统美术(共计19项)

序号	项目编号	项目名称	申报地区或单位
313	Ⅶ-14	藏族唐卡(勉萨画派)	西藏自治区
315	Ⅶ-16	剪纸(包头剪纸、新干剪纸、延川剪纸、旬邑彩贴剪纸、会宁剪纸)	内蒙古自治区包头市,江西省新干县,陕西省延川县,陕西省旬邑县,甘肃省会宁县
321	Ⅶ-22	苗绣	贵州省台江县
324	Ⅶ-25	挑花(苗族挑花)	湖南省泸溪县
346	Ⅶ-47	泥塑(惠民泥塑)	山东省惠民县
347	Ⅶ-48	酥油花(强巴林寺酥油花)	西藏自治区昌都地区
349	Ⅶ-50	灯彩(忠信花灯)	广东省连平县
350	Ⅶ-51	竹编(益阳小郁竹艺、毛南族花竹帽编织技艺)	湖南省益阳市,广西壮族自治区环江毛南族自治县

续表

序号	编号	项目名称	申报地区或单位
828	Ⅶ－52	面人（面人汤）	北京市通州区
830	Ⅶ－54	草编（哈萨克族芨芨草编织技艺）	新疆维吾尔自治区托里县
831	Ⅶ－55	柳编（固安柳编、黄岗柳编、霍邱柳编、博兴柳编、曹县柳编）	河北省固安县，安徽省阜南县，安徽省霍邱县，山东省博兴县，山东省曹县
832	Ⅶ－56	石雕（菊花石雕）	湖南省工艺美术研究所
833	Ⅶ－57	玉雕（海派玉雕）	上海市
834	Ⅶ－58	木雕（紫檀雕刻、莆田木雕、花瑰艺术、剑川木雕）	中国紫檀博物馆、上海市，福建省莆田市，海南省澄迈县，云南省剑川县
841	Ⅶ－65	木版年画（老河口木版年画）	湖北省老河口市
860	Ⅶ－84	料器（葡萄常料器）	北京市东城区
867	Ⅶ－91	镶嵌（潮州嵌瓷）	广东省潮州市工艺美术研究院
870	Ⅶ－94	盆景技艺（苏派盆景技艺、川派盆景技艺）	江苏省苏州市，四川省盆景艺术家协会
872	Ⅶ－96	建筑彩绘（传统地仗彩画）	辽宁省沈阳市

八、传统技艺（共计28项）

序 号	项目编号	项目名称	申报地区或单位
363	Ⅷ－13	南京云锦木机妆花手工织造技艺	江苏汉唐织锦科技有限公司
375	Ⅷ－25	蜡染技艺（苗族蜡染技艺、黄平蜡染技艺）	四川省珙县，贵州省黄平县

续表

序号	编号	项目名称	申报地区或单位
378	Ⅷ－28	客家土楼营造技艺	福建省南靖县、华安县
390	Ⅷ－40	银饰锻制技艺（畲族银器制作技艺、苗族银饰锻制技艺）	福建省福安市，贵州省剑河县、台江县
394	Ⅷ－44	弓箭制作技艺（蒙古族牛角弓制作技艺）	内蒙古师范大学
395	Ⅷ－45	家具制作技艺（晋作家具制作技艺、精细木作技艺）	山西省临汾市，江苏工美红木文化艺术研究所
417	Ⅷ－67	皮纸制作技艺（龙游皮纸制作技艺）	浙江省龙游县
423	Ⅷ－73	徽墨制作技艺（曹素功墨锭制作技艺）	上海市黄浦区
428	Ⅷ－78	雕版印刷技艺（杭州雕版印刷技艺、同仁刻版印刷技艺）	浙江省杭州市西湖区，青海省同仁县
438	Ⅷ－88	风筝制作技艺（北京风筝制作技艺）	北京市东城区、海淀区
881	Ⅷ－98	陶器烧制技艺（黎族泥片制陶技艺、荣昌陶器制作技艺）	海南省白沙黎族自治县，重庆市荣昌县
882	Ⅷ－99	蚕丝织造技艺（杭州织锦技艺、辑里湖丝手工制作技艺）	浙江省杭州市、湖州市南浔区
883	Ⅷ－100	传统棉纺织技艺（南通色织土布技艺、余姚土布制作技艺、维吾尔族帕拉孜纺织技艺）	江苏省南通市，浙江省余姚市，新疆维吾尔自治区拜城县
884	Ⅷ－101	毛纺织及擀制技艺（维吾尔族花毡制作技艺）	新疆维吾尔自治区柯坪县
888	Ⅷ－105	苗族织锦技艺	贵州省台江县、凯里市
898	Ⅷ－115	手工制鞋技艺（老美华手工制鞋技艺）	天津市和平区

续表

序号	编号	项目名称	申报地区或单位
903	Ⅷ－120	藏族金属锻制技艺（扎西吉彩金银锻铜技艺）	西藏自治区日喀则地区
907	Ⅷ－124	民族乐器制作技艺（宏音斋笙管制作技艺、蒙古族拉弦乐器制作技艺、马头琴制作技艺、上海民族乐器制作技艺、苗族芦笙制作技艺、傣族象脚鼓制作技艺）	北京市海淀区，内蒙古自治区科尔沁右翼中旗，吉林省前郭尔罗斯蒙古族自治县，上海市闵行区，贵州省凯里市，云南省临沧市临翔区
910	Ⅷ－127	漆器髹饰技艺（绛州剔犀技艺、鄱阳脱胎漆器髹饰技艺、潍坊嵌银髹漆技艺、楚式漆器髹饰技艺、阳江漆器髹饰技艺）	山西省新绛县，江西省鄱阳县，山东省潍坊市，湖北省荆州市，广东省阳江市
916	Ⅷ－133	砚台制作技艺（贺兰砚制作技艺）	宁夏回族自治区银川市
919	Ⅷ－136	装裱修复技艺（苏州书画装裱修复技艺）	江苏省苏州市
930	Ⅷ－147	花茶制作技艺（吴裕泰茉莉花茶制作技艺）	北京市东城区
931	Ⅷ－148	绿茶制作技艺（碧螺春制作技艺、紫笋茶制作技艺、安吉白茶制作技艺）	江苏省苏州市吴中区，浙江省长兴县，浙江省安吉县
935	Ⅷ－152	黑茶制作技艺（下关沱茶制作技艺）	云南省大理白族自治州
943	Ⅷ－160	传统面食制作技艺（天津“狗不理”包子制作技艺、稷山传统面点制作技艺）	天津市和平区，山西省稷山县
949	Ⅷ－166	火腿制作技艺（宣威火腿制作技艺）	云南省宣威市

续表

序号	编号	项目名称	申报地区或单位
963	Ⅷ－180	窑洞营造技艺(地坑院营造技艺、陕北窑洞营造技艺)	河南省陕县,陕西省延安市宝塔区
969	Ⅷ－186	碉楼营造技艺(羌族碉楼营造技艺、藏族碉楼营造技艺)	四川省汶川县、茂县,青海省班玛县

九、传统医药(共计 7 项)

序 号	项目编号	项目名称	申报地区或单位
441	Ⅸ－2	中医诊法(葛氏捏筋拍打疗法、王氏脊椎疗法、道虎壁王氏中医妇科、朱氏推拿疗法、张一帖内科疗法)	北京市海淀区,北京市西城区,山西省平遥县,上海市,安徽省黄山市
443	Ⅸ－4	中医传统制剂方法(达仁堂清宫寿桃丸传统制作技艺、定坤丹制作技艺、六神丸制作技艺、致和堂膏滋药制作技艺、季德胜蛇药制作技艺、朱养心传统膏药制作技艺、漳州片仔癀制作技艺、夏氏丹药制作技艺、马应龙眼药制作技艺、罗浮山百草油制作技艺、保滋堂保婴丹制作技艺、桐君阁传统丸剂制作技艺)	天津中新药业集团股份有限公司达仁堂制药厂,山西省太谷县,上海市黄浦区,江苏省江阴市,江苏省南通市,浙江省杭州市,福建省漳州市,湖北省京山县,湖北省武汉市武昌区,广东省博罗县,广东省医药行业协会,重庆市南岸区
444	Ⅸ－5	针灸(陆氏针灸疗法)	上海市
445	Ⅸ－6	中医正骨疗法(武氏正骨疗法、张氏骨伤疗法、章氏骨伤疗法、林氏骨伤疗法)	山西省高平市,浙江省富阳市,浙江省台州市,福建省福州市仓山区

续表

序号	编号	项目名称	申报地区或单位
448	Ⅸ－9	藏医药(藏医骨伤疗法)	云南省迪庆藏族自治州
972	Ⅸ－12	蒙医药(蒙医传统正骨术、蒙医正骨疗法、血衰症疗法)	内蒙古自治区中蒙医医院、科尔沁左翼后旗,辽宁省阜新蒙古族自治县
975	Ⅸ－15	苗医药(癫痫症疗法、钻节风疗法)	湖南省凤凰县、花垣县

十、民俗(共计24项)

序号	项目编号	项目名称	申报地区或单位
449	Ⅹ－1	春节(怀仁旺火习俗、查干萨日)	山西省怀仁县,吉林省前郭尔罗斯蒙古族自治县
450	Ⅹ－2	清明节(介休寒食清明习俗)	山西省介休市
451	Ⅹ－3	端午节(五大连池药泉会、嘉兴端午习俗、蒋村龙舟盛会、石狮端午闽台对渡习俗、大澳龙舟游涌)	黑龙江省黑河市,浙江省嘉兴市,浙江省杭州市西湖区,福建省石狮市,香港特别行政区
452	Ⅹ－4	七夕节(石塘七夕习俗、天河乞巧习俗)	浙江省温岭市,广东省广州市天河区
453	Ⅹ－5	中秋节(泽州中秋习俗、秋夕、大坑舞火龙)	山西省泽州县,吉林省延边朝鲜族自治州,香港特别行政区
454	Ⅹ－6	重阳节(皇城村重阳习俗、上蔡重阳习俗)	山西省阳城县,河南省上蔡县
458	Ⅹ－10	火把节(彝族火把节)	贵州省赫章县
480	Ⅹ－32	黄帝祭典(缙云轩辕祭典)	浙江省缙云县

续表

序号	编号	项目名称	申报地区或单位
481	X－33	炎帝祭典(随州神农祭典)	湖北省随州市
483	X－35	祭孔大典(南孔祭典)	浙江省衢州市
484	X－36	妈祖祭典(洞头妈祖祭典)	浙江省洞头县
485	X－37	太昊伏羲祭典(新乐伏羲祭典)	河北省新乐市
486	X－38	女娲祭典(秦安女娲祭典)	甘肃省秦安县
488	X－40	祭敖包(达斡尔族沃其贝)	新疆维吾尔自治区塔城市
516	X－68	农历二十四节气(九华立春祭、班春劝农、石阡说春)	浙江省衢州市柯城区,浙江省遂昌县,贵州省石阡县
978	X－71	元宵节(豫园灯会、上坂关公灯)	上海市黄浦区,江西省南昌市湾里区
984	X－77	苗族四月八	湖南省吉首市
987	X－80	塔塔尔族撒班节	新疆维吾尔自治区奇台县
991	X－84	庙会(北山庙会、张山寨七七会、方岩庙会、九华山庙会、西山万寿宫庙会、汉阳归元庙会、当阳关陵庙会)	吉林省吉林市,浙江省缙云县,浙江省永康市,安徽省池州市九华山风景区,江西省新建县,湖北省武汉市汉阳区,湖北省当阳市
992	X－85	民间信俗(梅日更召信俗、锡伯族喜利妈妈信俗、闽台送王船、清水祖师信俗、嫘祖信俗、波罗诞、悦城龙母诞、长洲太平清醮、鱼行醉龙节)	内蒙古自治区包头市九原区,辽宁省沈阳市,福建省厦门市,福建省安溪县,湖北省远安县,广东省广州市黄埔区,广东省德庆县,香港特别行政区,澳门特别行政区

续表

序号	编号	项目名称	申报地区或单位
994	Ⅹ-87	抬阁(海沧蜈蚣阁、宜章夜故事、长乐抬阁故事会、通海高台)	福建省厦门市海沧区,湖南省宜章县,湖南省汨罗市,云南省通海县
996	Ⅹ-89	朝鲜族花甲礼	黑龙江省牡丹江市
997	Ⅹ-90	祭祖习俗(沁水柳氏清明祭祖、太公祭、石壁客家祭祖习俗、灯杆彩凤习俗、下沙祭祖)	山西省沁水县,浙江省文成县,福建省宁化县,广东省揭东县,广东省深圳市福田区
1027	Ⅹ-120	南海航道更路经	海南省琼海市

第四批国家级非物质文化遗产代表性项目名录

(共计153项)

一、民间文学(共计30项)

序号	项目编号	项目名称	申报地区或单位
1220	Ⅰ-126	卢沟桥传说	北京市丰台区
1221	Ⅰ-127	鬼谷子传说	河北省临漳县
1222	Ⅰ-128	东海孝妇传说	江苏省连云港市
1223	Ⅰ-129	刘阮传说	浙江省天台县
1224	Ⅰ-130	孔雀东南飞传说	安徽省怀宁县、潜山县
1225	Ⅰ-131	老子传说	安徽省涡阳县,河南省灵宝市
1226	Ⅰ-132	陈三五娘传说	福建省泉州市洛江区
1227	Ⅰ-133	胡峄阳传说	山东省青岛市城阳区
1228	Ⅰ-134	孟母教子传说	山东省邹城市
1229	Ⅰ-135	河图洛书传说	河南省洛阳市
1230	Ⅰ-136	杞人忧天传说	河南省杞县

续表

序号	编号	项目名称	申报地区或单位
1231	Ⅰ-137	三国传说	湖北省
1232	Ⅰ-138	伯牙子期传说	湖北省武汉市
1233	Ⅰ-139	尹吉甫传说	湖北省房县
1234	Ⅰ-140	苏仙传说	湖南省郴州市苏仙区
1235	Ⅰ-141	毕阿史拉则传说	四川省金阳县
1236	Ⅰ-142	仓颉传说	陕西省白水县、洛南县
1237	Ⅰ-143	骆驼泉传说	青海省循化撒拉族自治县
1238	Ⅰ-144	回族民间故事	宁夏回族自治区泾源县
1239	Ⅰ-145	广禅侯故事	山西省阳城县
1240	Ⅰ-146	解缙故事	江西省吉水县
1241	Ⅰ-147	壮族百鸟衣故事	广西壮族自治区横县
1242	Ⅰ-148	阿凡提故事	新疆维吾尔自治区喀什地区
1243	Ⅰ-149	广阳镇民间故事	重庆市南岸区
1244	Ⅰ-150	西王母神话	新疆维吾尔自治区阜康市
1245	Ⅰ-151	盘王大歌	湖南省江华瑶族自治县
1246	Ⅰ-152	玛牧	四川省喜德县
1247	Ⅰ-153	黑白战争	云南省丽江市古城区
1248	Ⅰ-154	祁家延西	青海省互助土族自治县
1249	Ⅰ-155	常山喝彩歌谣	浙江省常山县

二、传统音乐(共计15项)

序号	项目编号	项目名称	申报地区或单位
1250	Ⅱ-156	土家族民歌	湖南省湘西土家族苗族自治州,贵州省沿河土家族自治县
1251	Ⅱ-157	渔歌(洞庭渔歌、汕尾渔歌)	湖南省岳阳市,广东省汕尾市
1252	Ⅱ-158	西岭山歌	四川省大邑县
1253	Ⅱ-159	旬阳民歌	陕西省旬阳县

续表

序号	编号	项目名称	申报地区或单位
1254	Ⅱ－160	撒拉族民歌	青海省循化撒拉族自治县
1255	Ⅱ－161	锡伯族民歌	新疆维吾尔自治区察布查尔锡伯自治县
1256	Ⅱ－162	凌云壮族七十二巫调音乐	广西壮族自治区凌云县
1257	Ⅱ－163	毕摩音乐	四川省美姑县
1258	Ⅱ－164	剑川白曲	云南省大理白族自治州
1259	Ⅱ－165	阿斯尔	内蒙古自治区镶黄旗
1260	Ⅱ－166	莆仙十音八乐	福建省莆田市涵江区
1261	Ⅱ－167	蒙古族汗廷音乐	内蒙古自治区阿鲁科尔沁旗
1262	Ⅱ－168	浏阳文庙祭孔音乐	湖南省浏阳市
1263	Ⅱ－169	潮尔（蒙古族弓弦乐）	内蒙古自治区通辽市
1264	Ⅱ－170	蒙古族托布秀尔音乐	新疆维吾尔自治区博尔塔拉蒙古自治州

三、传统舞蹈（共计20项）

序号	项目编号	项目名称	申报地区或单位
1265	Ⅲ－112	太子务武吵子	北京市大兴区
1266	Ⅲ－113	左权小花戏	山西省左权县
1267	Ⅲ－114	博舞	吉林省前郭尔罗斯蒙古族自治县
1268	Ⅲ－115	洪泽湖渔鼓	江苏省洪泽县、泗洪县
1269	Ⅲ－116	龙岩采茶灯	福建省龙岩市新罗区
1270	Ⅲ－117	宜黄禾杠舞	江西省宜黄县
1271	Ⅲ－118	耍老虎	河南省焦作市
1272	Ⅲ－119	棕包脑	湖南省洞口县
1273	Ⅲ－120	瑶族金锣舞	广西壮族自治区田东县
1274	Ⅲ－121	玩牛	重庆市石柱土家族自治县
1275	Ⅲ－122	古蔺花灯	四川省古蔺县

续表

序号	编号	项目名称	申报地区或单位
1276	Ⅲ－123	登嘎甘㑇(熊猫舞)	四川省九寨沟县
1277	Ⅲ－124	阿妹戚托	贵州省晴隆县
1278	Ⅲ－125	布依族转场舞	贵州省册亨县
1279	Ⅲ－126	耳子歌	云南省大理白族自治州
1280	Ⅲ－127	铓鼓舞	云南省建水县
1281	Ⅲ－128	水鼓舞	云南省瑞丽市
1282	Ⅲ－129	怒族达比亚舞	云南省福贡县
1283	Ⅲ－130	锅哇(玉树武士舞)	青海省玉树藏族自治州
1284	Ⅲ－131	纳孜库姆	新疆维吾尔自治区吐鲁番市

四、传统戏剧(共计4项)

序号	项目编号	项目名称	申报地区或单位
1285	Ⅳ－159	线腔	山西省芮城县
1286	Ⅳ－160	平讲戏	福建省福安市
1287	Ⅳ－161	永修丫丫戏	江西省永修县
1288	Ⅳ－162	东河戏	江西省赣县

五、曲艺(共计13项)

序号	项目编号	项目名称	申报地区或单位
1289	Ⅴ－115	数来宝	北京市东城区
1290	Ⅴ－116	梅花大鼓	天津市
1291	Ⅴ－117	弹唱	山西省吕梁市离石区
1292	Ⅴ－118	浦东宣卷	上海市浦东新区
1293	Ⅴ－119	丽水鼓词	浙江省丽水市莲都区
1294	Ⅴ－120	客家古文	江西省于都县
1295	Ⅴ－121	永新小鼓	江西省永新县
1296	Ⅴ－122	山东花鼓	山东省菏泽市

续表

序号	编号	项目名称	申报地区或单位
1297	Ⅴ－123	跳三鼓	湖北省石首市
1298	Ⅴ－124	湖南渔鼓	湖南省
1299	Ⅴ－125	桂林渔鼓	广西壮族自治区桂林市
1300	Ⅴ－126	宁夏小曲	宁夏回族自治区银川市
1301	Ⅴ－127	托勒敖	新疆维吾尔自治区尼勒克县

六、传统体育、游艺与杂技（共计 12 项）

序号	项目编号	项目名称	申报地区或单位
1302	Ⅵ－71	布鲁	内蒙古自治区库伦旗
1303	Ⅵ－72	蒙古族驼球	内蒙古自治区乌拉特后旗
1304	Ⅵ－73	通背拳	北京市西城区
1305	Ⅵ－74	戳脚	河北省衡水市桃城区
1306	Ⅵ－75	精武武术	上海市虹口区
1307	Ⅵ－76	绵拳	上海市杨浦区
1308	Ⅵ－77	咏春拳	福建省福州市
1309	Ⅵ－78	井冈山全堂狮灯	江西省井冈山市
1310	Ⅵ－79	徐家拳	山东省新泰市
1311	Ⅵ－80	梅山武术	湖南省新化县
1312	Ⅵ－81	武汉杂技	湖北省武汉市
1313	Ⅵ－82	幻术（傅氏幻术、周化一魔术）	北京市朝阳区，陕西省

七、传统美术（共计 13 项）

序号	项目编号	项目名称	申报地区或单位
1314	Ⅶ－110	京绣	北京市房山区，河北省定兴县
1315	Ⅶ－111	布糊画	河北省丰宁满族自治县

续表

序号	编号	项目名称	申报地区或单位
1316	Ⅶ－112	抽纱（汕头抽纱、潮州抽纱）	广东省汕头市、潮州市
1317	Ⅶ－113	水陆画	河北省广平县
1318	Ⅶ－114	毕摩绘画	四川省美姑县
1319	Ⅶ－115	彩砂坛城绘制	西藏自治区日喀则市
1320	Ⅶ－116	琥珀雕刻	辽宁省抚顺市
1321	Ⅶ－117	传统玩具（郯城木旋玩具）	山东省郯城县
1322	Ⅶ－118	蒙古文书法	内蒙古自治区
1323	Ⅶ－119	满文、锡伯文书法	新疆维吾尔自治区乌鲁木齐市
1324	Ⅶ－120	刻铜（杜氏刻铜）	安徽省阜阳市
1325	Ⅶ－121	错金银	福建省莆田市涵江区，新疆维吾尔自治区乌鲁木齐市天山区
1326	Ⅶ－122	赏石艺术	中国观赏石协会

八、传统技艺（共计 29 项）

序号	项目编号	项目名称	申报地区或单位
1327	Ⅷ－213	邢窑陶瓷烧制技艺	河北省邢台市
1328	Ⅷ－214	婺州窑陶瓷烧制技艺	浙江省金华市婺城区
1329	Ⅷ－215	吉州窑陶瓷烧制技艺	江西省吉安市
1330	Ⅷ－216	登封窑陶瓷烧制技艺	河南省登封市
1331	Ⅷ－217	当阳峪绞胎瓷烧制技艺	河南省焦作市

续表

序号	编号	项目名称	申报地区或单位
1332	Ⅷ－218	潮州彩瓷烧制技艺	广东省潮州市
1333	Ⅷ－219	陶瓷微书	广东省汕头市
1334	Ⅷ－220	古陶瓷修复技艺	上海市长宁区
1335	Ⅷ－221	藏族鎏钻技艺	青海省
1336	Ⅷ－222	铜器制作技艺（大同铜器制作技艺）	山西省大同市城区
1337	Ⅷ－223	古代钟表修复技艺	故宫博物院
1338	Ⅷ－224	传统香制作技艺（药香制作技艺、莞香制作技艺）	北京市西城区，广东省东莞市
1339	Ⅷ－225	一得阁墨汁制作技艺	北京市西城区
1340	Ⅷ－226	奶制品制作技艺（察干伊德）	内蒙古自治区正蓝旗
1341	Ⅷ－227	辽菜传统烹饪技艺	辽宁省沈阳市
1342	Ⅷ－228	泡菜制作技艺（朝鲜族泡菜制作技艺）	吉林省延吉市
1343	Ⅷ－229	老汤精配制	黑龙江省哈尔滨市阿城区
1344	Ⅷ－230	上海本帮菜肴传统烹饪技艺	上海市黄浦区
1345	Ⅷ－231	传统制糖技艺（义乌红糖制作技艺）	浙江省义乌市
1346	Ⅷ－232	豆腐传统制作技艺	安徽省淮南市、寿县
1347	Ⅷ－233	德州扒鸡制作技艺	山东省德州市
1348	Ⅷ－234	龙口粉丝传统制作技艺	山东省招远市
1349	Ⅷ－235	蒙自过桥米线制作技艺	云南省蒙自市

续表

序号	编号	项目名称	申报地区或单位
1350	Ⅷ－236	坎儿井开凿技艺	新疆维吾尔自治区吐鲁番市
1351	Ⅷ－237	古建筑模型制作技艺	山西省太原市
1352	Ⅷ－238	传统造园技艺（扬州园林营造技艺）	江苏省扬州市
1353	Ⅷ－239	古戏台营造技艺	江西省乐平市
1354	Ⅷ－240	庐陵传统民居营造技艺	江西省泰和县
1355	Ⅷ－241	古建筑修复技艺	甘肃省永靖县

九、传统医药（共计 2 项）

序号	项目编号	项目名称	申报地区或单位
1356	Ⅸ－22	布依族医药（益肝草制作技艺）	贵州省贵定县
1357	Ⅸ－23	哈萨克族医药（布拉吾药浴熏蒸疗法、卧塔什正骨术、冻伤疗法）	新疆维吾尔自治区阿勒泰地区

十、民俗（共计 15 项）

序号	项目编号	项目名称	申报地区或单位
1358	Ⅹ－145	望果节	西藏自治区
1359	Ⅹ－146	苗族花山节	云南省屏边苗族自治县
1360	Ⅹ－147	察干苏力德祭	内蒙古自治区乌审旗
1361	Ⅹ－148	博格达乌拉祭	内蒙古自治区扎赉特旗
1362	Ⅹ－149	稻作习俗	江西省万年县
1363	Ⅹ－150	仡佬族三幺台习俗	贵州省道真仡佬族苗族自治县

续表

序号	编号	项目名称	申报地区或单位
1364	X -151	匾额习俗(赣南客家匾额习俗)	江西省会昌县
1365	X -152	马仙信俗	福建省柘荣县
1366	X -153	寮步香市	广东省东莞市
1367	X -154	达斡尔族服饰	内蒙古自治区呼伦贝尔市
1368	X -155	鄂温克族服饰	内蒙古自治区陈巴尔虎旗
1369	X -156	彝族服饰	四川省昭觉县,云南省楚雄彝族自治州
1370	X -157	布依族服饰	贵州省
1371	X -158	侗族服饰	贵州省黔东南苗族侗族自治州
1372	X -159	柯尔克孜族服饰	新疆维吾尔自治区乌恰县

第三批国家级非物质文化遗产代表性项目名录扩展项目名录

(共计153项)

一、民间文学(共计7项)

序号	项目编号	项目名称	申报地区或单位
8	Ⅰ -8	孟姜女传说	山东省莱芜市莱城区
13	Ⅰ -13	宝卷(吴地宝卷)	江苏省苏州市
27	Ⅰ -27	格萨(斯)尔	内蒙古自治区巴林右旗
521	Ⅰ -34	杨家将传说(杨七郎墓传说)	天津市宁河县
565	Ⅰ -78	童谣(绍兴童谣)	浙江省绍兴市
1043	Ⅰ -99	苏东坡传说	湖北省黄冈市
1069	Ⅰ -125	谚语(陕北民谚)	陕西省榆林市

二、传统音乐(共计 19 项)

序号	项目编号	项目名称	申报地区或单位
34	Ⅱ－3	蒙古族长调民歌(巴尔虎长调)	内蒙古自治区新巴尔虎左旗
51	Ⅱ－20	花儿(张家川花儿)	甘肃省张家川回族自治县
52	Ⅱ－21	藏族拉伊(那曲拉伊)	西藏自治区那曲地区
58	Ⅱ－27	薅草锣鼓(金湖秧歌)	江苏省金湖县
61	Ⅱ－30	多声部民歌(阿尔麦多声部民歌)	四川省黑水县
65	Ⅱ－34	古琴艺术	北京市大兴区,香港特别行政区
67	Ⅱ－36	蒙古族四胡音乐	内蒙古自治区科尔沁右翼中旗
68	Ⅱ－37	唢呐艺术(临县大唢呐、灵璧菠林喇叭)	山西省临县,安徽省灵璧县
604	Ⅱ－105	蒙古族民歌	青海省海西蒙古族藏族自治州
608	Ⅱ－109	苗族民歌	海南省琼中黎族苗族自治县,重庆市彭水苗族土家族自治县
609	Ⅱ－110	瑶族民歌	广东省乳源瑶族自治县
614	Ⅱ－115	藏族民歌(藏族酒曲)	青海省海南藏族自治州
615	Ⅱ－116	维吾尔族民歌	新疆维吾尔自治区伊宁市、库车县
619	Ⅱ－120	古筝艺术(中州筝派)	河南省
621	Ⅱ－122	津门法鼓(香塔音乐法鼓)	天津市西青区
622	Ⅱ－123	锣鼓艺术(软槌锣鼓、花镲锣鼓、大铜器、老河口锣鼓架子、八音锣鼓)	山西省万荣县,江西省丰城市,河南省遂平县,湖北省老河口市,广东省佛山市顺德区

续表

序号	编号	项目名称	申报地区或单位
627	Ⅱ -128	洞经音乐（邛都洞经音乐）	四川省西昌市
637	Ⅱ -138	佛教音乐（金山寺水陆法会仪式音乐、雄色寺绝鲁）	江苏省镇江市，西藏自治区曲水县
638	Ⅱ -139	道教音乐（花张蒙道教音乐、茅山道教音乐、苍南正一派科仪音乐、龙虎山正一天师道道教音乐、全真道堂科仪音乐）	河北省定州市，江苏省句容市，浙江省苍南县，江西省鹰潭市，香港特别行政区

三、传统舞蹈（共计16项）

序号	项目编号	项目名称	申报地区或单位
105	Ⅲ -2	秧歌（延庆旱船）	北京市延庆县
107	Ⅲ -4	龙舞（鳌江划大龙、手龙舞、潜江草把龙）	浙江省平阳县，安徽省绩溪县，湖北省潜江市
108	Ⅲ -5	狮舞（黎川舞白狮）	江西省黎川县
110	Ⅲ -7	傩舞（跳五猖）	安徽省郎溪县
121	Ⅲ -18	土家族撒叶儿嗬	湖北省五峰土家族自治县、巴东县，湖南省桑植县
124	Ⅲ -21	热巴舞	云南省迪庆藏族自治州
125	Ⅲ -22	羌姆（桑耶寺羌姆、门巴族拔羌姆、江洛德庆曲林寺尼姑羌姆、林芝米纳羌姆）	西藏自治区扎囊县、错那县、日喀则市、林芝县
126	Ⅲ -23	苗族芦笙舞	贵州省普安县
129	Ⅲ -26	铜鼓舞（南丹勤泽格拉）	广西壮族自治区南丹县

续表

序号	编号	项目名称	申报地区或单位
142	Ⅲ-39	卓舞（琼结久河卓舞）	西藏自治区琼结县
640	Ⅲ-43	麒麟舞（西贡坑口客家舞麒麟）	香港特别行政区
641	Ⅲ-44	竹马（淳安竹马）	浙江省淳安县
642	Ⅲ-45	灯舞（上舍化龙灯、青田百鸟灯舞、郧阳凤凰灯舞）	浙江省安吉县、青田县，湖北省十堰市郧阳区
677	Ⅲ-80	宣舞（札达卡尔玛宣舞）	西藏自治区阿里地区
679	Ⅲ-82	堆谐（甘孜踢踏）	四川省甘孜县
693	Ⅲ-96	赛乃姆（和田赛乃姆）	新疆维吾尔自治区丁田县

四、传统戏剧（共计15项）

序号	项目编号	项目名称	申报地区或单位
160	Ⅳ-16	秦腔	宁夏回族自治区，新疆生产建设兵团
162	Ⅳ-18	晋剧	山西省晋中市
171	Ⅳ-27	越调	湖北省谷城县
180	Ⅳ-36	粤剧	广东省吴川市，广西壮族自治区南宁市
183	Ⅳ-39	乱弹（南岩乱弹）	河北省高邑县
194	Ⅳ-50	四平调	安徽省砀山县
202	Ⅳ-58	楚剧	湖北省孝感市
231	Ⅳ-87	目连戏（绍兴目连戏、江西目连戏）	浙江省绍兴市，江西省
233	Ⅳ-89	傩戏（临武傩戏、庆坛）	湖南省临武县，贵州省金沙县

续表

序号	编号	项目名称	申报地区或单位
235	Ⅳ－91	皮影戏（乐亭皮影戏、通渭影子腔）	河北省乐亭县，甘肃省通渭县
236	Ⅳ－92	木偶戏(中型杖头木偶戏、陕西杖头木偶戏)	四川省资中市，陕西省
700	Ⅳ－99	眉户	陕西省戏曲研究院
713	Ⅳ－112	花鼓戏（光山花鼓戏）	河南省光山县
724	Ⅳ－123	罗卷戏	河南省邓州市
1119	Ⅳ－157	阳戏（上河阳戏、射箭提阳戏）	湖南省怀化市鹤城区，四川省广元市昭化区

五、曲艺（共计4项）

序号	项目编号	项目名称	申报地区或单位
241	Ⅴ－5	西河大鼓	天津市
268	Ⅴ－32	鼓盆歌	湖南省澧县
271	Ⅴ－35	二人转	辽宁省辽阳市，吉林省梨树县
778	Ⅴ－85	山东落子	山东省金乡县

六、传统体育、游艺与杂技（共计6项）

序号	项目编号	项目名称	申报地区或单位
288	Ⅵ－6	线狮（草塔抖狮子）	浙江省诸暨市
293	Ⅵ－11	太极拳（吴氏太极拳、李氏太极拳、王其和太极拳、和氏太极拳）	北京市大兴区，天津市武清区，河北省任县，河南省温县
298	Ⅵ－16	蒙古族搏克	内蒙古自治区东乌珠穆沁旗，新疆维吾尔自治区乌苏市
805	Ⅵ－33	螳螂拳	山东省青岛市市南区
807	Ⅵ－35	岳家拳	湖北省黄梅县
815	Ⅵ－43	赛马会（哈萨克族赛马）	新疆维吾尔自治区富蕴县

七、传统美术(共计23项)

序号	项目编号	项目名称	申报地区或单位
314	Ⅶ-15	内画(鲁派内画)	山东省淄博市张店区
315	Ⅶ-16	剪纸(静乐剪纸、桐庐剪纸、浦城剪纸、水族剪纸、定西剪纸、回族剪纸)	山西省静乐县,浙江省桐庐县,福建省浦城县,贵州省黔南布依族苗族自治州,甘肃省定西市,宁夏回族自治区
317	Ⅶ-18	苏绣(扬州刺绣)	江苏省扬州市
326	Ⅶ-27	象牙雕刻(常州象牙浅刻)	江苏省常州市武进区
331	Ⅶ-32	金石篆刻	中国艺术研究院
337	Ⅶ-38	砖雕(固原砖雕)	宁夏回族自治区固原市
343	Ⅶ-44	木偶头雕刻(泰顺木偶头雕刻)	浙江省泰顺县
345	Ⅶ-46	竹刻(徽州竹雕、莆田留青竹刻)	安徽省黄山市徽州区,福建省莆田市城厢区
346	Ⅶ-47	泥塑(北京兔儿爷、淮阳泥泥狗)	北京市朝阳区,河南省淮阳县
349	Ⅶ-50	灯彩(乐清首饰龙)	浙江省乐清市
350	Ⅶ-51	竹编(安溪竹藤编、道明竹编)	福建省安溪县,四川省崇州市
829	Ⅶ-53	面花(岚县面塑)	山西省岚县
832	Ⅶ-56	石雕(沅洲石雕、富平石刻、绥德石雕)	湖南省芷江侗族自治县,陕西省富平县、绥德县
834	Ⅶ-58	木雕(永乐桃木雕刻、东固传统造像、通山木雕)	山西省芮城县,江西省吉安市青原区,湖北省通山县
835	Ⅶ-59	核雕(大连核雕)	辽宁省大连市西岗区
838	Ⅶ-62	锡雕(莲花打锡)	江西省莲花县
840	Ⅶ-64	藏文书法(尼赤)	西藏自治区
842	Ⅶ-66	彩扎(麒麟制作)	广东省东莞市

续表

序号	编号	项目名称	申报地区或单位
845	Ⅶ-69	麦秆剪贴	黑龙江省哈尔滨市,河南省清丰县,湖北省仙桃市
853	Ⅶ-77	民间绣活(夏布绣)	江西省新余市
856	Ⅶ-80	满族刺绣	黑龙江省牡丹江市、克东县
857	Ⅶ-81	蒙古族刺绣	内蒙古自治区苏尼特左旗
870	Ⅶ-94	盆景技艺(如皋盆景)	江苏省如皋市

八、传统技艺(共计32项)

序号	项目编号	项目名称	申报地区或单位
374	Ⅷ-24	蓝印花布印染技艺	浙江省桐乡市
378	Ⅷ-28	客家民居营造技艺(赣南客家围屋营造技艺)	江西省龙南县
385	Ⅷ-35	生铁冶铸技艺	甘肃省永靖县
387	Ⅷ-37	宝剑锻制技艺(棠溪宝剑锻制技艺)	河南省西平县
390	Ⅷ-40	银饰锻制技艺(畲族银器锻制技艺、鹤庆银器锻制技艺)	福建省宁德市,云南省鹤庆县
393	Ⅷ-43	景泰蓝制作技艺	河北省大厂回族自治县
395	Ⅷ-45	家具制作技艺(仙游古典家具制作技艺)	福建省仙游县
411	Ⅷ-61	酿醋技艺(小米醋酿造技艺)	山西省襄汾县
417	Ⅷ-67	皮纸制作技艺(平阳麻笺制作技艺)	山西省襄汾县
421	Ⅷ-71	竹纸制作技艺(泽雅屏纸制作技艺、蔡伦古法造纸技艺、滩头手工抄纸技艺)	浙江省温州市瓯海区,湖南省耒阳市、隆回县

续表

序号	编号	项目名称	申报地区或单位
427	Ⅷ－77	木版水印技艺	浙江省杭州市下城区
873	Ⅷ－90	琉璃烧制技艺	山东省淄博市博山区、曲阜市
881	Ⅷ－98	陶器烧制技艺（平定砂器制作技艺、平定黑釉刻花陶瓷制作技艺，宜兴均陶制作技艺，德州黑陶烧制技艺，枫溪手拉朱泥壶制作技艺）	山西省平定县，江苏省宜兴市，山东省德州市，广东省潮州市
882	Ⅷ－99	蚕丝织造技艺（潞绸织造技艺）	山西省高平市
883	Ⅷ－100	传统棉纺织技艺（威县土布纺织技艺、傈僳族火草织布技艺）	河北省威县，四川省德昌县
893	Ⅷ－110	地毯织造技艺（阆中丝毯织造技艺、天水丝毯织造技艺）	四川省阆中市，甘肃省天水市秦州区
894	Ⅷ－111	滩羊皮鞣制工艺（二毛皮制作技艺）	宁夏回族自治区
900	Ⅷ－117	金银细工制作技艺	山西省稷山县
907	Ⅷ－124	民族乐器制作技艺（扎念琴制作技艺）	西藏自治区拉孜县
910	Ⅷ－127	漆器髹饰技艺（稷山螺钿漆器髹饰技艺）	山西省稷山县
916	Ⅷ－133	砚台制作技艺（松花石砚制作技艺）	辽宁省本溪市
921	Ⅷ－138	水密隔舱福船制造技艺	福建省泉州市泉港区
930	Ⅷ－147	花茶制作技艺（福州茉莉花茶窨制工艺）	福建省福州市仓山区

续表

序号	编号	项目名称	申报地区或单位
931	Ⅷ－148	绿茶制作技艺（赣南客家擂茶制作技艺、婺源绿茶制作技艺、信阳毛尖茶制作技艺、恩施玉露制作技艺、都匀毛尖茶制作技艺）	江西省全南县、婺源县，河南省信阳市，湖北省恩施市，贵州省都匀市
932	Ⅷ－149	红茶制作技艺（滇红茶制作技艺）	云南省凤庆县
935	Ⅷ－152	黑茶制作技艺（赵李桥砖茶制作技艺、六堡茶制作技艺）	湖北省赤壁市，广西壮族自治区苍梧县
936	Ⅷ－153	晒盐技艺（淮盐制作技艺、卤水制盐技艺）	江苏省连云港市，山东省寿光市
937	Ⅷ－154	酱油酿造技艺（先市酱油酿造技艺）	四川省合江县
943	Ⅷ－160	传统面食制作技艺（桂发祥十八街麻花制作技艺、南翔小笼馒头制作技艺）	天津市河西区，上海市嘉定区
952	Ⅷ－169	酱肉制作技艺（亓氏酱香源肉食酱制技艺）	山东省莱芜市莱城区
962	Ⅷ－179	闽南传统民居营造技艺	福建省厦门市湖里区
1180	Ⅷ－200	毛笔制作技艺（徽笔制作技艺）	安徽省黄山市屯溪区

九、传统医药(共计10项)

序号	项目编号	项目名称	申报地区或单位
441	Ⅸ-2	中医诊疗法(清华池传统修脚术,中医络病诊疗方法,脏腑推拿疗法,顾氏外科疗法、古本易筋经十二势导引法,丁氏痔科医术、扬州传统修脚术,董氏儿科医术,西园喉科医术,买氏中医外治法,毛氏济世堂脱骨疽疗法,镇氏风湿病马钱子疗法,一指禅推拿,贾氏点穴疗法)	北京市西城区,河北省石家庄市、保定市,上海市,江苏省南京市秦淮区、扬州市,浙江省宁波市海曙区,安徽省歙县,河南省周口市川汇区、新蔡县,湖北省咸宁市咸安区,广东省珠海市、深圳市
442	Ⅸ-3	中药炮制技艺(人参炮制技艺、武义寿仙谷中药炮制技艺、樟树中药炮制技艺)	吉林省通化市,浙江省武义县,江西省樟树市
443	Ⅸ-4	中医传统制剂方法(安宫牛黄丸制作技艺、隆顺榕卫药制作技艺、益德成闻药制作技艺、京万红软膏组方与制作技艺、金牛眼药制作技艺、点舌丸制作技艺、鸿茅药酒配制技艺、平氏浸膏制作技艺、枇杷露传统制剂、老王麻子膏药制作技艺、方回春堂传统膏方制作技艺、二仙膏制作技艺、太安堂麒麟丸制作技艺、昆中药传统中药制剂、马明仁膏药制作技艺)	北京市东城区、天津市南开区、山西省太谷县,天津市南开区、红桥区、西青区,河北省定州市,山西省新绛县,内蒙古自治区凉城县,吉林省长春市九台区,黑龙江省哈尔滨市南岗区、道外区,浙江省杭州市上城区,山东省济宁市任城区,广东省汕头市,云南省昆明市,陕西省西安市碑林区

续表

序号	编号	项目名称	申报地区或单位
444	Ⅸ-5	针灸(杨继洲针灸)	浙江省衢州市
445	Ⅸ-6	中医正骨疗法(海城苏氏正骨、上海石氏伤科疗法、新泰孟氏正骨疗法、新邵孙氏正骨术)	辽宁省海城市,上海市,山东省新泰市,湖南省新邵县
448	Ⅸ-9	藏医药(山南藏医药浴法、藏医放血疗法)	西藏自治区山南地区,青海省
972	Ⅸ-12	蒙医药(科尔沁蒙医药浴疗法)	内蒙古自治区科尔沁右翼中旗
977	Ⅸ-17	回族医药(陈氏回族医技十法)	宁夏回族自治区吴忠市
1194	Ⅸ-19	彝医药(拨云锭制作技艺)	云南省楚雄市
1196	Ⅸ-21	维吾尔医药(沙疗)	新疆维吾尔自治区吐鲁番市

十、民俗(共计21项)

序号	项目编号	项目名称	申报地区或单位
450	Ⅹ-2	清明节(茅山会船)	江苏省兴化市
451	Ⅹ-3	端午节(泽林旱龙舟)	湖北省鄂州市
452	Ⅹ-4	七夕节(郧西七夕)	湖北省郧西县
453	Ⅹ-5	中秋节(朝鲜族秋夕节、吉安中秋烧塔习俗)	辽宁省铁岭市,江西省安福县
460	Ⅹ-12	三月三(壮族三月三、报京三月三)	广西壮族自治区武鸣县,贵州省镇远县
467	Ⅹ-19	苗族鼓藏节	贵州省榕江县
484	Ⅹ-36	妈祖祭典(葛沽宝辇会、海口天后祀奉、澳门妈祖信俗)	天津市津南区,海南省海口市,澳门特别行政区

续表

序号	编号	项目名称	申报地区或单位
502	X－54	民间社火（南庄无根架火）	山西省晋中市榆次区
515	X－67	瑶族服饰	广西壮族自治区龙胜各族自治县
516	X－68	农历二十四节气（三门祭冬、安仁赶分社、苗族赶秋、壮族霜降节）	浙江省三门县，湖南省安仁县、花垣县，广西壮族自治区天等县
978	X－71	元宵节（千军台庄户幡会、抡花、河上龙灯胜会、前童元宵行会、淄博花灯会、彬县灯山会）	北京市门头沟区，河北省滦平县，浙江省杭州市萧山区，浙江省宁海县，山东省淄博市张店区，陕西省彬县
991	X－84	庙会（蒲县朝山会、泰伯庙会、苏州轧神仙庙会、金村庙会、浚县正月古庙会、宝顶架香庙会、丰都庙会）	山西省蒲县，江苏省无锡市、苏州市姑苏区、张家港市，河南省浚县，重庆市大足区、丰都县
992	X－85	民间信俗（孝子祭、潮神祭祀、三平祖师信俗、东镇沂山祭仪、贵屿双忠信俗、冼夫人信俗、钦州跳岭头、康定转山会、梅里神山祭祀、女子太阳山祭祀、屯堡抬亭子、迎城隍、岷县青苗会、同心莲花山青苗水会、黄大仙信俗、澳门哪吒信俗）	浙江省富阳市、海宁市，福建省平和县，山东省临朐县，广东省汕头市潮阳区，广东省茂名市、海南省海口市、定安县、澄迈县，广西壮族自治区钦州市，四川省康定县，云南省德钦县、西畴县，贵州省安顺市西秀区，陕西省西安市，甘肃省岷县，宁夏回族自治区同心县，香港特别行政区，澳门特别行政区
994	X－87	抬阁（珠梅抬故事）	湖南省涟源市
997	X－90	祭祖习俗（徽州祠祭、诸葛后裔祭祖、凉山彝族尼木措毕祭祀、徐村司马迁祭祀）	安徽省祁门县，浙江省兰溪市，四川省美姑县，陕西省韩城市

续表

序号	编号	项目名称	申报地区或单位
1014	X－107	茶俗(白族三道茶)	云南省大理市
1015	X－108	蒙古族服饰	内蒙古自治区正蓝旗
1020	X－113	藏族服饰	青海省海南藏族自治州
1197	X－122	中元节(资源河灯节)	广西壮族自治区资源县
1214	X－139	婚俗(赫哲族婚俗、畲族婚俗、瑶族婚俗)	黑龙江省同江市,浙江省景宁畲族自治县、福建省霞浦县,广东省连南瑶族自治县
1217	X－142	规约习俗(侗族款约)	贵州省黎平县

后　记

本书能得以出版要感谢人民日报出版社的袁兆英女士和张扬女士，感谢她们为本书付出的辛勤劳动。

本书的第六章由中国传媒大学音乐学博士陈镇华撰写，同时感谢为本书收集资料的蒋雯、肖坤、张英、许巧玲、杨青青、郭常喜等同学。

书中部分材料来源网上收集整理，凡能注明出处的，均一一注明。

学识所限，书中错漏在所难免，恳请专家学者批评指正。